老北京有名的胡同三百六，无名胡同似牛毛。
北京曾有胡同6000多条，若把这些胡同连起来，长度不亚于万里长城。

流传在**老北京**胡同里的
趣闻传说

拾趣京城胡同传奇故事，品味别具特色的老北京传统文化

墨　非◎编著

中国华侨出版社

图书在版编目（CIP）数据

流传在老北京胡同里的趣闻传说/墨非编著. —北京：
中国华侨出版社，2015.1
ISBN 978-7-5113-5114-2

Ⅰ.①流… Ⅱ.①墨… Ⅲ.①胡同－北京市－通俗读物
Ⅳ.①K921-49

中国版本图书馆CIP数据核字（2015）第012599号

● 流传在老北京胡同里的趣闻传说

编　著／墨　非
责任编辑／棠　静
责任校对／孙　丽
装帧设计／环球互动
经　销／新华书店
开　本／710毫米×1000毫米 1/16　印张／18　字数／225千字
印　刷／北京柯蓝博泰印务有限公司
版　次／2015年5月第1版　2020年5月第2次印刷
书　号／ISBN 978-7-5113-5114-2
定　价／48.00元

中国华侨出版社　北京市朝阳区静安里26号通成达大厦3层　邮编：100028
法律顾问：陈鹰律师事务所　　　　　　编辑部：（010）64443056　　64443979
发行部：（010）64443051　　　　　　传　真：（010）64439708
网　址：www.oveaschin.com　　　E-mail：oveaschin@sina.com

前　言

　　北京是一座有着悠久历史的文化古都，流传着难以计数的趣闻传说。北京的胡同就像是这座都城的血脉，默默地流淌着老北京的文化之血，它以自己的独特形式保存了历史珍贵的片段，堪称是见证中国历史风云变幻的活化石。北京的每一条胡同、每一处角落都有属于自己的故事，那里曾封存了多少悲欢离合的往事和爱恨情仇的传奇故事，没有人能全部知道。老北京人喜欢如数家珍地谈论这些掌故，生活在京城的年轻人和外地游客也会为之着迷。爱上北京城，爱上这座城的文化，自然也会恋上这里大大小小的胡同。

　　人们喜欢北京，不仅仅是喜欢它的现代与繁华，更喜欢它深厚的人文底蕴。北京的胡同就是北京的文化之根，它是老北京原生态生活的最直观体现。走进悠长的北京胡同，仿佛置身于历史的文化长廊，那些斑驳的旧痕也变得流光溢彩，以无言的方式向我们述说着曾有过的辉煌与落寞。那里的参天古柏，那里的灰瓦朱门，那里残破的门墩，那里气派的上马石，尽管由于受到岁月的洗礼已经改变了昔日的模样，然而它们就像是迟暮的美人，依稀可以辨出曾经的风姿。饱经风霜的四合院，尽管已经褪去了原来的颜色，色泽却越发显得厚重和有韵味。这些院落的主人已经消失在了历史的长河中，而它们却像一本厚厚的书，在庭院里的每一寸土地执着地铺开了那些动人的故事。

  时常逛北京胡同的人，在欣赏这些古建筑的同时，自然会被其中蕴含的传说故事所吸引。那里留下过帝王将相的身影，留下过爱国志士的热血，留下过诗人的风花雪月，留下过曲艺大师的精彩表演，封存过壮士的豪情和丽人的眼泪。徜徉在北京的胡同里，好似在与古人隔空相望，他们的喜怒哀乐和柔情悲歌，一点一点氤氲在我们呼吸的空气里，带给我们来自灵魂深处的感动。

  本书分为两个部分，第一部分以漫谈的形式，简要介绍了老北京的胡同文化和命名方式以及北京的胡同之最；第二部分是全书的主体部分，详细收录了有关北京胡同的传说轶事，谈古论今，将中国的历史、名人、民间传说和胡同文化紧密结合，故事或风趣，或哀婉，或传奇，或感人，娓娓道来，犹如一部长篇史诗，又如一部特色名人录和传说故事集锦，给人以历史的沧桑感，又带给人许多积极的思考。从某种意义上说，北京胡同的历史也是北京的历史，同时也是中国历史的重要组成部分。而历史篇章中那些具有深刻影响力的风流人物及文人雅士、平民百姓，皆成为穿起历史项链的一粒粒色彩斑斓的明珠。本书将带你走进他们的世界，给你一种解读历史的全新方式，透过这些鲜活的人物，我们将得到很多有价值的启示。愿本书陪你度过一段愉快的休闲时光，希望它能让你真正领略到北京胡同的文化魅力，带给你更多的回味和思索。

目 录

第一部分　老北京胡同漫话

1. 流传在老北京城里的"胡同文化" ··············· 3
   源远流长的老北京"胡同文化" ··············· 3
   "胡同"一词由来已久 ··············· 4
   "胡同文化"悠久的历史渊源 ··············· 5
2. 网罗在世间万象中的胡同命名 ··············· 6
   包罗万象的胡同命名 ··············· 6
   妙趣横生的胡同名字 ··············· 7
   历史嬗变中的胡同名称 ··············· 8
3. 扎根在怀旧记忆里的北京胡同之最 ··············· 10
   最长的胡同——东交民巷 ··············· 10
   最短的胡同——一尺大街 ··············· 10
   最宽的胡同——灵境胡同 ··············· 11
   最窄的胡同——钱市胡同 ··············· 11
   最古老的胡同——三庙街 ··············· 12
   拐弯最多的胡同——九湾胡同 ··············· 13
   最具京味儿的胡同——琉璃厂 ··············· 13

1

第二部分　老北京胡同轶事

4. 史家胡同 ··· 17
　　史可法死守扬州城 ··· 17
　　凌叔华与泰戈尔深宅论画 ··· 20
　　竺可桢的求学趣事 ··· 22

5. 砖塔胡同 ··· 25
　　行秀禅师佛法普度众生 ·· 25
　　张恨水于低调处见风雅 ·· 27
　　鲁迅怒向刀丛觅小诗 ··· 30

6. 四眼井胡同 ·· 33
　　无名井里冒出皇家御用水 ·· 33

7. 大甜水井胡同 ·· 35
　　蝈蝈引甜水的传说 ·· 36

8. 礼士胡同 ··· 39
　　宰相刘罗锅不改布衣本色 ·· 39

9. 鲜鱼口胡同 ·· 43
　　火神爷火烧鲜鱼口 ·· 43
　　鲜鱼口鱼仙赠金 ··· 45

10. 西半壁街胡同 ·· 47
　　热血英豪大刀王五创镖局 ·· 47
　　一代宗师霍元甲威震中华 ·· 50

11. 西直门外大街 ·· 52
　　高亮赶水救幽州 ··· 53

12. 什刹海 ··· 56
　　活财神沈万三掘出十窖雪花银 ···································· 56
　　钟鼓楼铜匠女舍身铸钟 ··· 59

13. **八大胡同** ·· 61
    明穆宗与果饼的佳话 ··· 62
    赛金花邂逅瓦德西 ··· 64

14. **宋姑娘胡同** ·· 66
    宋姑娘出嫁惹风波 ··· 67

15. **东堂子胡同** ·· 69
    蔡元培造就北大一流学府 ··· 70
    沈从文寂寞沉浮著古史 ··· 73

16. **赵堂子胡同** ·· 75
    中国古建筑学奠基人朱启钤的京城旧事 ····························· 76

17. **棉花胡同** ·· 79
    秦良玉戎马丹心垂千古 ··· 79
    小凤仙助蔡锷金蝉脱壳 ··· 82

18. **铁狮子胡同** ·· 85
    金枝玉叶和敬公主宅邸 ··· 85
    吴三桂冲冠一怒为红颜 ··· 87
    曹禺的蜕变之痛 ··· 90
    欧阳予倩的戏梦人生 ··· 93

19. **帽儿胡同** ·· 97
    末代皇后婉容的凄婉一生 ··· 97
    冯国璋的大家风范 ··· 100

20. **北总布胡同** ·· 103
    林徽因的人间四月天 ··· 104
    金岳霖的柏拉图之恋 ··· 107

21. **东总布胡同** ·· 110
    瞿秋白和俄文专修馆的不解之缘 ··································· 110
    萧乾大酱园里的爱情与文学 ······································· 113

3

22. 辟才胡同 116
辟才胡同的逸闻传说 116
慈禧垂帘听政背后的秘史 119

23. 三不老胡同 122
航海第一人郑和七下西洋的故事 122

24. 跨车胡同 125
齐白石的笔墨丹青 125

25. 丰富胡同 129
老舍钟爱的丹柿小院 129

26. 鲁班胡同 133
木工开山鼻祖鲁班的传说 133

27. 粉子胡同 137
珍妃的清宫遗梦 137
瑾妃的中庸之道 140

28. 府学胡同 143
文天祥留取丹心照汗青 144

29. 烧酒胡同 147
惇亲王奕誴奇闻趣事多 148
奕誴后人挥霍无度败家业 151

30. 魏染胡同 153
邵飘萍铁肩辣手创《京报》 153
一代佞臣魏忠贤的宦海生涯 157

31. 海柏胡同 160
孔尚任成败桃花扇 160

32. 东不压桥胡同 164
詹天佑披荆斩棘铸就中国第一铁路 165

33. 细管胡同 168

国歌歌词作者田汉的戏剧魂 ⋯⋯⋯⋯⋯⋯⋯⋯⋯⋯ 168
34. 文昌胡同 ⋯⋯⋯⋯⋯⋯⋯⋯⋯⋯⋯⋯⋯⋯⋯⋯⋯⋯⋯ **172**
　　　张学良与赵四小姐的一世情缘 ⋯⋯⋯⋯⋯⋯⋯⋯⋯⋯ 172
35. 东安福胡同 ⋯⋯⋯⋯⋯⋯⋯⋯⋯⋯⋯⋯⋯⋯⋯⋯⋯⋯ **175**
　　　袁世凯的荒诞政史 ⋯⋯⋯⋯⋯⋯⋯⋯⋯⋯⋯⋯⋯⋯⋯ 175
36. 驴肉胡同 ⋯⋯⋯⋯⋯⋯⋯⋯⋯⋯⋯⋯⋯⋯⋯⋯⋯⋯⋯ **179**
　　　一朝宠臣和珅的盗墓趣闻 ⋯⋯⋯⋯⋯⋯⋯⋯⋯⋯⋯⋯ 179
　　　僧格林沁驰骋沙场化传奇 ⋯⋯⋯⋯⋯⋯⋯⋯⋯⋯⋯⋯ 183
37. 无量大人胡同 ⋯⋯⋯⋯⋯⋯⋯⋯⋯⋯⋯⋯⋯⋯⋯⋯⋯ **186**
　　　无量大人胡同由来的传说 ⋯⋯⋯⋯⋯⋯⋯⋯⋯⋯⋯⋯ 187
　　　梅兰芳三改《霸王别姬》 ⋯⋯⋯⋯⋯⋯⋯⋯⋯⋯⋯⋯ 189
38. 丰收胡同 ⋯⋯⋯⋯⋯⋯⋯⋯⋯⋯⋯⋯⋯⋯⋯⋯⋯⋯⋯ **192**
　　　艾青浴火重生的激情 ⋯⋯⋯⋯⋯⋯⋯⋯⋯⋯⋯⋯⋯⋯ 192
39. 鬼门关胡同 ⋯⋯⋯⋯⋯⋯⋯⋯⋯⋯⋯⋯⋯⋯⋯⋯⋯⋯ **196**
　　　康熙诛杀索额图父子 ⋯⋯⋯⋯⋯⋯⋯⋯⋯⋯⋯⋯⋯⋯ 196
40. 小石虎胡同 ⋯⋯⋯⋯⋯⋯⋯⋯⋯⋯⋯⋯⋯⋯⋯⋯⋯⋯ **200**
　　　曹雪芹的一把辛酸泪 ⋯⋯⋯⋯⋯⋯⋯⋯⋯⋯⋯⋯⋯⋯ 201
　　　梁启超创建松坡图书馆 ⋯⋯⋯⋯⋯⋯⋯⋯⋯⋯⋯⋯⋯ 204
41. 木厂胡同 ⋯⋯⋯⋯⋯⋯⋯⋯⋯⋯⋯⋯⋯⋯⋯⋯⋯⋯⋯ **207**
　　　大太监李莲英的双面人格 ⋯⋯⋯⋯⋯⋯⋯⋯⋯⋯⋯⋯ 208
　　　康熙捐建同仁堂 ⋯⋯⋯⋯⋯⋯⋯⋯⋯⋯⋯⋯⋯⋯⋯⋯ 211
42. 贾家胡同 ⋯⋯⋯⋯⋯⋯⋯⋯⋯⋯⋯⋯⋯⋯⋯⋯⋯⋯⋯ **215**
　　　林则徐虎门销烟 ⋯⋯⋯⋯⋯⋯⋯⋯⋯⋯⋯⋯⋯⋯⋯⋯ 215
　　　曾国藩家训抵万金 ⋯⋯⋯⋯⋯⋯⋯⋯⋯⋯⋯⋯⋯⋯⋯ 219
43. 东四八条 ⋯⋯⋯⋯⋯⋯⋯⋯⋯⋯⋯⋯⋯⋯⋯⋯⋯⋯⋯ **222**
　　　叶圣陶海棠花下享天伦 ⋯⋯⋯⋯⋯⋯⋯⋯⋯⋯⋯⋯⋯ 223
44. 东四九条胡同 ⋯⋯⋯⋯⋯⋯⋯⋯⋯⋯⋯⋯⋯⋯⋯⋯⋯ **226**

末路狂花川岛芳子的最后岁月 …… 226
45. 缎库胡同 …… 230
　　明英宗的南宫之困 …… 230
　　多尔衮与孝庄的情感纠葛之谜 …… 233
46. 钱粮胡同 …… 237
　　"民国祢衡"章太炎大闹幽禁地 …… 237
47. 豆嘴胡同 …… 241
　　金光洞兔儿爷义惩盗粮贼 …… 241
48. 后圆恩寺胡同 …… 244
　　茅盾晚年鲜为人知的生活 …… 245
49. 菜市口 …… 248
　　谭嗣同血染菜市口 …… 249
　　一代女侠秋瑾的烈血雄心 …… 252
　　李大钊奏响《晨钟报》号角 …… 255
50. 中剪子巷 …… 257
　　冰心有过的青春风华 …… 258
51. 银碗胡同 …… 261
　　严嵩行乞垂死街头 …… 262
52. 东罗圈胡同 …… 265
　　卞之琳的鱼化石之恋 …… 266
53. 慈惠胡同 …… 269
　　朱光潜荒芜宅第里的美学研究 …… 269
54. 方巾巷 …… 272
　　绘画大师徐悲鸿的北京之行 …… 273

第一部分

老北京胡同漫话

1. 流传在老北京城里的"胡同文化"

源远流长的老北京"胡同文化"

北京城是中国的政治、经济、文化中心，现代化气息浓郁，拔地而起的高楼大厦、繁华的商业大街，处处体现出发达的商业文明，然而人们真正感兴趣的却不是这些，北京人引以为荣的也不是这些，北京的魅力主要表现在自身骨子里的文化厚味。每年来京旅游的游客一下火车，就会遍地寻访北京胡同，胡同旅游热随之兴起。

那一条条曲径幽深的胡同巷陌，一座座别具特色的四合院，诉说的是悠悠岁月沉淀的历史，镌刻的是北京城的文化底蕴，洋溢的是老北京的风情别韵。北京的胡同文化有着悠久的历史，历经元、明、清三个朝代，形成了数千条胡同，数量之浩繁，着实令人惊叹。中国的建筑和交通讲求格局方正，城区内纵横交错的大小胡同，构成井字格局的阡陌交通，两旁建以方方正正的四合院，给人以整齐庄重感。

胡同是北京人的文化之根，孕育出了北京的风土人情和民族底蕴。徜徉在曲曲折折的胡同巷陌里，不禁让人产生怀古幽思之情：多少帝王将相在朝代更迭中匆匆退场，多少英雄豪杰在旧城风雨中书写传奇，多少文化名人在历史的变迁中挥毫泼墨写下了不朽的著作，又有多少爱恨情仇和趣闻逸事在这里汇集交织？

纵使我们从厚重的历史文化中抽身，一声"黑芝麻糊"的叫卖，一个惟妙惟肖的面人，一串酸酸甜甜的冰糖葫芦，也能让我们感受到胡同里浓浓的京味。胡同文化是高雅的，也是世俗的，历经千年的演

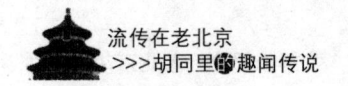

绎，它从未曲高和寡，如今府宅官邸已退去了昔日的奢华，寻常巷陌更是充满了浓重的生活气息，焕发着铅华洗尽后的朴实之美。

"胡同"一词由来已久

"胡同"一词最早出现在元代的杂剧中，关汉卿的《单刀会》中有"杀出一条血胡同来"，《沙门岛张生煮海》中提到了砖塔胡同。元朝熊梦祥在其著作《析津志》中明明白白地说，"胡同"一词来自方言。到了明代，沈榜在《宛署杂记》中进一步解释说"胡同"一词源自元人语，也就是蒙古话。学术界依据可靠的史料和民间传说，对"胡同"一词的由来做出了三种解释。

第一种是源于水井。无论是在蒙古语，还是在突厥语和满语中，水井的发音与胡同都极其相似。在古代，北京人的日常用水几乎全靠水井，居民都是依井聚居的，所以水井就演变成居民生活聚集区的代名词，进而演化成了街道的代称。

第二种是源于元朝时期的蒙语城镇。蒙古族人称城镇为"浩特"，蒙古人横扫中原、建立都城后，为了巩固自己的政治统治，实现文化的统一，把中原地区的城镇街巷改为"浩特"，之后"浩特"又衍化成了"火弄"或者"弄通"，最终演变成了我们今天所说的"胡同"。

第三种是源自"胡人大统"的说法。元朝时期，统治者曾提出"胡人大统"的政治口号，由于大统有大同之意，因此产生了胡同的说法。

"胡同"一词极可能产生于水井一说，它最早诞生于元代，是蒙语的音译，在一定程度上反映了元朝时期人民的基本生活状况和统治者的政治策略。在当时的历史时期，所有的建筑规划和街道布局都是依据水井的位置而设计的。直到明清时期，居住区的每条胡同里都设有水井。今天我们或许觉得许多胡同的名称听起来怪异不雅，但译成蒙语后完全变成另一个意思。蒙古人身居大漠，非常重视水源，形成了依井而居的风俗习惯，统治中原以后自然会把他们的文化风俗强制植入汉人的生活，因此城区的街巷便以蒙语命名，"胡同"一词应运而生。

"胡同文化"悠久的历史渊源

所谓的文化是指根植于一个民族的理念、道德、习俗、信仰等复合的整体，简言之，文化就是人们思维方式、风俗习惯、生活观念的集合。说起胡同文化，人们并不会将它看成一个严肃的学术问题，要想了解胡同文化，从胡同里人们日常的生活琐事、风土人情中便可窥见一斑。北京的胡同整齐划一、方方正正，胡同里的四合院错落有致、规规矩矩。北京人在四合院里居住，在曲曲折折的狭长胡同里出入，深受胡同文化和四合院文化的影响，反过来也可以说是北京文化缔造了胡同文化和四合院文化。

北京的胡同文化是一种平民文化。汪曾祺在《胡同文化》一书中写道："胡同文化是一种封闭的文化"、"北京人易于满足，他们对生活的物质要求不高"、"北京胡同文化的精义是'忍'，安分守己，逆来顺受"，等等。

北京街巷的胡同制度是在元朝时建立的，明清两代并未发生太大变化，清朝和民国时期进一步丰富和完善了胡同制度。北京城胡同之多，素有"有名胡同三千六，无名胡同赛牛毛"之说。因为北京街巷的主体是胡同，故人们把街和巷也归于胡同名下，如此既简化了街道名称，又十分符合老北京特色。北京胡同历史悠久，大部分建于元、明、清三代，两三百年的胡同比比皆是，三五百年的胡同数不胜数，六七百年的胡同也并不稀奇。宣武区的南线阁、北线阁街已有千年历史。胡同的源起、变迁以及期间的沧桑往事，活脱脱一部生动深刻的

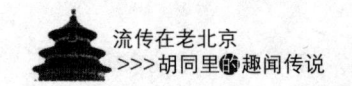

北京历史。至今仍有数百或上千年的名胜古迹著称于世，现存的历史典籍中对北京的街巷胡同多有记录。由于北京的胡同与北京的历史存在密切的历史渊源，所以北京的胡同文化被视为北京平民文化的象征。

2. 网罗在世间万象中的胡同命名

包罗万象的胡同命名

北京胡同多如牛毛，数目超过7000多条，每条胡同都有一段传说典故，每条胡同也都有自己的名称。人们给胡同命名，最初是依据胡同自身的某个特征或与胡同有关流传的故事，然后被大家广为接受并最终沿袭下来。胡同的命名方式主要有10种。

1. 以形象标识命名。北京的不少胡同都是依据一个较为突出的形象标志来命名的，这也体现出了北京人率真、朴实、诙谐的性格，比如说宽胡同直接就叫"宽街"，窄胡同就叫"夹道"，斜胡同就叫"斜街"，曲折的胡同就叫"八道弯"，长方形的胡同被形象地称为"盒子"，短胡同叫"一尺街"，地势低洼的胡同叫"下洼子"，狭长的胡同叫"竹竿"，形状扁长的胡同叫"扁担"，一端较粗、一端较细的胡同叫"小喇叭"。

2. 以地名命名。胡同形成初期，城区最明显的标志莫过于城门、牌楼、庙宇、栅栏、河流、水井和桥梁了，于是以此给胡同命名，便有了西直门内、外大街，前、后圆恩寺胡同，东四（牌楼），西单（牌楼），大栅栏，水井胡同等胡同名称。

3. 以树木命名。一些小胡同周围并没有什么让人特别注意的标志，就会以胡同里栽种的树木命名，比如胡同里栽种的柳树多就叫柳树胡同，栽种的枣树多就叫枣林胡同，栽种的椿树多就叫椿树胡同。

4. 以方位命名。有些胡同人们为了好找，取名时故意加入了方位词，比如东坛根胡同、西红门胡同、南月牙胡同、北半壁胡同、前百户胡同、后泥洼胡同、中帽胡同等。

5. 以北京土语命名。胡同名都是胡同里的居民起的，自然少不了一些方言土语，比如背阴胡同、闷葫芦罐胡同、答帚胡同、嘎嘎胡同等。还有很多胡同名带儿化音，颇有京腔味，比如罗儿胡同、鸦儿胡同、雨儿胡同、帽儿胡同、井儿胡同等。

6. 以吉祥话命名。北京人喜欢用"喜"、"福"、"寿"、"平安"、"吉"等吉祥字眼给胡同起名，比如喜庆胡同、喜鹊胡同、福顺胡同、福盛胡同、寿长胡同、平安胡同、安福胡同、吉市口胡同、永祥胡同等。

7. 以衙署机构和达官显贵命名。比如惜薪司、西什库、按院胡同、府学胡同、贡院胡同、兵马司、武定侯胡同、三不老胡同、吴良大人胡同等。

8. 以贸易集市命名。如缸瓦市、羊市胡同、米市胡同、煤市胡同、珠宝市、鲜鱼口、骡马市等。

9. 以寺庙命名。如护国寺街、正觉寺胡同、观音寺胡同、方居寺胡同、隆福寺街、大佛寺街、宝禅寺街等。

10. 以手工业者和普通平民命名。如汪纸马胡同、砂锅刘胡同、孟端胡同等。

妙趣横生的胡同名字

老北京人凡事讲究吉利，由于"鸡"和"吉"是谐音，于是北京

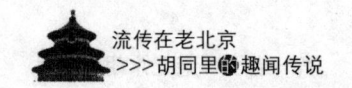

城就出现了不少以鸡命名的胡同，比如朝阳门外的"鸡市口胡同"，东城区的"鸡爪胡同"和崇文门外的"火鸡胡同"。相传火鸡胡同在明代有个水域宽阔的水塘，引来火红色飞鸟在此栖息，因为这种鸟跟火鸡长得比较像，火鸡胡同由此得名。在众多以鸡命名的大小胡同中，最有名的当属南城的"宝鸡巷"，明代张爵在所著的《京城五城坊巷胡同集》中将"猪市口、厨子营、牛血胡同、宝鸡巷"列入"正南坊，四牌二十铺"，足见宝鸡巷在当时的历史地位。

　　北京城有很多有趣的以动物尾巴命名的胡同，比如西单附近的狗尾巴胡同、东城区的猴尾巴胡同和羊尾巴胡同。城区有许多胡同名称既直白又富有生活气息，比如烧饼胡同、擀面杖胡同、烟筒胡同、口袋胡同、罗圈胡同、裤子胡同、棺材胡同、大称钩胡同、大嘴巴胡同、熟肉胡同、哑巴路、驴屎路等。此外还有一个名字听起来比较惊悚的胡同，叫作鬼门关胡同，胆小的人恐怕是不敢进入吧。

　　如今有些老胡同已经消失了，不少胡同因为名称不文雅而改名了，以鸡命名的胡同改为以吉命名，鸡市口胡同改成吉市口胡同，鸡爪胡同改成吉兆胡同，宝鸡巷改成保吉巷，狗尾巴胡同改成高义伯胡同，猴尾巴胡同改成侯位胡同，羊尾巴胡同改成杨乙伯胡同，烧饼胡同改成寿屏胡同，擀面杖胡同改成廉让胡同，棺材胡同改成光彩胡同，烟筒胡同改成言志胡同，裤子胡同改成古直胡同，罗圈胡同改成乐全胡同。胡同改名后虽然更高雅也更富内涵，但是原来的生活气息全都变了，听起来也不像以前那么饶有趣味了。

历史嬗变中的胡同名称

　　老北京的胡同名称折射着历史的变迁和政权的更迭，见证了岁月的流逝和时代的演变。比如太平桥大街是根据它所处时代建造的太平桥而命名的。元朝时，太平桥大街是河道，潺潺的河水从玉泉山流向大都入门城，注入浩浩皇城。到了明朝，河水流量减少，成了排水渠，清朝乾隆年间，排水渠变成了沟沿。至20世纪二三十年代，明沟被改成暗河，河上铺上了道路。如今我们听到太平桥的名字，依稀可以见到时代留下的痕迹。

名称变化不大的胡同很容易让人追溯到它的历史源头，反之人们就很难从胡同现在的名字了解到它们的历史渊源了。例如北京城的东、西总部胡同，在清代被称为总部胡同。乍一听就知道是依据官衙机构命名的，但"总部"究竟指的是哪种官衙呢？这需要到明代典籍中寻找答案。据明代沈榜撰写的《宛署杂记》记载：城区以坊作为基本行政单位，坊划分为若干个牌，牌下设有很多铺。城中各个坊，根据居民的人数划分为若干个铺，每铺都要设立铺头、火夫的职位，统一归总甲管理。所谓的总铺指的就是总甲处理政务的办公场所，后来演化成了总部。

北京胡同堪称中国历史的活化石，但不少胡同名被"讹音"或"雅化"之后，几乎抹去了历史古老的印迹。比如五道营胡同原是明朝武德卫营驻扎军队的地方，机织卫胡同本是明朝守卫京师的官衙济州卫署设立地，屎壳郎胡同翻译成蒙语是"甜水井"的意思，如今变成了时刻亮胡同。

老北京的胡同名称代代相传，沿袭了地道的老北京文化，但随着城市现代化进程的加快，北京胡同以惊人的速度消失在人们的视野中，现在已经不足1000条。胡同的消逝意味着胡同名称终有一天也会在人们的记忆里消失，而今人们想要寻找老胡同不得不借助于老地图，不少胡同已经难觅踪影。近年来，北京正在加强历史文化的保护，胡同与胡同名称的保护已经列入其中。北京在迎接现代文明时，会考虑在保留部分传统文化的前提下，向多元化、包容性的世界文化名城迈进。

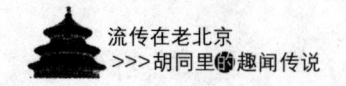

3. 扎根在怀旧记忆里的北京胡同之最

最长的胡同——东交民巷

北京城最长的胡同当属东交民巷。它与长安街平行相望,东临崇文门大街,西接北新华街,全长6.5里,只比长安街短1.5里,在明代时叫作东西江米巷。

东交民巷建于13世纪末的元朝时代,正是意大利旅行家马可·波罗来中国游历的时期。到了明代,江南的粮米通过河道运输至都城,卸下的粮食都在此地储存,故而这条巷子叫作江米巷。后来为了建设棋盘界,江米巷被划分为两部分,即东江米巷和西江米巷。随着时间的推移,江米巷逐渐演化成了交民巷,东、西江米巷就变成了东交民巷和西交民巷。

明清两代,国家的"五部六府"都设在东交民巷,巷内建有接待国际友人的四夷馆和会同馆。清初,来华的多是俄罗斯人。到了康熙年间,有很多朝鲜人、蒙古人和琉球人来到东交民巷虚心学习中国的语言文化和宗教经典。因此,东交民巷不仅是政府要地,还是中外文化交流的重要场所。

最短的胡同——一尺大街

北京最短的胡同是一尺大街,它位于琉璃厂东街到杨梅竹斜街之间,长度为25.23米,民国时期被称为"一尺大街"。旧时胡同路北仅有三家店铺，均是刻字店，路南有铁匠铺、理发店和酒馆三家铺子。

一尺大街的历史可追溯到清代。记录一尺大街的史书《燕都丛考》是清末陈宗蕃于1931年编纂的，由此可见，一尺大街至少存在80多年了。如今一尺大街已经并入了杨梅竹斜街，在杨梅竹斜街西段，位于桐梓胡同北口和樱桃胡同北口之间的短巷就是旧时的一尺大街。

最宽的胡同——灵境胡同

北京最宽的胡同是灵境胡同。它位于北京西单地区，东起府右街，西到西单北大街，胡同中段与北侧的西皇城根大街相交，呈东西走向，最宽处为32.18米，因道观灵济宫设在此地而得名。

明朝时期，灵境胡同由东西两部分构成，东段因有灵济宫，被称之为灵济宫；西段南侧因有宣城伯府坐落，被称为宣城伯后墙街。到了清朝，西皇城根南街东段因灵济宫更名为林清宫而被称为林清胡同，西段被称为细米胡同。民国后，胡同东段改称为皇城根，西段改称为灵境胡同。相传溥仪的授课老师陈宝琛居住在此。中华人民共和国成立以后，东西两段合并为灵境胡同。

最窄的胡同——钱市胡同

北京最窄的胡同是钱市胡同。它位于珠宝市街西侧，与知名商业区大栅栏相邻，平均宽度为0.7米，最窄处只有0.4米，仅能使一人自如通过，两人相向而行都需侧身躲避，车辆更是难以进出，连自行车也不便通行。胡同最西端是清朝时期官方设立的银钱交易场所"钱市"，它是中国金融市场的雏形。

"钱市"的形成源于"炉行"，炉行是政府获准熔铸银锭的作坊。

11

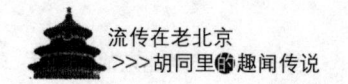

在清代，钱市胡同两侧都是炉行，当时全北京城的钱庄、粮栈和规模大的商号，每日清晨都会到钱市兑换银两和制钱，钱市就成了都城重要的金融市场。进入民国时期，由于国家政策变更，市场对贵重金属熔铸的需求缩水，炉行与钱市败落，改为银号铺房，因此钱市胡同保留了中国现存最早、最完备的金融交易场所。由于当年银号大肆扩建商业建筑，使得钱市胡同变成了北京最狭窄的胡同。如今在钱市胡同里我们依然能看到"大通银号"、"万丰银号"等旧时金融业建筑，甚至可以寻访到清光绪年间的木架构天棚，有些院落的门框上还保留着"京师商务会"的老牌照。

最古老的胡同——三庙街

北京最古老的胡同当属三庙街。它位于宣武区西北部国华商场后方，东起下斜街，西到长椿街，因第三座关帝庙坐落于此而得名。据说它至少有900年的历史，可追溯到久远的辽代，比金代的广安门大街历史还要悠久，最初被称为"潭州街"。

三庙街为东西走向，长约300米，宽约4～6米。据考证，它早在唐代便已成型，辽金时代成为都城内最为繁华和富饶之地。相传中统元年（1260），蒙古大军攻占中都城池时将城中宫阙大片毁坏。忽必烈来到京都，城内四处都是断壁残垣，一片狼藉，于是放弃了在旧址兴建国都的想法，把大都中心定在"金中都"的东北地区，而辽代南京和元代金中都的中心就位于今天的宣武区之内。三庙街承载两代繁荣。在明代，因紫金寺建于此地而改称紫金街，清朝乾隆年间被定名为"三庙街"。中华人民共和国成立以后，曾被称为"立新街"，后又改回三庙街的名称，并沿用至今。

三庙街历经900年的岁月沧桑，多少天子朝臣俱往矣，它却以静默的姿态岿然不动，历经老北京的时代兴衰和人事变迁，看着京城不断地发展和变化，成为历史不朽的见证者。

拐弯最多的胡同——九湾胡同

北京拐弯最多的胡同是九湾胡同。它位于宣武区东部，东起铺陈市胡同，西接校尉营胡同，全长约为390米。在不足400米的小胡同里，聚集了死弯、活弯、直弯、斜弯、缓弯、急弯、弯连弯等各种拐弯形式，真可谓是九曲回环、弯中有弯。

九湾胡同有9个直角拐弯，胡同由此得名。从东至西，除去细小的微弯，九湾胡同共有13个弯，包括9个直弯和4个斜弯、缓弯，是北京城名副其实拐弯最多的胡同。胡同的最宽处仅有三四米，很多观光的游客到达九湾胡同，都喜欢细数胡同里的弯，有的拍照合影留念，可见九湾胡同有着自身独特的吸引力。

九湾胡同里没有规模较大的四合院，胡同里都是些错落有致的小院，院内多是三五户人家，有些院落还是独门独户的，整条胡同不过聚集了二十多个小院而已，居住的人家也只有50多户，在熙熙攘攘的大都市里，胡同的静谧和恬淡成为了一道特色风景，吸引着一批又一批人前来赏玩、流连。

最具京味儿的胡同——琉璃厂

北京最具京味儿的胡同莫过于琉璃厂。驰名中外的文化街和享有盛誉的古旧老店都聚集在这里，字画、古玩、图书应有尽有，随便走到哪里都能感受到地地道道的北京文化味儿。据说皇帝非常喜欢到琉璃厂遛弯，达官显贵也把这儿当成风水宝地，纷纷在此定居，进京赶考的莘莘学子常来此地购买文房四宝，不少文人也在这里聚居，可见

流传在老北京
>>> 胡同里的趣闻传说

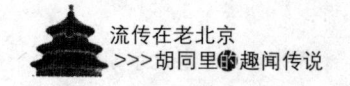

琉璃厂确实是京都风雅之所。

琉璃厂位于北京和平门外，西邻宣武区的南北柳巷，东到宣武区的延寿街，全长约为800米。辽代时此地并非繁华的城区，而是隶属于郊区，叫作"海王村"。到了元代，这里兴建了很多官窑，专门烧制宫廷御用的琉璃瓦片，琉璃厂据此得名。明朝时期，朱棣想要迁都北京，遂下令修建北京内城。官窑规模进一步扩大，琉璃厂变成了朝廷工部的五大工厂之一，烧制出来的琉璃瓦把浩大的皇宫装饰得富丽堂皇，虽历经岁月磨蚀，依然辉煌不减。

到明嘉靖三十二年（1553）建设外城后，琉璃厂演变成城区，官窑迁往别处，但名字存留了下来，并流传至今。清初顺治年间，统治者推行满汉分城居住政策，当朝的汉族大官都在此地择址而居，参加科考的学子们也都乐于聚居在这里，附近又兴建了不少会馆。由于官员和学子都喜爱诗书，各地书商为了满足他们的需求，纷纷来琉璃厂建设书店、售卖藏书。琉璃厂逐渐演变成了人杰地灵的文化街市，市井的繁华和浓郁的书香交相辉映，古玩书画比比皆是，文人墨客、政府官员往来穿梭，琉璃厂厚重的文化底蕴慢慢沉淀发酵，成为京城首屈一指的雅游场所。光绪二年（1876），这里汇集了200家书店。民国初期，此地已荟萃了200家主营文化用品的商店和作坊，琉璃厂成为老北京城最具京味儿的街巷。

到琉璃厂旅游，一定要光顾荣宝斋、一得阁、古艺斋、崔文阁等知名文化老店。其中荣宝斋名气最大，具有300年历史的荣宝斋像一颗璀璨的文化明珠，使得琉璃厂一条街光彩斐然。荣宝斋既有质量上乘的笔墨纸砚，又有技艺高超的装裱手艺和令人称奇的木版水印。文人雅士还经常在这里座谈交流，文化气息浓郁。此外，琉璃厂的商务印书馆、中华书局、世界书局和中国书店也颇值得玩味，古籍、书画、碑帖等文化用品真是让人目不暇接。琉璃厂附近的全聚德烤鸭店堪称京城最具特色的美食，酥嫩的鸭肉和木炭的香气体现出北京饮食的讲究和厚味。

第二部分

老北京胡同轶事

第二部分

名家高校改革

4. 史家胡同

史家胡同位于东城区东南部，东起朝阳门南小街，西到东四南大街，南连东、西罗圈胡同，北接内务部街。相传是以当地史家大户而命名，也有因史可法而得名的说法。在元代刘秉忠绘制的元大都图中，史家胡同规划在列，当时史家胡同是元朝的一条火巷，距今已有700余年的历史了。明代时史家胡同属黄华坊，明张爵所著的《京师五城坊巷胡同集》提到过史家胡同，至今我们在胡同东口路北甬道内的西墙上仍可找到明代弘治年间广顺窑的建筑用砖。到了清代，史家胡同属镶白旗，乾隆十五年（1750）的京城全图清晰地描绘了当年史家胡同的全景。后来史家胡同因史家胡同小学而名动京城。

史可法死守扬州城

传说史家胡同3号院最早的主人是民族英雄史可法及其先祖，后人为了纪念这位有气节的明末抗清将领，在胡同内修建了史可法祠堂。

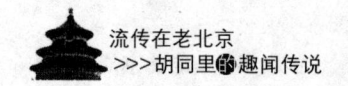

提起史可法，就不得不说一下明末的历史。崇祯皇帝上吊自杀后，明朝拥立朱由崧为帝，定都南京，史称南明。朱由崧是历史上数一数二的昏君，他贪酒好色，骄奢淫逸，致使南明政权处于凤阳总督马士英和魏忠贤余党的操控之下。朱由崧对抗清没什么兴趣，终日在后宫寻欢作乐。朝中奸臣当道，南明内忧外患，政权处在风雨飘摇中。当时小人得志，忠良痛心。兵部尚书史可法早就看出朱由崧不是帝王之才，但当年在危难之际为了避免内讧，他只能勉强同意朱由崧担任一国之君。朱由崧登基后，史可法主动请缨到前线统领军队。那时有四支明军驻守在长江北岸，号称四镇。四镇将领大权在握，飞扬跋扈，他们瓜分了当地的地盘，不断地你争我夺，放任士兵滥杀无辜。史可法为人正派，军纪严明，在南方将士心中颇有威望，他到扬州赴任后，四镇的将领不得不听令于他。史可法对众将领们晓以国家大义，奉劝他们不能再互相残杀，然后命他们驻守在扬州城的周围，自己坐镇扬州城统率三军，做了督师。

史可法严于律己，从不滥用职权，平日与士兵们同命运、共甘苦，深受大家拥戴。大年夜里，史可法让将士们早些歇息，自己独自一人在府衙批阅公文。工作到深夜，史可法有些倦了，也有些饿了，就吩咐军中的厨子给自己备些酒菜。厨子有些为难地说："督师，您下令把厨房里的肉全都送给将士们过节了，现在一盘下酒菜也做不了了。"史可法毫不介意，随口说："那就端来点盐和酱给我下酒吧。"厨子按照吩咐端来了盐、酱和酒。史可法本来酒量惊人，自当上扬州督师后，怕饮酒误事，干脆戒了酒。这次为了提神，他破例喝了一点。一杯下肚，他想起朝廷腐朽堕落，皇帝不理朝纲，奸臣弄权祸国殃民，国家早晚大祸临头，心中不免悲凉，想着想着禁不住热泪纵横，不觉已经喝了好几杯酒，醉倒在桌案上。

次日清晨，扬州文武官员照常来到史可法府衙议事，只见府衙大门紧锁，大家不禁诧异，平时史可法在这个时辰早就起来了。有位士兵道出了内情："昨夜督师批阅公文有些劳累，喝了点酒，现在还没醒。"扬州知府说："督师向来勤勉，日日操劳，昨晚难得睡个好觉，大家千万别打扰他，让他好生歇息一日吧。"说完他吩咐打更的人重复打四更鼓，好让人误以为天还没有放亮。史可法睡醒的时候，天已大亮了。他听到打更人居然还在打四更鼓，忍不住大发脾气，他愤然地把士兵叫进府中问道："谁在违反军令乱打鼓？"士兵说这是扬州知府的意思，史可法了解清楚了事情的来龙去脉，一时无话，马上接见文武官员，办理公事。从此史可法再也没喝过酒。

　　后来多铎率领清军南下灭明，史可法统领四镇将领誓死抵抗，几次击退清军。由于南明政权内部激烈的权力之争，史可法不可避免地被卷入其中。武昌将领左良玉为了与马士英争权夺利，发兵攻打南京。马士英惶恐不安，命史可法带领四镇军队撤出扬州，速回南京攻打左良玉。史可法明知清军兵临城下，但不得不带军赶往南京。大军刚过长江，左良玉兵败的消息就传了过来，史可法马上掉头火速返回江北，可是清军已经攻到扬州城了。史可法急忙发布紧急檄文，命令各镇将领保卫扬州。一连好几天过去了，竟无一人发兵。史可法只好带领扬州军民浴血奋战。多铎连派五人劝史可法投降，均被史可法一口回绝。多铎大怒，让士兵包围了扬州城。扬州危在旦夕，有些怯懦的将领出城投降了。史可法坚决不降，勉励士兵同仇敌忾，亲自驻守在城中最重要的防线西门。多铎不分昼夜攻城，一次次败下来。多铎大怒，下令炮轰扬州城，听说史可法驻守在防守最严的西门，就让炮手重击西北角。西门口的城墙被轰出一个缺口，史可法急忙指挥军民堵城墙缺口，可是清军还是冲了进来，扬州失守。史可法痛苦万分，本打算拔刀自刎，却被将领们拦住。最终部下护送他出了小东门，迎面遇上了一批清军。穿着明朝官服的史可法引起了清兵怀疑，史可法为了不连

19

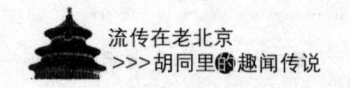

累别人，就大声道："我就是史督师，你们动手吧！"

就这样扬州城陷落，史可法遇害，南明成为历史中的一段插曲，但人们对史可法的爱戴从古至今从未改变过。后人走进史家胡同里的史可法祠堂时，无一不肃然起敬。

史可法的历史故事反映了我国人民不屈的民族气节，面对南明朝廷的腐败，他坚守自己的职责，不与奸佞小人同流合污，为了保卫国家甘愿驻守第一线。在军中，他法纪严明，工作勤勉，即便是过于劳累喝酒解乏，因为误了处理政事的时辰，也对自己毫不姑息，坚决戒酒。抵抗清军时，他宁死不降，为了不连累别人而自报身份，体现出一种大无畏的英雄主义精神。史家胡同以史可法的祠堂而著称于世，如今它依然向我们传达着一个重要理念：在任何历史时期，气节对于个人和国家民族都是至关重要的，有气节的人能够名垂千古，并把一个民族的文化精魂世世代代传递下去。

凌叔华与泰戈尔深宅论画

据我国1947~1948年的胡同户口调查显示，在史家胡同居住的名人雅士数不胜数，其中最为民间津津乐道的当属著名作家和画家凌叔华了。

凌叔华出身书香门第，其父是康有为的同榜进士，官拜顺天府布政使司。辜鸿铭、齐白石经常到凌叔华家中做客。凌叔华幼时曾向宫廷御用画师缪素筠、郝漱玉学习作画。1921年，凌叔华成为燕京大学里的一名高才生，接受自然科学和外语等学科的高等教育。1924年5月，印度著名诗人泰戈尔来京访华，负责接待的是徐志摩和陈西滢两人。当时凌叔华家的书房被当成了北京画会的会场，由于一位陪同泰戈尔访华的画家引荐，凌叔华也被邀入会。泰戈尔在徐志摩和陈西滢的陪同下赴会。凌叔华感到很诧异，她没想到一位赫赫有名的诗人会参加书画会，就很直率地问："今天所开的是画会，请问您也会作画吗？"令人大为惊讶的是，泰戈尔随性就在檀香木片上作起画来，所绘的荷叶和佛像颇有几分意蕴。泰戈尔向凌叔华说出了自己对绘画的见解："书画的精魂在纸上是看不到的，画家应该在大自然中感悟真、善、美，寻找人生的价值，探索宇宙的奥秘，只有这样才能创作出不朽的佳作。"

这场书画会使凌叔华和徐志摩、陈西滢成为好友，凌叔华的家成了文人雅士常聚的文化沙龙。后来凌叔华与陈西滢相恋，两年后两人结为伉俪。婚后凌叔华先后写下了《花之寺》、《女人》、《小哥儿俩》等小说和散文集《爱山庐梦影》及自传小说《古韵》，同时她一直没有放弃作画。她的画清新淡雅、韵致极高，毫不矫揉造作，也不刻意渲染，透露出画家的才华和品性。不知她是否从当年与泰尔戈的交流中找到了绘画的真谛，以至开始从自然之美中提炼出绘画的精髓。1947年凌叔华随丈夫在伦敦定居，她曾先后五次回到祖国，在名山大川中体悟艺术的真髓和文化气韵，写下了不少描述中国风俗人情和艺术文化的优秀作品。可见，无论在文学写作上还是绘画创作上，她都始终不遗余力地践行当年泰戈尔的建议。一场中外文化交流，成全的不仅是一段佳话，还有一代才女在文化艺术上的孜孜探求。

凌叔华移居海外后，旧友沈从文还经常到史家胡同缅怀过往。沈从文曾在给凌叔华的书信中说："这里曾保留过许多朋友的快乐回忆。西林、志摩、老金、乔治叶，小姐或先生，主人或客人，都在这亭子凸出处长条椅上坐过，吃喝过，笑闹过，还有辞世18年的诗人仿佛尚笑语可闻！"1984年在与萧乾重逢时，凌叔华说她的心始终没有离开过祖国。1989年，凌叔华以近90岁的高龄探访北京老家——原史家胡同甲54号。1990年5月，凌叔华再次回到自己的出生地。当时，

21

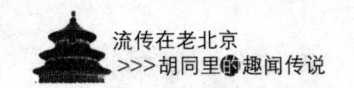

她的老家已变成了史家胡同幼儿园,凌叔华看着老宅子里天真可爱的孩子们,想起了自己快乐无邪的童年。或许耄耋之年的凌叔华曾在回顾自己一生时,深深怀念过当年在胡同老宅子里文人朋友相聚一堂的往事以及和印度诗人泰戈尔的那场别开生面的艺术交流。

凌叔华和泰戈尔论画,体现出了北京人的谦逊之风。泰戈尔是一位伟大的诗人,但在绘画领域并无太大建树。凌叔华自幼习画,功底深厚,但从不骄傲自满,并未因泰戈尔不是画家而表示轻慢,她不但虚心接受了这位国际友人的真知灼见,而且在以后的创作中践行其中的理念,体现出一名艺术家好学和虚己的精神。在出国之前,凌叔华的大部分人生都是在史家胡同度过的,而今斯人已去,但胡同仍然可以作为见证,它向我们传达的理念是做人应该拥有虚怀若谷的心胸,无论对待艺术、工作还是他人都应该持有谦逊的态度。

竺可桢的求学趣事

史家胡同人文底蕴深厚,早在清雍正年间,朝廷就在胡同西口设立了左翼宗学,至今已有290多年的历史了。1909年,清政府在胡同内设立游美学务处,专门负责管理赴美留学事务,大学问家胡适和著名气象学家竺可桢就是在这里通过严格的考试,开始赴美留学的生涯的。因此可以说史家胡同曾是我国培养高级人才海外深造的重点选拔基地。

竺可桢是我国著名的气象学家,为我国的近代气象科学做出了巨大的贡献。他自幼酷爱学习,年仅5岁就识字过千。父亲见他如此好学,便让他在镇上唯一的小学就读,而后又聘用私塾先生悉心教育。不到两年时间,竺可桢对《三字经》、《神童诗》、《千字文》已经烂熟于心了。这些低幼的读本早已不能满足他对知识的渴求,于是他开始向同学和乡邻借来各种线装书如饥似渴地阅读。

　　一天晚上,哥哥竺可材教竺可桢学写作文。竺可桢写了一篇,自我感觉不好,遂认真重新拟写。写完之后他又觉得还是不够好,又一遍一遍地写起来。直到自己对文章满意了,他方才停笔休息。这时天已经蒙蒙亮,公鸡也已经报晓了。嫂子心疼竺可桢,质问竺可材为何对年幼的弟弟如此严厉,把他累坏了怎么办。竺可材感到委屈:"我没有逼迫他熬夜啊,是他自己写不好就不肯睡觉,怎么能怪我呢?"

　　竺可桢不但热爱学习,还特别喜欢思考。他经常在窗前或门外看落雨,对从天而降的雨滴充满了好奇心。一次,他正数着从房檐溅落的雨滴,忽然发现水滴恰好落到门前石板上的一排小坑里。他不明白水坑是怎么来的,立刻虚心向母亲求教。母亲循循善诱地说:"这就是'水滴石穿',雨滴的力量虽小,但是长年累月地滴下来,也能把坚硬的石板滴出一个小坑来。孩子,那石板上的小坑就是雨滴滴出来的。读书、做人也要有这种'水滴石穿'的精神,锲而不舍地坚持,终有一天会有回报的。"竺可桢领悟了母亲的话,从此更加刻苦地学习,并把"水滴石穿"当成了自己的座右铭。

　　竺可桢学习用功,意志坚韧,可惜长得过于文弱,遭到同学们的嘲笑。一次,几个同学表情怪异、嬉皮笑脸地从他身旁经过。一位同学讥刺道:"就你这副骨头架子,遇到台风就会被刮到天上去。"另一位同学接茬道:"小矮子,可怜又可笑,依我看,他活不过 20 岁。"竺可桢听了这些嘲讽的话,气愤不已。他真想好好教训他们一番,但最终还是忍住了,他想同学嘲笑自己固然不对,但谁让自己这么孱弱呢,将来要成为国家的栋梁之材,一定得有个强壮的好身体。竺可桢说到做到,连夜拟写了一份强身健体的详细计划,又把六字格言"言必行,行必果"贴在家里最显眼的地方,时时刻刻督促自己锻炼身体。自此,竺可桢每天听到鸡鸣就起床到校园里跑步、练剑、做早操,无论刮风

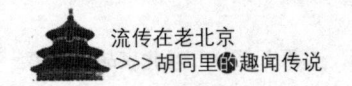

下雨从未间断过。他的这种持之以恒的精神最终有了回馈,长大以后,他没有变成一个病恹恹的读书人,而是成为了一名精神饱满的学者,并顺利通过了游美学务处的考试,成功深造成了一位卓越的气象学专家。

"水滴石穿"的座右铭伴随了竺可桢的一生,无论是在学习上、身体锻炼上,还是日后的工作中,那种坚持到底的信念和始终如一的精神让他终身受益。竺可桢有写日记的习惯,直到他去世为止,这个习惯坚持了38年零37天,日记详细记载了天气、风向风力,还有花谢花开、湖水结冰、柳絮飘飞、冬去春来等自然现象。这些日记都是竺可桢科学观察工作的一部分,它们为中国的气象学研究积累了大量宝贵的资料,使他成为我国近代气象学领域的奠基人。

竺可桢的求学故事体现的是一种专注和持之以恒的精神。我国自古就有磨杵成针、水滴石穿的典故,这种坚持不懈、奋斗不止的精神是我国无数大学问家学有所成的秘籍。可以说,史家胡同是竺可桢奔赴海外、开拓视野的转折点。竺可桢之所以能够通过游美学务处的考试,与他平时不懈地努力是分不开的,为此,这条史家胡同如今也在向我们传达这样的做人理念:做好每一天平凡的小事,坚持下来,就有可能做出伟大的成就。正所谓"不积跬步,无以至千里;不积小流,无以成江海"。如果人们掌握了这个朴素但实用的真理,几十年如一日践行"水滴石穿"的格言,也会在自己的工作领域做出非凡的成就。

5. 砖塔胡同

砖塔胡同位于北京市西城区西四牌楼附近，因胡同中的一座青砖古佛塔而得名。相传此塔是耶律楚材的老师、金元年间的得道高僧万松老人的葬骨塔。依据史料推断，这座高塔至少有 600 年的历史了。在元杂剧《沙门岛张生煮海》中，提到的砖塔胡同就是今天的砖塔胡同。明人张爵编撰的《京师五城坊巷胡同集》和清人吴长元所著《宸垣识略》都把砖塔胡同列为京城古迹。元、明、清三代，砖塔胡同均是京城著名的娱乐中心，鼎盛时期胡同里曾有十数家戏班登台表演，曲艺艺人、名伶你方唱罢我登场，尽情演绎着世间的古今传奇。数百年来佛门的清净之风和戏曲的喧闹元素交织碰撞，给砖塔胡同增添了多样的色彩。

行秀禅师佛法普度众生

砖塔胡同中最具历史价值的建筑当属万松老人塔。万松老人塔是为了纪念万松老人而建。万松老人法号行秀禅师，俗名姓蔡，是金元年间德高望重的佛门大师，他不仅深谙佛学，对儒家学说、诸子百家也无所不通。这些广博的知识为他日后使深受儒学思想影响的耶律楚

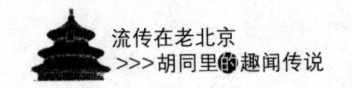

材归于佛门提供了基础，也为他弘扬佛法提供了极大的便利。

行秀禅师一生充满传奇色彩，他15岁便出家为僧，受戒后云游四海，先后在燕京的潭柘寺、庆寿寺、万寿寺参禅，而后南下来到磁州大明寺，嗣承得道高僧雪岩的佛法。求得佛法后，声名远扬。全国各地的寺院都争相请行秀禅师宣讲佛法，并邀请他做住持，都被他婉言拒绝了。不久，行秀禅师回到了邢台净土寺，修筑万松轩潜心修行，从此就有了"万松"的称号。他在净土寺度过了数年时光，一边研习佛学经典，一边接待拜访自己的来客。一时之间，信徒如云，名声大噪，朝野之中鸿儒官宦对他也是倾慕有加。年轻时，行秀禅师就声名显赫，被视为北方佛教的泰斗人物。

据《高僧传》记载，行秀禅师不但学问渊博，而且为人善良。在古代，不仅读书人要参加科举考试，僧人和道士也必须参加考试。僧人考试制度起源于隋唐时期，考试题目的难度几乎和科举差不多，所有寺院的住持都必须经过严格的考试测评，才能被选拔任用。行秀禅师在一次参加朝廷举行的僧人考试时，被认为是最有希望拔得头筹的僧侣之一，另一位竞争者是较为年长的靖恩和尚。应试之前，有人问靖恩和尚这次会试谁能夺筹。靖恩和尚说行秀禅师是不二人选，他年轻聪敏，才智过人，自己年事已高，智慧与日俱减，不可能比得上优秀的年轻人了。行秀禅师听闻后，对靖恩和尚产生了深切的同情，他认为自己还很年轻，以后有很多机会夺得头筹，而靖恩和尚已经年迈，记忆力衰退，日后恐怕再无机遇出头了。所以他毅然决定放弃与靖恩和尚争锋，但按照朝廷的规定他又必须参加考试，于是他故意没有做完题目，只写了一篇文章就匆匆离开了考场。主考官非常欣赏行秀禅师的文章，遂命人将行秀禅师的其他文章拿来过目，但费尽心力遍寻不得。后从知情人那里知道了事情的原委，原来是行秀禅师因为靖恩和尚的缘故，自愿放弃其他考试。主考官听罢对行秀禅师的为人敬佩不已，就亲自召见了行秀禅师，表示如果他有还俗的意愿，愿意把女儿许配给他。行秀禅师谢绝了主考官的好意，一心专注弘法事业。

行秀禅师洞悉禅宗，思维敏捷，擅长辩论，在北方备受推崇，金朝和蒙古两朝的统治者对他都极为敬重。金章宗曾慕名召见他到殿内宣讲佛法，自己躬身以礼相待，还赐给他一件锦绮僧衣。金朝被蒙古灭亡后，行秀禅师又得到蒙古大汗的器重和赏识，窝阔台大汗曾经赐给他一枚珍贵的佛牙，尊称他为"万松老人"，并奉其为蒙古汗廷国师。在众多向行秀禅师学习佛法的弟子当中，历史上最有名的当属耶律楚材了。耶律楚材曾拜行秀禅师为师，刻苦学习博大精深的佛法，寒来暑往三载。三年期间，行秀禅师对其传授儒家治国、佛法修心的理念，这对一代名臣耶律楚材的执政方式产生了巨大影响。世人非常崇敬行秀禅师，在他以81岁高龄圆寂后，为其修建葬骨佛塔，以资日后参拜纪念，行秀禅师的埋骨塔就是名动京城的万松老人塔。

行秀禅师为人高尚，一生参研佛法、普度众生，因为善良和同情心，他放弃了僧人考试中的夺魁机会，又婉拒了主考官招为女婿的美意，与帝王名将交往，一心弘扬佛法，希望将善念传授给统治者，以期对苍生有益。砖塔胡同是行秀禅师的埋骨地，如今它仍旧向我国传达着一种朴素的普世价值观，这种淳朴的观念也根植于北京文化中，体现在老北京的谦让、质朴、助人为乐上。

张恨水于低调处见风雅

砖塔胡同43号是鸳鸯蝴蝶派作家张恨水的故居。张恨水在北京工作居住40余载，其中在砖塔胡同居住的时间最长，约为16年。张恨水是一位著作等身的高产作家，他一生创作了近4000万字，仅小说就有120多部，此外，他还写下了大量的诗词、游记和散文。他的主要

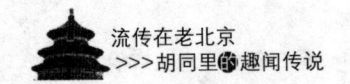

作品是《金粉世家》、《啼笑因缘》、《春明外史》、《八十一梦》、《孔雀东南飞》、《白蛇传》、《梁山伯与祝英台》等，其中《金粉世家》被改编成热播电视剧，收视效果颇好。《啼笑因缘》再版 20 多次，6 次被搬上大银幕，电影上映后反响热烈。张恨水对古典章回体小说进行大胆革新，开创了新文学与通俗文学完美结合的典范，形成了雅俗共赏的文风，被誉为"中国的大仲马"。

张恨水的小说非常畅销，在 20 世纪 30 年代，北平经常出现同时有五六家报刊一起连载张恨水小说的情景。读者为了能在第一时间读到张恨水的作品，每日下午两三点钟，就在报馆门口排起了长队。张恨水曾在小说中塑造了一个身染重病的女性形象，这名女子积劳过度、命悬一线。读者十分同情女主人公，非常关注她的命运，纷纷给报馆寄信，不约而同地为女主人公请命，希望张恨水先生高抬贵手，让命途多舛的女主人公恢复健康。

张恨水创作之勤、作品之丰，是国内其他作家无法比拟的。1928 年，不同的报刊居然同时连载了他的 6 部作品，包括《春明外史》、《春明新史》、《金粉世家》、《青春之花》、《天上人间》、《剑胆琴心》6 部脍炙人口的小说。6 部经典长篇小说各有特色，人物设定、故事情节丝毫没有雷同之处，这在文坛上堪称是一个奇迹。

张恨水创作喜欢一气呵成，他每天 9 点钟开始写稿，一直写到晚餐时间，用完餐后休息片刻，坚持写到深夜 12 点，日复一日，年复一年，笔耕不辍。每日晚上 9 点，报馆的数个编辑都会在张家宅第等候索要稿件，张恨水伏案疾书，一口气写下洋洋洒洒数千字，分别把不同的稿子交与各大报社。

张恨水的忠实读者上至儒雅的文人，下至普通的黎民百姓，大学者陈寅恪也是张恨水的读者。他在西南联大任职时，患上了严重的眼疾，以至双目失明，那时好友吴宓经常将张恨水的《水浒新传》读给他听，使他备感安慰。一代才女张爱玲走上文学之路也是因为拜读了张恨水的大作，她13岁时读了张恨水的一部通俗小说，立即被曲折离奇的故事情节打动了，之后又读了张恨水的其他代表作，渐渐萌发了写作的兴趣，最终步入了文坛。鲁迅的母亲也是张恨水的读者迷，每每有张恨水的新作品出版，鲁迅定要买书送给母亲。1934年，他给母亲寄过《金粉世家》一部十二本和《美人恩》一部三本。

张恨水在业界口碑很好，报社向他约稿，他从不推辞，而且总能按时交稿。张恨水平日的消遣就是打麻将，有一天他在麻将桌上正与牌友们打得火热，报社派人来催稿件，他仍舍不得放下手中的麻将，于是左手摸牌打麻将，右手照常写稿，依然能准时交稿。

张恨水为人低调，把写作比作摆摊做生意，他并不认为从事文学创作是多么了不起的事情，对于名利看得很淡，恪守的是"流自己的汗，吃自己的饭"的人生准则。最让他自豪的是京城的大宅子是他用稿费赚来的，用他自己的话说就是"全家三十多口人，靠一支笔，日子倒过得不错"。他亲手在院子里栽种了樱桃树、槐树、桑树、枣树、丁香，平常的宅院里多了些花树，呈现出一片生机和诗意。

张恨水在砖塔胡同写下了《梁山伯与祝英台》、《秋江》、《牛郎织女》、《白蛇传》、《陈三五娘》、《孔雀东南飞》、《荷花三娘子》等多部优秀的鸳鸯蝴蝶派小说。其中《梁山伯与祝英台》已改编为电影文学作品并被搬上了大银幕，《白蛇传》和《孔雀东南飞》被改编为电视文学作品录制发行。

张恨水的晚年是在砖塔胡同里度过的，这条胡同见证了他的作品和他的为人，如今仍然向我们传达着高调做事、低调做人的传统理念。低调一直是国人奉行的美德。一个人无论取得多么大的成就都不应该摆架子，对待工作应勤恳、一丝不苟，无论是对待地位高的人还是普通人，都应该以礼相待。

流传在老北京
>>> 胡同里的趣闻传说

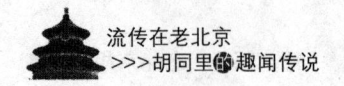

鲁迅怒向刀丛觅小诗

1923年，鲁迅与兄弟周作人决裂，分道扬镳后于当年8月迁入砖塔胡同61号暂住。这是一个很小的宅院，西面是妻子朱安的卧室，东面住着鲁迅的老母亲，中间堂屋是鲁迅的起居之所。白天，鲁迅的堂屋既是餐厅也是客厅，一家人用餐和接待客人都在这里。晚上，它就变成了鲁迅的书房。鲁迅在这间堂屋熬夜写作，写倦了就躺在靠墙的一张木板床上睡觉。这里的居住环境比较差，可见当年鲁迅的经济状况不是很好。虽然他只在这里生活了短短10个月时间，然而就是在这逼仄狭窄的居室里，他挥笔写下了《祝福》、《在酒楼上》、《幸福的家庭》、《肥皂》和《中国小说史略》等知名作品。

鲁迅给人的印象似乎一贯都是"横眉冷对千夫指"，他文风辛辣，文辞锐利，无论是小说还是杂文都像是一枚枚尖利的匕首，锋芒毕露地刺向黑暗荒诞的社会。然而他并非是一个愤世嫉俗、尖酸刻薄之人，为了报国，他曾三改志愿，志向从实业救国、医学救国改为文学救国。其实"俯首甘为孺子牛"才是他最本真的写照。提及鲁迅，人们首先想到的是"战士"这个词，他的一支笔拥有的威力确实不输给刀枪炮火，但人们往往忽略了他幽默风趣和平易近人的一面。

鲁迅无疑是个幽默大师，他的很多文章虽然深具批判性，但却诙谐有趣，令人捧腹。他的演讲风格同样如此，严肃中透着智慧的幽默，让人忍俊不禁。作为文化名人，鲁迅免不了经常被邀请演讲。鲁迅演讲时引经据典、妙语连珠，台下经常发出此起彼伏的笑声和阵阵如潮的掌声。有一次，鲁迅从上海返回北平到北师大做演讲，演讲的题目是《文学与武力》。当时不少文人墨客出于各种目的对鲁迅进行猛烈的人身攻击，很多学生为他鸣不平。鲁迅在演讲此类题目时并没有表现得多么悲愤，反而十分风趣地说："有人说我这次到北平，是来抢饭碗的，是'卷土重来'；但是请放心，我马上要'卷土重去'了。"寥寥数语引得台下笑成一片。

鲁迅平时不修边幅，通常一件旧长衫，头上精神抖擞地竖着个把长的头发。许久不理，朋友经常跟他开玩笑说："你的'地球'怎么还不削一削？太难看了。"鲁迅不以为意："我掏腰包，你们好看。"鲁迅的胡子也非常有个性，从日本留学回国后留了撇日式的翘胡子，样子滑稽极了，常被别人取笑。他不胜其烦，索性剪了个隶体一字胡，从此一字须就成了他标志性的特征。侄女曾对鲁迅的鼻子感到好奇，一次竟问他："大伯，你的鼻子为什么比我爸爸的鼻子矮一点、扁一点呢？"对于这个天真的问题，鲁迅笑着回答道："我原来的鼻子和你爸爸的鼻子是一样的，后来我住在黑暗的环境里，四处碰壁，就把鼻子碰扁碰矮了。"鲁迅虽然谈不上是俊男，但他对自己的外貌是自信的。英国著名作家曾对他说："听说你是中国的高尔基，但今天见到你，我觉得你比高尔基漂亮多了。"鲁迅听到这样的赞美，毫不谦虚地说了句："我老了会更漂亮！"

鲁迅的生活作风和创作风格基本是一致的，他的作品发人深省，但却不是无聊刻板的说教，而是通过塑造一些病态滑稽的人物形象，让国人充分意识到民族劣根性的问题。1923年8月，鲁迅的《呐喊》小说集由北京新潮出版社出版，书中收录了《狂人日记》、《药》、《阿Q正传》、《孔乙己》、《故乡》、《社戏》、《鸭的喜剧》等14篇小说，出版后在文坛引起了强烈反响。其中《阿Q正传》里的阿Q是典型的旧社会国人精神面貌的代表，他扭曲而又可笑的个性，骨子里的奴性和卑微，以及戏剧化的遭遇和悲剧性的命运，深刻反映出了封建专制主义对于人性的歪曲和摧残。叶永蓁曾问过鲁迅，阿Q是中国人，为什么要起个洋名字呢？鲁迅笑笑说："阿Q是个大光头，脑后拖了一根

流传在老北京
>>> 胡同里的趣闻传说

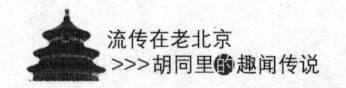

小辫子，看起来不就像字母 Q 吗？"虽然鲁迅耗用毕生心血从事创作事业，旨在引起中国人对自身的反思，希望从根本上改变国人的国民性，但他仍然没有忘记作品的趣味性和可读性。鲁迅的小说新奇有趣，却不乏冷峻，是典型的黑色幽默风格。

《祝福》是小说集《彷徨》的首篇，创作于 1924 年 2 月。小说通过祥林嫂悲惨命运的描述，反映了辛亥革命后中国社会尤其是中国农村的真实面貌，深刻揭露了宗法观念和封建礼教对劳动妇女的无情压榨和摧残，表达了对在封建枷锁中饱受蹂躏的广大劳苦大众的深切同情。

鲁迅一生以笔作枪，在呐喊和彷徨中苦苦求索，希望开辟一条让国人警醒的道路。他的文章是一个民族的灵魂和良心，几乎每一篇都击中了国民性的要害。鲁迅虽然在砖塔胡同居住的时间不长，然而他带给这条胡同的深厚文化底蕴却是永恒的。今天我们游览这条胡同，依然可以想象他当年挥笔创作的情形。砖塔胡同向我们传达的是对自身和民族的反思，我国自古就提倡三省吾身的行为，然而随着时代的变迁，越来越多的人迷失了自我，或者对人性的劣根性浑然不觉，对国民性的缺陷视而不见，我们希望鲁迅的高声呐喊能唤醒更多的国人，他的痛苦和彷徨没有白白浪费，他的文章可以作为利器和良药，割去劣根国民性的毒瘤，医好大众麻木不仁的灵魂。

6. 四眼井胡同

四眼井胡同位于北京市西城区中部，东起鲜明胡同，南抵能仁胡同，古时巷内有一口四眼井，胡同由此得名。由于胡同北侧也有一条叫作四眼井的胡同，为了加以区别，于是改称为南四眼井胡同。北京有许多胡同都是以水井命名的，如双眼井胡同、三眼井胡同、四眼井胡同、苦水井胡同、甜水井胡同等。这在一定程度上反映出我国人民对于水源的重视，在古代，居民用水主要依赖水井，水井是百姓的生命之源，故而成为街巷阡陌的代称。

无名井里冒出皇家御用水

在古代，老北京平民的日常用水都是从水井中汲取的。据清代史料记载，那时北京城内外共有1258眼水井，包括城内701眼井和城外557眼井。四眼井只是寻常巷陌里其中的一眼井，然而有关它的趣味传说却一直在民间流传。

明清两代，王室贵族、皇亲国戚御用水都是从西郊的玉泉山运送到皇城里的，水车进出都城必经西直门。每天黎明破晓天刚蒙蒙亮时，西直门大街的居民都会听到马驮水车发出的沉闷声响和城门打开时清

33

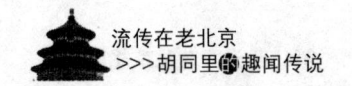

脆的吱扭声。天长日久，车轮碾压大路滚滚而过，皇城的御用水车将山上甘甜的泉水源源不断地输送到宫廷。路上泉水撞击水桶叮咚作响，马车有节奏地发出咕隆咕隆的声音，百姓们对此早已习以为常。

相传有一日皇家水车像往常一样准时出了城门，可是直到暮色四合，城门应该按时关闭的时候，水车还是没有返城。看管城门的官差急不可耐，几次走出城门张望，后来终于依稀听到马车滚动发出的"咕隆咕隆"声，守城门的官差急忙准备关闭城门。负责押运水车的老差役一路颠簸地赶着马车入城，官差高声嚷道："你又去灌酒了吧？耽误了时辰可是大罪，小心老佛爷砍你的脑袋。"说罢一颗悬着的心总算落了地，关好城门就回到差房歇息去了。

那名负责押运水车的老差役，忽然发现城里的道路莫名平缓了许多，马车一路都稳稳当当的，一点也不颠簸，真是奇怪至极。他越想越觉得蹊跷，急忙下车查看，这一看不要紧，吓出了满脸大汗。原来是水桶的出水口没有塞紧，一车的水随着路途的颠簸已洒掉了大半。老差役害怕极了，本来自己就多喝了几杯，耽误了时辰，现在送入皇宫的水大部分都洒掉了，怎么办才好呢？老佛爷要是怪罪下来，恐是性命不保，都说喝酒误事，如今看来果真如此。再出城到玉泉山取水是不可能了，城门已经关闭了。如今看来，也只能死马当活马医了。老差役借着酒劲胆量越发大起来，他打算孤注一掷、放手一搏，于是偷偷地来到城门附近的一口无名水井前，赶紧从井里打水，匆匆忙忙地把漏掉的水补上了，好不容易灌满了一车水。他忐忑不安地押运着水车进了皇宫，心惊胆战地交了差。不承想，慈禧太后并没有发现水有什么异样，可见井水和御用山泉水一样甘美。

从此老差役胆量变得更大了，每天进了城门，查看水车洒了多少水就用井水补上。慈禧太后对此全不知情。老差役一次次蒙混过关，也就得过且过。久而久之，他经常打井水送往宫廷的传闻不胫而走，民间到处流传慈禧太后喝井水的消息。方圆几里的百姓闻言，纷纷到那口无名井里打水，他们都想品尝一下老佛爷喝过的水。来无名井打水的人络绎不绝，为了安全起见，大家筹钱聘用石匠扩充井口，并以石板做了个井盖，还在上面凿了四个比水桶稍大的井口，"四眼井"由此得名。一口默默无闻的井，因为运水差役的失职，竟变成了百姓眼里的甜水井。四眼井自此滋养了一代又一代人。

与其说四眼井的闻名是源于送水差役的疏忽，不如说是借了慈禧太后的威名。慈禧喝过的水变成了百姓竞相品尝的甜水。这个传说在一定程度上反映了封建王朝的特权制度，皇家饮用的是来自山林的甘美异常的甜水，而平民百姓平日只能依赖井水，当时苦水井众多，而甜水井少有。这条胡同的由来可以让我们感受到京城百姓奉行的"忍"字文化，他们知足常乐，在忍耐较差的生活环境，羡慕特权阶层的舒适生活时，对未来又抱有美好的期望。

7. 大甜水井胡同

大甜水井胡同位于北京市东城区，东起王府井大街，西到晨光街，全长为356米，宽为6米，路面铺有沥青。在明代属于南熏坊，相传胡同内有一口水质清甜的水井，故称之为甜水

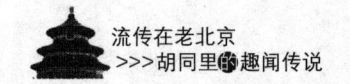

井。到了清宣统时期,改称为大甜水井。1949年以后称为大甜水井胡同。1965年,颐寿里、沟沿胡同、梯子胡同、康家胡同并入此胡同。胡同内现存有两座王府,分别为清温郡王府和多罗隐志郡王奕纬之子伦贝子府。大甜水井小学设在此地,其余为民宅。

蝈蝈引甜水的传说

相传明朝迁都京城的时候,老北京的水井里冒出的水都是苦的,老百姓长年累月地以苦水为生。当年皇城附近有一条不起眼的普通胡同,平日里人来人往,不但有平民百姓出入,还有专门给皇家供应御用品的商人和配备武器的武士经过。

胡同内有一家规模不大的茶馆,顾客都是一些穷苦的百姓。因为沏茶用的是苦水,茶水值不了多少钱,茶馆掌柜的也不计较,有时免费让人喝茶。所以附近的居民都爱到这里喝茶,茶馆总是顾客不断。有一日,正值盛夏的午后,骄阳似火,整个老北京就像一个大火炉,人们热得汗流浃背。路上的行人头顶烈日,走着走着就口干舌燥,见到茶馆都一拥而入。经营茶馆的老两口忙得不可开交。这时一位须发花白、精神矍铄的老者踱步进了茶馆。所有的顾客都觉得屋里热得像蒸笼,全躲到外面的树荫下纳凉喝茶,但这位老者却从容入座,脸上没有一丝汗。他朗声要了一碗茶,打开碗盖慢慢凉着,又从怀里掏出一只无比精致的蝈蝈笼子,众人一下子就被那只漂亮的笼子吸引住了。这只笼子非常精巧别致,形状有点像葫芦,泛着油光,笼盖上饰有漂亮的花纹。老者徐徐打开笼子,只听"啪嗒"一声,一只拇指粗的大蝈蝈就从里面蹦了出来。它全身青绿,神气逼人,出了笼子就开始东张西望,蹦跳着到了茶碗旁边,蹿到了碗口。茶碗里热气腾腾,可是蝈蝈一点也不嫌热,反而低头啜饮起茶水来。滚热的茶水,蝈蝈却甘之如饴,众人都看得呆住了。

  人们觉得这位白须老者好生奇怪,来到茶馆自己不喝茶,却偏偏把茶水喂蝈蝈,这真是让人匪夷所思。开茶馆的老两口尽管见多识广,这么离谱的事还真是头一遭见到。掌柜的见这蝈蝈笼子编制得如此精妙,必不是俗物,那蝈蝈又那么煞有介事、精气十足,心想这老者和蝈蝈也许是哪路神仙下凡,万不可怠慢他们。于是他就提起水壶将茶碗里的水续上,有意无意地说道:"这蝈蝈可不是寻常之物,个大又精神,在京城可真是不多见。"

  老者摸着胡须,笑容可掬地说:"我是专门为你们老两口而来的,你夫妻二人这把岁数,还要为衣食操心,真是太不容易了。可是沏茶的水是苦的,你们再怎么努力经营茶馆也赚不到钱,假如胡同里的井能变出甜水就好了。"掌柜的叹了口气说:"我们老百姓当然盼着井里的苦水能变成甜水,可是天公不作美,我们能怎么办呢?"老者说:"我观察你们很久了,你们老两口都是心善之人,好人一定会有好报的,你们的愿望会实现的。"掌柜的忙问:"此话当真?"老者爽快地说:"在下从不食言。"

  这时蝈蝈已经喝得饱饱的了,从碗口里蹦了出来,跳到了桌案上。老者把蝈蝈喝剩的茶水交给掌柜的说:"你把这碗剩茶倒入井中,看看会出现什么情况。"掌柜的略有迟疑,担心在众目睽睽之下把蝈蝈喝过的茶倒进井水里,会让喝茶的人感到不舒服,以后就不光顾他的茶馆了。老者猜透了他的心思,宽慰道:"你大可放心,出了什么事由我负责。"掌柜的这才安心,心里嘀咕,这茶水又没有毒,人喝了也不会有什么影响,何不试试看呢?于是他就端着剩茶,把茶水倒进了后院的井里。随后他从井里打上一桶水来,盛了半碗水,迫不及待地尝了几口。本来他还不是十分信任那位白须老者,喝了几口井水后,不由得大吃一惊,两眼迸射出兴奋的光芒,大声宣布:"有甜水了!有甜水

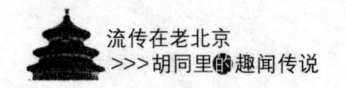

了！水井里冒出甜水了！"

众人听到这个好消息，纷纷聚在水井旁，争先恐后地品尝，喝完后全都啧啧称奇。有人说："掌柜的，以后你的茶水都是甜的了，你可是要时来运转发大财了。"人们也开始议论纷纷。老两口听了之后心花怒放，心想苦日子总算熬到头了，该过过好日子了。掌柜的光顾着憧憬新生活了，老太太拉了拉他的衣襟说："这都亏了那个白胡子老头，还不快去谢谢人家。"掌柜的连忙回到茶馆道谢，但那位白须老者早已不见踪影，那只蝈蝈也消失了。此后，老百姓都知道茶馆的水好喝，那可是用甜水泡的，来茶馆的顾客变得络绎不绝。老两口的茶馆生意蒸蒸日上，甜水井所在的胡同就被称作大甜水井胡同了。

当我们走进大甜水井胡同，不免会想起这个有趣的传说。从传说中我们可以了解到古代北京城普通居民的生存状态，京城处处都有苦水井，唯独甜水井少有，老百姓世世代代喝着苦水，生活水平自然也不会高，假如有幸生活在甜水井附近，那便是一种莫大的福分了，所以会编出各种趣闻传说来说明甜水井的由来。从这则神话传说中我们可以看到人们的普遍心态，即他们认为甜水是上苍赐给他们的，所以他们由衷地感激这种馈赠。而今这条胡同带给我们的理念是我们应该珍惜现在的便利生活，生活在21世纪的人们较少能体会到古人的心酸，人们随时拧开水龙头就可以得到自来水，于是很多人对这样舒适的生活感到理所当然，不仅不珍惜现在的生活，而且随意浪费水资源。我们应该明白在某些落后的国家和地区生活的人们仍然像古代北京的老百姓那样为饮用水而苦恼，所以节约用水，人人有责，现代人应该养成合理用水的好习惯。

8. 礼士胡同

礼士胡同位于北京市东城区东南部，东起朝阳门南小街，西到东四南大街，南邻支巷通演乐胡同、灯草胡同，北望支巷通前拐棒胡同。礼士胡同原名为驴市胡同，明清时期，此地为贩卖驴骡的市场。清代的《帝京舆图》明确标记了驴市胡同，可见当时驴骡交易的盛况。那时买卖牲口的交易双方磋商价格时，在衣袖里或大襟下打哑谜。如今的礼士胡同幽深宁静，放眼望去是浓密的树荫和灰色的屋瓦。胡同中部路北墙上有十几块精美的清代砖雕，相传连故宫里都没有如此精致的砖雕。

宰相刘罗锅不改布衣本色

礼士胡同发生了很多故事，其中最受人关注的历史人物非刘墉莫属。礼士胡同西头是刘墉的宅第，街南墙上曾经有一块横石，其石刻有"刘石庵先生故居"的字样。刘墉的号就叫石庵，可惜如今横石已不存。

刘墉是清朝乾隆、嘉庆年间的朝中重臣，官拜体仁阁大学士，以正直清廉、直言敢谏的为人作风在民间广为称颂。电视剧《宰

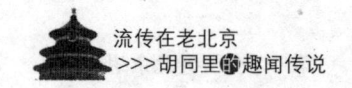

相刘罗锅》的热播让这个廉洁正派的历史人物家喻户晓。历史上的刘墉是个刚直不阿的清官，平素秉公办事，颇有平民之风。在主持修筑堤坝和桥梁时，亲赴第一线，粗茶淡饭，不辞劳苦。相传他最喜爱的食物就是煎饼卷大葱，可见其为官时生活是多么艰苦朴素。

刘墉素有"浓墨宰相"之称，这主要是因为他书法精湛，令人叹服。他的书法乍一看去绵软平滑，如棉花般无力，但细细品味，便可看出他的每个字都苍劲有力、骨络分明，境界远在常人之上。刘墉书写不流于俗，清人包世臣在《艺舟双楫》中就记载过一件趣事，反映的就是他对书法的态度：刘墉有个学生是翁方纲的女婿。一次，这位学生看到岳父一板一眼地按照古人的书写规范练字，由于受到刘墉的启发，对这种故步自封的做法很看不惯，于是便旁敲侧击地说："您和我的老师刘墉都是有名的书法家，为什么我从没听您谈论过我老师的书法呢？岳父，您可不可以现在就给我讲讲呢？"翁方纲不以为然地说："你不妨问一下你的老师，他所书写的字哪一笔是仿效古人的？"这位学生向刘墉传达了岳父的原话，刘墉笑道："你也不妨问一问你的岳父，他的书法有哪一笔是出自他自己的？"由此可见，刘墉对待书法主张创新，不赞成墨守成规。

刘墉虽然是个文雅的书法家，但对民间生活却十分了解，他体谅民间疾苦，曾经热心帮助过捏面人的手艺人谋求生计。捏面人也叫面塑，是老北京的一种传统民间工艺。它仅用一点糯米就能变幻出形态各异、惟妙惟肖的人物形象。面人小巧美观，广受民众喜爱，成为老北京最具特色的民间艺术之一。说起捏面人行业的兴盛，完全得益于刘墉。

当年刘墉的下人一个姓王的同乡三下两下把馒头做成了仙桃、梅花、蝴蝶等各种新鲜的模样，刘墉见了不禁连连称奇，便问出自何人巧手，并大加赞美了一番。老王听说自己被刘墉夸奖，又高兴地展示了一下才艺，捏出了大丫头、小小子、鸡、狗等形状的馒头，还精心地给它们上了色，做完后将这些精美的面食送给了刘墉的内眷，刘墉恰巧又看见了。

刘墉把老王叫来谈话，一问才知老王是因为买不起礼品，才向人学了门手艺，逢年过节时用自己亲手捏的面人当礼物送给亲戚，渐渐掌握了捏面人的民间技艺。刘墉见老王手艺不错，但生活仍是清苦，就想帮他改善生活。他让老王捏了画上的八仙，老王没让他失望，捏出来的八个面人栩栩如生，倒真有几分神仙的姿态，刘墉便说："我建议你把面人拿到街上和庙会上去卖，能赚不少银子呢。"老王一听，大感意外，他没想到这种小玩意儿也能卖钱。刘墉又告诉他往面团里添加点蜂蜜可以使面人保存得更持久，他还让老王把颜料直接和到面里，这样面人的颜色就更加耐看了。

老王经过一番琢磨，技艺大增，又捏了一套彩色的八仙拿给刘墉看。这八个面人纹络细致，面目清朗，形态逼真，好似粉妆玉砌。刘墉赞叹不已，这时他猛然想起再过几天就是乾隆的大寿了，他何不把这些稀奇的面人当作寿礼送给皇上呢？这样既不破费钱财又能让人大开眼界，也许乾隆帝真喜欢呢。于是他便让老王做了放大版的9位仙人。乾隆大寿那天，大臣们都进献各种贵重的宝物给乾隆，刘墉则亲自打开礼盒，将9位光彩照人的面人摆放在桌案上，所有的礼品霎时都黯然失色。乾隆惊讶地打量着这些稀罕物，当得知它们都是用面捏出来的人物，只值区区5两银子时，顿时龙颜大悦，花10两银子买下了礼物，连连称赞手艺人技术高超，还把刘墉表扬了一番。刘墉把皇帝支付的10两银子给了老王，让他租个地摊做面人生意。老王在刘墉的开导和帮助下，干起了捏面人的活计。他的生意越来越火，后来又

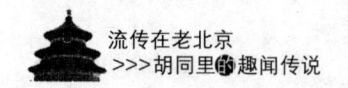

把手艺传授给儿子，还教授了几个徒弟，从此捏面人的民间艺术就在老北京扎了根，世世代代流传下来。

刘墉的逸闻趣事还有很多，相传他有个绰号叫"刘罗锅"。因为为人正直，他的驼背不但对自己的形象毫无损毁，反而成了他的个性化标志。其实历史上的刘墉不可能是一个大罗锅，因为清代选官取士对仪表要求甚高，如果刘墉品貌不端，根本不可能高中科甲。不过"刘罗锅"这个绰号也并非空穴来风，据史料记载，嘉庆帝曾以"刘驼子"称呼刘墉，说明他的确有点驼背，不过那时他年事已高。"刘罗锅"这个绰号应该是他晚年才有的，年轻时他应该是个相貌堂堂的朝廷大官。

宰相刘墉是中国历史上少有的具有平民精神的朝廷要员，他朴素、廉洁，对物质生活要求不高，处处为民着想，愿意与百姓同甘共苦。他的书法造诣颇深，勇于创新，反对流俗守旧。他的一生或许与戏说中塑造的形象不完全相符，但据可靠史料记载，他的爱民之心和平民作风是毋庸置疑的，他对书法技艺的高超在当时也是有目共睹的。刘墉在礼士胡同里度过了整个人生，如今我们走进这条胡同，有关刘墉的种种逸事立时浮现在脑海里。因此可以说，礼士胡同是北京的平民文化的代表，它向我们传达的理念是无论身处何种位置都不要失去自我本色，而要保持原有的平民精神，以平民视角看待人和事，将平民风范发扬光大。

9. 鲜鱼口胡同

鲜鱼口胡同位于北京市前门大街东侧，东接长巷头条与西兴隆街毗连处，西到前门大街，与大栅栏隔街对望。鲜鱼口历史悠久，据说在元朝时期就已成型。北京素有"花市草桥鲜鱼口，牛街马甸大羊坊"的说法，可见鲜鱼口的名气。鲜鱼口荟萃了北京众多的著名老字号餐馆、商铺和戏院，如天兴居、兴华池、便宜坊、都一处、天成斋鞋店、黑猴百货店和马聚源帽店等。1999年，鲜鱼口被国家列为北京25片历史文化重点保护区之一。

火神爷火烧鲜鱼口

传说在清朝时，鲜鱼口是个寸土寸金的繁华之地，那时街市上人山人海，商贾云集，热闹极了。后来鲜鱼口发生了一件稀罕事。相传在一家商铺前，整天坐着一个邋遢的白胡子老头，面前的空地上摆放着一条大鲤鱼。老头的行为举止颇为古怪，不停地用点燃的香去烫鲤鱼的嘴，口里还念念有词："火烧鲜鱼口喽！火烧鲜鱼口喽！"

人们认为他疯疯癫癫说胡话，谁也不加理会。几日后，老头忽然改头换面了，脸上的污泥洗净了，还穿了一件华贵的衣裳，昂首阔步

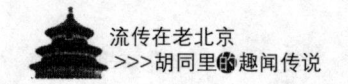

进了一家丝绸店,让掌柜的量上一匹红布。掌柜的见是贵客,满脸堆笑地量好了布,正要剪裁,老头制止了他:"掌柜的,您从布匹的中间开始剪,裁出一匹来。"掌柜的觉得好生奇怪,在布行做了这么多年生意,从没听说过这么买布的。仔细一瞧,这不是那个坐在商铺前用香头烫鲤鱼嘴的那个疯癫的老头吗?这老头平时总是疯言疯语的,今天换了身衣裳就冒充起体面人来,他哪里是来买布的,分明就是想找碴!掌柜的心里犯嘀咕,嘴上却还是和气地说:"老人家实在对不住,我们这从没这样卖过布,不如您到别家店铺瞧瞧。"老头既不坚持也不生气,笑着摇摇头走开了,接着又进了好几家绸布店,一匹布也没有买到。

走进街上最后一家绸布店的时候,老头还是照原来的意思买布。店里的小伙计不好擅自做主,只得跑上楼去请示掌柜的。一会儿工夫,掌柜的走下楼来,看见面前的老者神采奕奕、气度不凡,颇有几分仙风道骨,心里生出几分敬畏,马上吩咐伙计就按老先生所说的方法裁布,裁好后免费赠送给老先生。伙计按照吩咐打开了一匹红布,从正中间剪裁,裁出一丈布,正打算给老头包好。老头忽然变色道:"不用包了,来不及了。"

掌柜的和店里的伙计还没弄清是什么意思,店门外忽然刮起了狂风,霎时间飞沙走砾、遮天蔽日,街上有人大呼:"大事不好了,鲜鱼口着火了,大家快跑啊!"掌柜的和伙计手足无措,不知该作何打算。老头看见他们犯难,正色道:"掌柜的,你们不用惊慌,只要别出店铺,我保证你们和你们的绸布店安然无恙。"说罢,他接过红绸布往上空一抛,只见那红绸布从正中间哗的一声裂开了,整齐地被劈成了两段,两段红绸从门中飞了出去,分别挂在了东房角和西房角。

整个鲜鱼口火光冲天,到处都是滚滚的浓烟和熊熊的大火,人们吓得四处奔逃。逃命的、救火的,乱作一团。由于火势太猛,大火一时无法扑灭，整整烧了一夜才最终熄灭。火灾过后，整条大街满目疮痍，只剩下一片乱石瓦砾，只有那家热情接待白胡子老头的绸布店平安无事，就好像大火从未波及那里一样。那位神秘的老头在抛出红绸的时候，就消失不见了。人们后来才知道这个老头每天用香头烧鲜鲤鱼的嘴，又总是念叨着火烧鲜鱼口，是在提醒人们这里不久将发生一起特大火灾，可惜没人相信他，只有一家店铺的掌柜信任他，所以免除了灾祸。有人认为那位老者就是火神庙的火神下凡。人们不识得这位神仙，还把他当成疯子，以至于热闹非凡的一条街一夜之间化成了灰烬，重建后也一直冷冷清清，再也无法重现当年的繁华了。

　　最后一家绸布店的掌柜，因为对老者以礼相待，并未拒绝老者的奇怪要求，又尊听老者的一番告诫才幸免于难，而那些以貌取人、轻慢老者的人，因为忽视了老者早就暗示的火灾的消息而大祸临头。火烧鲜鱼口的传说反映出人们对信义的看法。鲜鱼口胡同命名的由来反映了华夏民族仁、义、礼、智、信的传统文化，它向我们传达的理念是任何时候都要讲究信义，可见无论是经营生意还是做人，讲究品德都是十分重要的。

鲜鱼口鱼仙赠金

　　鲜鱼口胡同还有另外一个传说。相传鲜鱼口最初叫作线市口，因为当时居民都喜欢到这里购买针头线脑。到了清朝末期，针头线脑的买卖冷清了，买卖鲜鱼的生意兴盛起来，每天早晨，叫卖鲜鱼的声音不绝于耳，购买鲜鱼的人也多得摩肩接踵。

　　一天，一名住在附近的老头从线市口买回了一条活蹦乱跳的鲤鱼。回到家里，老头把鲤鱼放入了水缸中。鲤鱼在水里惬意地游着，身上好像镀上了一层金光，好看极了。老头对它煞是喜爱，不忍心将

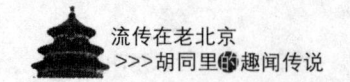

其宰杀，当天并没有把鲤鱼做成晚餐，而是让这条漂亮的鱼在水缸里待了一整夜。

次日，老头的女儿来看望他，他想起了水缸里那条异常漂亮的鲤鱼，就拉着女儿到水缸旁观赏。父女二人走近水缸一瞧，顿时愣住了，那条游动的金鲤不见了，水缸里却多出了大半缸闪闪发光的金子。老头既惊奇又欢喜，寻思可能那条漂亮的鲤鱼就是鱼仙幻化的，为了报答自己的不杀之恩，留下半缸金子作为酬谢。老头非常感激鱼仙的馈赠，此后每天都会到线市口买条鲜鱼。他买鱼不是为了吃，而是为了放生，每次买鱼回来他都会把它放归到正阳门箭楼前的护城河里。后来附近的居民发现老头的这一举动，纷纷到市场上买来鲜鱼效仿老头将鱼放生护城河。由于放生鲜鱼的人越来越多，买鱼的人自然也就越来越多，线市口卖鱼生意变得异常火爆，于是线市口被改称为鲜鱼口。

直到现在老北京还有人在背诵描述这个故事的诗："线市衰弱鲜鱼兴，老者救鱼回龙宫。水族何有团圆日？金银到手鱼放生。"可见这个传说在老北京流传之广。

这个传说故事反映的是中国知恩图报的思想观念。鲤鱼因为报答老头的不杀之恩而馈赠黄金，老头为了感激鲤鱼赠给自己财宝而放生更多的鲜鱼，这种善的力量最终感染了周围的人，大家纷纷效仿老头放生活鱼。鲜鱼口胡同给我们传达的是"滴水之恩，当以涌泉相报"的哲理思想。心存善念、知恩图报会让这个世界形成一个良性循环，变得愈加和谐美好。

10. 西半壁街胡同

西半壁街胡同位于北京市东城区（原）崇文区，呈东西走向，西起西草市街，东到华北光学仪器厂西墙，全长185米，宽大约为4米。西半壁街胡同是半壁街胡同的西部一段，由于半壁街胡同挨着金鱼池，一侧有房舍，一侧没有房舍，故明代时被称为半边街。清朝被改称为半壁街，以金鱼池为界，以东叫东半壁街，以西叫西半壁街。1965年，华北光学仪器建成后，东、西半壁街被阻隔不能再通行。虽然西半壁街只是一个4米宽的小胡同，却曾留下热血豪侠大刀王五和一代宗师霍元甲的身影。

热血英豪大刀王五创镖局

西半壁街13号是闻名天下的源顺镖局的旧址，其创始人是江湖上大名鼎鼎的一代豪杰大刀王五。镖局格局坐南朝北，共有50多间房舍，由前院、后院和西跨院三部分组成，前院为车棚、马厩和仓房，后院是镖师的习武场和生活起居之地。当年大刀王五就是在这里广交

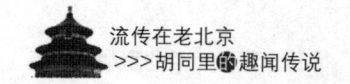

天下豪杰，为了国家前途和民族大义而参与各种运动。如今源顺镖局的格局没有发生太大的变动，大刀王五的第四、第五代后人仍然驻守在这里，至今还保存着"德容感化"和"义重解骖"两方匾额以及大刀王五曾经使用过的部分什物。相传大刀王五当年所持的大刀足有113斤重，他如雷贯耳的名号就是这么来的，可惜这把大刀并没有存留下来。

大刀王五是与一代宗师霍元甲、武林大师黄飞鸿、侠客燕子李三齐名的传奇人物。他本名王正谊，是河北沧州人，出身寒微，命运坎坷，自幼丧父，12岁就成了一家烧饼铺的学徒，后来受到沧州尚武环境的熏陶而痴迷武术。自春秋战国时期开始沧州就是武学圣地，那里到处都有武场和镖局，武林高手众多。王五打杂的烧饼铺附近就有一个叫作成兴的镖局，镖局的师父叫李凤岗，武艺非常了得。王五为了学习武术，常常到成兴镖局偷师学艺。李凤岗和镖师们经常在练武场施展拳脚，王五爬墙从门缝中看得一清二楚，他默默地把各种套路的一招一式都铭记在心，武艺日渐增长。其实李凤岗早就发现王五偷学武艺，不过那时他并没有把一个爱好武学的少年放在眼里，就这样寒来暑往过了好几年，王五每天都到武场观摩镖局的人练功，几乎不曾间断过，李凤岗被他的韧劲打动了，于是收他为徒。令李凤岗大为惊讶的是，王五没有受过一天正规的武术指导，练起拳来却有模有样，可见王五是个难得的武学奇才。此后，李凤岗对王五倾囊相授，用心栽培，王五悟性极高又勤奋刻苦，短短几年，武艺就已炉火纯青。王五学有所成后就跟着师父闯荡江湖押镖，历经几年磨砺后，他的社会阅历已经十分丰富，于是在北京的西半壁街胡同开创了源顺镖局。

王五为源顺镖局立下了四条规矩：一、重要的镖他会亲自押送；二、凡是提到自己名号的江湖朋友都要好生款待，分别时要把盘缠返还给人家；三、冬夏两季都要施舍给穷人衣物，夏季为穷人发放单衣，冬季为穷人发放棉衣；四、过年镖局的镖车要装上东西免费赠送给穷人。可见大刀王五是个扶危济困、行侠仗义的仁义之士。当年百姓为了表达对他的爱戴，曾赠送给他"尚武"、"济贫"两方匾额。

大刀王五武艺高强，为人仗义，不但在江湖上名声大震，在朝廷中也有不少官宦要员听过他的名号。谭嗣同的父亲湖北巡抚谭继洵就曾聘请大刀王五做儿子的武术老师，从此大刀王五和谭嗣同成了师徒和好友。后来谭嗣同成为戊戌变法的六君子之一，为了避开慈禧太后的耳目，经常带着支持变法的义士聚在源顺镖局商讨大事。也许作为一名个性豪爽的习武之人，大刀王五当年并不能深入理解谭嗣同的政治主张，但他是个重情重义之人，愿意为自己的朋友肝脑涂地。即便他不晓得维新变法的意义，也会义无反顾地参与其中。因为从他朴素的价值观和忠肝义胆的侠义精神来讲，朋友的事他不可能置身事外，对国家有好处的事他一定乐于倾力付出。戊戌变法失败后，康有为和梁启超顺利逃脱，大刀王五表示愿一路护送谭嗣同逃亡到安全地带。谭嗣同为了自己的政治理想，拒绝了他的好意，大义凛然慷慨下狱，最终在菜市口英勇就义。临行刑前，谭嗣同在监狱的墙壁上写下了"我自横刀向天笑，去留肝胆两昆仑"的著名诗句，其中两昆仑指的就是康有为和大刀王五。

谭嗣同牺牲后，大刀王五冒死收殓其尸骨秘密埋葬。因为他与谭嗣同交好，受到慈禧的怀疑，之后不得不暂时离开北京到天津生活。当时大侠霍元甲非常钦佩大刀王五的为人，曾亲自登门拜访，尊其为师父，向他讨教过武术。后来八国联军侵华的消息传到了天津，一腔热血的大刀王五再也按捺不住了，他要返回北京杀敌报国。最终大刀王五为了国家大义死于敌人的枪下，结束了他那充满传奇色彩的一生。

大刀王五的传奇事迹深刻体现了国人的道义精神，他侠肝义胆，为朋友愿两肋插刀，为国家甘愿抛头颅、洒热血，是中华民族的爱国

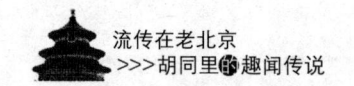

义士。他与谭嗣同和霍元甲的友谊成为民间流传的一段佳话。西半壁街胡同因为大刀王五的事迹和他开创的源顺镖局,而在京城众多街巷中占据重要地位。而今我们造访源顺镖局旧址,似乎仍能感受到这位热血英雄的风采。西半壁街胡同带给我们的启示是要做一个追求正义、爱国爱民、光明磊落的人,为祖国和社会尽自己的一份力。

一代宗师霍元甲威震中华

西半壁街13号是一代宗师霍元甲曾经居住过的地方,当年他是为了给好友大刀王五收尸而暂居此地。提起大名鼎鼎的霍元甲,国人几乎无人不知、无人不晓。他古道热肠,一生好打抱不平,虽然生命短暂,却活得轰轰烈烈,是清末时期最具传奇色彩的英雄人物。他的事迹被拍成了多部影视作品,成为国人心目中屈指可数的爱国武术家。

霍元甲出身镖师家庭,父亲霍恩第是个武艺精湛的镖师,继承了家传的"迷踪拳",在家乡颇有名气。霍元甲从小体弱多病,但父亲一心望他学文,不赞成他习武。每当看到哥哥霍元卿和弟弟霍元栋随父亲到练功房练武,而自己被迫提笔练字,霍元甲就心急如焚。因为学武心切,他被迫偷看父亲和兄弟练武,到了夜里悄悄一个人披星戴月地刻苦练习,一练就是好几年,几乎没有一日间断过,武艺渐入佳境。长大后,霍元甲离开村庄到县城谋生,干过搬运工,也做过生意。当时当地有一群地痞经常滋事向其索要保护费,霍元甲一人大战数人,把他们打得落花流水、抱头鼠窜,从此名声大震。父亲这才知道他会武功,遂将霍家的"迷踪拳"传授给了他。

霍元甲爱憎分明,是个不折不扣的爱国英雄,其中最为民间津津乐道的是他两次打擂台的经历。1901年,一位俄国大力士来到中国口出狂言,自封为"世界第一大力士",并声称"英国人第二"、"德国人第三"。霍元甲闻言后非常气愤，说道："他难道欺我中华无人吗？"于是决定为中国人争口气，提出与之一较高下。俄国大力士见到霍元甲后，被他的气势震慑，自知自己绝非霍元甲敌手，竟因一时胆怯逃走了，从此霍元甲名震四海。1909年，英国大力士奥皮音来华登报侮辱中国人是东亚病夫，同盟会会员陈其美及农劲荪、陈公哲等爱国义士大为愤慨，遂邀请霍元甲与奥皮音登台比试。当年擂台建于张园，足有4尺高、20尺宽。霍元甲在报纸上义正词严地回敬奥皮音："世人皆讥笑中国人是东亚病夫，我就是其中的一个代表，愿意与自诩为天下无敌的人一决雌雄。我霍元甲专门迎战外国大力士，即便他有钢筋铁骨，我也无所畏惧！"最终这场举世瞩目的擂台大赛并未如期举行，原因是奥皮音夸下海口不过是想自我炒作，并不想以身犯险。他只晓得西洋拳法，根据西方的规则比赛只能用手击打对方，不能用脚。而中国功夫是手足并用，他对此毫无胜算，霍元甲又要求两人签下生死状，他自然不愿因为嘴上失德而命丧他乡，于是知趣地退出了比赛。在霍元甲的要求下，他登报更正自己的声明，从此国人士气大增。为了培养革命运动的骨干，陈其美、农劲荪、陈公哲创立了中国精武体操会，由霍元甲担任教授武术的老师。中国精武体操会就是精武门的前身。由此可见，当年霍元甲曾投身于火热的革命运动中，为国家的前途和拯救民族危亡倾尽了自己的心血和努力。

霍元甲来京完全是为了好友大刀王五，两人均属热血男儿，相识以来有一种惺惺相惜、相见恨晚的感觉。大刀王五遇害后，头颅被洋人悬挂在城楼上示众，旁边有重兵看守。大刀王五的首级无法取回，源顺镖局的弟子不能将其安葬，于是声泪俱下地恳请大侠霍元甲出面帮忙。霍元甲得知好友遇难的消息，不免悲从中来，当即动身赶往北京，向《老残游记》的作者刘鹗打探好了城楼的情况。当天晚上，霍元甲在西半壁街13号南房西侧的一间居室里歇脚。到了夜里，他凭借

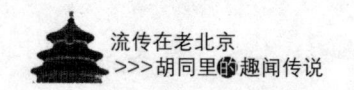

一身了得的武功，神不知鬼不觉地秘密登上城楼，顺利取回了大刀王五的人头。如此，大刀王五的头颅和尸身才得以合葬。

　　孙中山先生十分敬佩霍元甲的胆识，用"以武保国强种"来高度评价他，并为精武会题写了"尚武精神"四个大字，表示对霍元甲的钦佩之情。

　　霍元甲英勇无畏的精神和过人的胆识是当时的国人有目共睹的，他的尚武精神和强烈的爱国主义情怀体现出一代豪侠的至高精神境界，他的传奇故事并没有随着他生命的消逝而完结，而是以一种独特的形式在中国历史上写下了浓墨重彩的一笔，并会一直封存于国人的心中，成为鼓舞千千万万中国人的伟大精神力量。霍元甲虽然为了大刀王五只在西半壁街胡同居住了很短的时间，但他的到来对这条胡同来说意义重大，一条仅有4米宽的胡同因为曾留下霍元甲的踪迹而沾染了英雄气息，如今这条胡同向我们传达的理念是我们应该为祖国贡献自己的力量，以前霍元甲为了保家卫国挺身而出，今天我们应该继承他的爱国精神，为国家建设添瓦加砖，为中华民族的伟大复兴而努力奋斗。

11. 西直门外大街

　　西直门外大街位于北京西城区西北部，东起西直门立桥，西到白石桥路，有北京展览馆、北京动物园和高粱桥等知名建筑。北京动物园前身是三

贝子花园，修建于清朝乾隆年间，后来被开辟成农事试验场。民国时试验场内饲养过数百种飞禽异兽，包括狼、狮、虎、豹、鹿、犀牛、鳄鱼、仙鹤、孔雀等。西直门以北有条小河，河上坐落着一座桥，人们称它为高粱桥。

西直门外大街因位置处于西直门外而得名。旧时被划分为两段，民国后高粱桥路以东叫作关厢，以西叫作博物院路。1949年后，两段并称为西直门外大街。1965年，附近的东关胡同、花园前村和取灯胡同被并入其中。

高亮赶水救幽州

西直门外大街流传着高亮赶水的传说，高粱桥的得名就是源于这个传说。话说很久很久以前，老北京深处一片苦海之中，故而被称作苦海幽州，城内民不聊生，百姓陆续迁往附近山上居住，整座城由龙王一家盘踞。不知过了多少年，苦海幽州来了一个名叫哪吒的神通广大的小孩，他和龙王大战了九九八十一天，终于将龙王和龙母擒获，龙子、龙孙自知敌不过哪吒，灰溜溜逃走了。龙王、龙母被擒后，城中的苦海消退了，陆地渐渐露了出来。哪吒把苦海幽州所有的海眼都封得严严的，把龙王、龙母囚禁在一处大海眼里，又在上面建了一座白塔，命他们日夜看守。此后，这座城因为没了苦海，就改叫幽州了。

苦海退去多年后，人们开始在幽州城建造房舍，渐渐地有了村庄和城镇。此时逃跑的龙子已经变成了龙公，他和妻子龙婆及儿女在西山脚下的一处海眼里藏身。看到幽州百姓安居乐业，他心里很是不快，总想伺机报复。当听闻幽州就要盖起八臂哪吒城时，龙公更是气恼，心想幽州本来就是他家的，生生地被哪吒抢走了，如今还要建八臂哪吒城，真是岂有此理！他对龙婆恨恨地说，八臂哪吒城还没建好的时

53

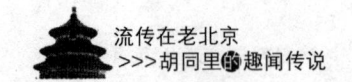

候,他就把城里的水全都收走,让百姓活活渴死。夫妻俩筹划了两天两夜,然后用独轮车载着龙子、龙女乔装成卖菜的小贩混进了幽州城。一入城,他们就各自依计行事,龙子喝干了城里的甜水,龙女喝干了城里的苦水,两人喝饱后化身成两只鱼鳞水篓,由龙公、龙婆用车子载出城去。

此时,刘伯温、姚广孝主持修建的八臂哪吒城快要竣工了,属下忽然慌慌张张地禀报说城里大大小小的水井都干涸了,城中百姓断水了。刘伯温一听就料想到定是龙公一家在作乱,于是命人到各大城门查看。属下回来说其他城门都没有发现什么可疑的人出城,只是西直门有一驼背老头和一个白发苍苍的老妪推着独轮车出了城门,车上还放了两只鱼鳞水篓。刘伯温心想:好一条阴险狡诈的孽龙。为今之计唯有把水追回来才能拯救城中百姓。他思量片刻,便对属下说:"如今只有把水篓扎破才能阻止龙公的奸计得逞,但务必小心行事,倘若被龙公发现就性命难保了。"众人听了,都不愿冒这个风险,刘伯温急坏了。这时,一位身材高大的年轻人站出来,朗声道:"军师,我愿领命去扎那孽龙的水篓,把水追回来!"刘伯温终于宽下心来,问他尊姓大名。年轻人说他叫高亮,是一名修葺皇宫的瓦匠。刘伯温给了他一杆锃亮的银枪,嘱咐他扎破水篓立即返回,千万不要回头,只要到了西直门就能脱险了,到时他会派人接应。高亮领了银枪,大步流星地追那孽龙去了。

高亮一路飞奔,很快到了西直门,却不知往哪儿追是好。北关通往玉泉山,西关通往西山和八大处,南关通往阜成门。他一时难以定夺,心里急得不得了,最后终于想起刘伯温提过龙公会把水送进海眼里,海眼就在玉泉山,孽龙一定是出了北关!赶到玉泉山,高亮果真见到了一个驼背的老头和一个白发老妪,老两口正在休憩,旁边停着一辆装着两只水篓的独轮车。想必他们就是龙公、龙婆了。高亮趁两位老人不备，一枪刺破一只水篓，里面的水淌了出来。他正要去扎另一只水篓时，水篓突然化身成了一名大肚子的小伙子。小伙子一惊，噌的一声钻入了玉泉山的海眼里。龙婆见情势不妙，抱起那只破水篓就往黑龙潭方向逃去。龙公大怒，吼道："你胆敢扎我的水篓，定是活得不耐烦了。"高亮见状不妙，拔腿就跑，身后发了大水，一直追他到了西直门。高亮边跑边抬头向城墙上望去，刘伯温正站在上面接应他。他一时高兴，竟下意识地回头望了一眼，谁承想就是这要命的一眼让他丧生于滚滚洪水之中……

从此，北京城的水井里又汲满了水，可惜都是苦水，甜水都被龙子带到玉泉山的海眼里了。人们为了纪念为赶水而献身的高亮，就在他葬身的地方建起了一座桥，将它命名为高亮桥，谐音便是"高粱桥"。这就是高粱桥的由来。

高亮赶水的传说反映了我国古代劳动人民的乐观精神。对于代代依赖苦水生活的百姓而言，生活的困苦并没有让他们对人生感到无望，他们以丰富的想象力编织了高亮赶水的神奇故事，在神话中寄托着希望。那位平民高亮是使百姓脱离苦海的英雄，他朴实、勇敢、强壮，是千千万万劳动人民理想形象的化身。如今游览西直门外大街从高粱桥上走过，我们不由得会想起这个传说，西直门外大街给我们传达的理念是面对生活应该有苦中作乐的心态，任何时候都有对人生抱有期待，或许我们的英雄活在杜撰的神话里，可是神话中的英雄依然带有平民的影子，所以人人都有可能成为勇敢的高亮，超越平凡，做出令人钦佩的行为。

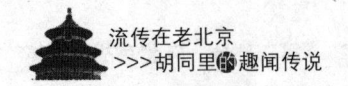

12. 什刹海

什刹海位于北京市西城区，毗邻北京城中轴线，东起地安门外大街北侧，西至新街口北大街，南抵地安门西大街，由前海、后海和西海水域及邻近区域组成。元朝依托这片开阔的水域在东岸规划设计了都城的中轴线，此后什刹海历经元、明、清三代，一直都是都城规划和城区水系的核心，自清代起成为游乐消暑的胜地。什刹海水域面积33.6万平方米，湖面波光粼粼，沿岸风光旖旎，自然美景和名胜古迹相映成趣，令人流连忘返。景区内留存了不少典型胡同和四合院，比如大金丝、小金丝、刘海、大石碑、小石碑、银锭桥、前海东沿、前海南沿、前海北沿等。什刹海胡同是北京最具游览价值的胡同，其中保存完好的恭王府和醇亲王府，原汁原味的特色胡同，与遥遥相望古老的钟楼、鼓楼及多个文物古迹成了是北京文化旅游资源的重点开发利用的组成部分。

活财神沈万三掘出十窖雪花银

什刹海的"刹"，用北京话念快了，发音就和"季"、"价"、"窖"非常接近，故而有了活财神沈万三在此地挖出十窖银子的传说，什刹海的名字就是来源于这个传说。提起活财神沈万三，北京人再熟悉不过了。虽然号称活财神，沈万三却是一点资产都没有，他既无田宅也无金银，甚至连件体面的衣服也没有，那么他为什么会被称为活财神呢？据当地人说，沈万三是个奇人，知道地下哪里埋着金子，哪里埋着银子。只是平时他并无寻宝的异能，只有被痛打时乱指一气方能讲出宝藏的埋藏地点，奇怪的是人们真能据他所指的地点挖出数不清的金银。据说打他越狠，人们从地下挖出的财宝越多，所以他就有了活财神的称号。

平民百姓当然不可能无故殴打沈万三，人们见他一副寒酸相，也不相信他知道哪里有宝藏，因此穷人并不为难沈万三，可是帝王可就不这样想了。明成祖朱棣登基以后，想要迁都北京城，修城建都无疑要耗费巨资，皇帝不舍得从国库拨款，便和朝中大臣商议募集建城经费的对策。众臣也无计可施，苦海幽州本是贫瘠之地，怎么可能筹到钱呢？

正当大臣们为难的时候，一名大臣献策道："微臣听说民间有个活财神叫沈万三，只要找到他，就能挖到享用不尽的金银财宝。"朱棣一听，十分高兴，立刻命人把沈万三带来。等到见了沈万三真人，皇帝不免心生疑惑：那老头衣着寒酸，一副落魄相，怎么可能是什么活神仙呢？虽然心里不信，但还是感到有些好奇，于是便问："听人说你知道金银埋在哪儿，属实吗？"沈万三说："我不知道。"皇帝对这个答案很不满意："那么为何百姓都叫你活财神？"沈万三着急地申辩道："皇上，我只是一介草民，不是什么活财神啊，那都是别人随便说着玩儿的，您可千万别当真啊。"皇帝一听龙颜大怒："那么你就是蛊惑人心、欺骗百姓了，活该受罚挨打！"遂下令将沈万三拉出去重打一百大板。

沈万三挨了几大板，痛不可支，高声求饶道："皇上，小人冤枉啊，小人不曾欺骗他人，饶过小人吧！"负责杖刑的将士说："如果你能说出金银埋在哪儿，就饶你一命！"沈万三坚持说："小人不知。"将士打得越来越狠，沈万三号哭不止。直到被打得皮开肉绽，沈万三实在受不住了，才大喊道："别打了，我晓得哪里埋有银子了。"将士这才肯停手。

皇帝派人押着沈万三寻找宝藏，可沈万三也不知道金银究竟埋在

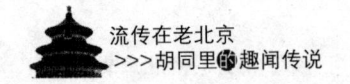

哪儿，方才是被打急了，为了免受皮肉之苦，才信口胡说的。他硬着头皮带着将士们四处乱转，将士们走得不耐烦了，不停地催促。走到什刹海时，沈万三两腿酸麻，实在走不动了，随处一指便说："这下面埋有金银，你们赶快挖吧。"将士们就地挖掘，果真从地下挖出了十窖沉甸甸、白花花的银子，共计480万两。据说朱棣当年就是用这笔银子修建的北京城。

将士们挖掘银子的地方成了一个大坑，天长日久，大坑里积满了水，形成一片白茫茫的水域，世人便给它取名叫"十窖海"，渐渐地演变成"什刹海"。现在，还有不少老北京人说什刹海最初就叫十窖海。无论叫什么，什刹海和沈万三的传说就这样在民间流传了下来。

沈万三本是一位巨商富贾，然而在古代，统治者实行重农抑商的政策，商人虽有家资万千，社会地位依然低下。沈万三的传说折射出当时社会中商人和政治家的残酷博弈。明太祖朱元璋为了巩固政治统治，曾沉重打击商贾富豪，并没收商人的财产充实国库。沈家最后的败落只是明朝江南富豪的一个社会缩影，人们杜撰沈万三与明朝政府的斗争，反映的是当时商人在政治裹挟下的命运。传说中明成祖朱棣为了建都逼迫沈万三挖出十窖银子，从戏说的角度说明了统治者对待名商巨贾的态度。活财神沈万三的故事在什刹海流传了上千年，如今我们来到什刹海，脑海里还会想起这个戏剧性的传说。什刹海借助沈万三的故事向我们传达的是时代对于个人命运的影响。古代的农业社会对商人和商业存在很大偏见。如今我国已经进入商品经济社会，人们思想观念发生了重大变化，人们通过辛勤劳动过上富裕生活已经成为一种正常的社会现象，沈万三的故事彻底成为了历史，不可能再重演了。

钟鼓楼铜匠女舍身铸钟

钟鼓楼是什刹海最为著名的古代建筑之一，它坐落于北京南北中轴线北部，是京城规模最为宏大的标志性建筑之一，见证了我国近百年的历史。钟鼓楼与周围的胡同、四合院在一定程度上保留了古都的风貌，记录了不少历史人文气息，呈现出时代的文化特性，具有极大的历史意义和人文价值。"暮鼓晨钟"承载着人们对老北京的亲切回忆，古老的钟鼓楼在人们心中已经不仅仅是名胜古迹，而是抽象成一种象征意义的符号，它是老北京人文底蕴不可忽视的一部分。

北京钟楼楼顶有一口铜铸的巨钟，钟声浑厚悠远、苍凉沉郁，方圆数里依稀可闻，可谓是我国的"古钟之王"。这样一口硕大无比的巨钟是怎么铸造成的呢？相传钟楼顶上以前悬挂的是一口铁钟，发出的声音沉闷喑哑，一点也不洪亮，皇帝非常不满意，于是广招天下杰出的工匠来铸造大钟。一转眼过了三年，工匠们还是没有铸成一口合格的铜钟，皇帝大发雷霆，下令将监管铸钟的太监斩首示众，并限全体工匠在80天内把铜钟铸好，如不能按期完工，所有人都要问斩。

工匠当中有个叫华严的铜匠，在业界很有名气。他每天食不甘味、夜不成眠，殚心竭虑地思考铸钟的事。此事关系重大，如果失败，全体工匠都将惨遭杀戮。自己有杀身之祸不要紧，可是女儿无依无靠，以后该怎么办呢？他必须铸成铜钟，为了女儿，为了自己，也为了其他工匠，他一定得争这口气。

为了铸造铜钟，老铜匠几乎耗尽了自己的全部心力。尽管他是一名经验丰富的铜匠，但日日琢磨，还是找不到铸钟不成功的原因。因心中烦乱，他便时常自言自语道："为什么还是铸不好铜钟呢？明明哪道工序都没有问题呀，难道是缺了什么东西，但缺的究竟是什么呢？"

流传在老北京
>>> 胡同里的趣闻传说

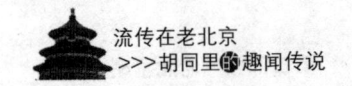

女儿华仙听到父亲又再念叨铸铜钟的事了，也很是替他着急。华仙自幼丧母，这些年来一直与老父相依为命，14岁时懂事的她就开始帮家里分担重担。眨眼间她长成16岁的大姑娘了，不但出落得花容月貌，而且冰雪聪明，从父亲那里学会了不少铜匠手艺，人人都说老铜匠的女儿美丽乖巧，惹人怜爱。

华仙看见父亲整天愁眉苦脸，很想为他分忧。铸钟的事她也琢磨些时日了，于是便帮父亲分析原因："爹，是不是因为差火候？"老铜匠一听有理，自家闺女果真聪明，就喜上眉梢地说："你说得很有道理，我怎么就没想到呢？"但转念一想，心情又沉重起来，"可是，我们该怎么提高炉温呢？"华仙信心满满地说："爹，您不要着急，我自有办法，铸钟那天您带我去便是了。"

到了铸钟日，朝中大官和负责造钟的工匠都来了，可炉温还是维持原来的温度，始终升不上去，最后一炉铜水恐怕也不能浇筑成型。老铜匠忧心忡忡，急得眼睛通红，额头上淌下汗来。这时一位年轻的姑娘匆匆冲了过来，她正是老铜匠的女儿华仙。那天她一袭红衣，脚蹬绣花红鞋，简直美若天仙。众人还没反应过来，华仙就飞奔到熔炉旁，纵身跳了进去。老铜匠急忙伸手想要拉住女儿，可惜太迟了，女儿整个身体已经掉进了熔炉，他只抓住了一只红色绣花鞋。一瞬间，炉火熊熊，铜水沸腾了。老铜匠痛定思痛，忍住眼泪喊了句："铸钟！"全体工匠齐心协力，铜钟终于铸造好了，华仙的肉身也熔进了钟里。

人们为了纪念这位舍命铸钟的姑娘，就尊她为"铸钟娘娘"，还在钟楼西侧的小黑虎胡同24号修建了"娘娘庙"，可惜这座庙宇没能保存下来。每逢风雨交加的傍晚，钟鼓楼的钟声就更显得凄婉悲凉。母亲经常对自己的孩子说："快睡吧，钟声响了，铸钟娘娘又在找她的绣花鞋啦。"

钟鼓楼"铸钟娘娘"的传说反映了古代女性舍生取义的精神，这正是孟子所说的舍鱼而取熊掌、舍生而取大义的道理。华仙不仅挽救了父亲，也拯救了全体工匠，她的牺牲令人感怀。如今我们游历什刹海，听到钟鼓楼传来的沉雄有力的钟声，顿时就会想起这个忧伤凄美的传说。钟鼓楼的钟声向我们传达的理念是生命是宝贵的，但死得其所、舍生取义的行为体现的是生命的最高境界。从古至今，我国不乏为拯救他人以及大义英勇献身的人，他们虽已化为历史悲歌，但是会永远存活在我们的心中。

13. 八大胡同

八大胡同位于前门外大栅栏观音寺街西侧，南邻西珠市口大街，北临铁树斜街，自西向东依次是：百顺胡同、胭脂胡同、韩家潭、陕西巷、石头胡同、王广福斜街、朱家胡同、李纱帽胡同。其实八大胡同并不专指这八条胡同，而是泛指前门大栅栏一带分布着许多风月之地的胡同。八大胡同是烟花柳巷的代称，由于在明代烟花女子和艺人常聚集在此地倚着栏杆唱曲，因此明朝时八大胡同被称为勾栏胡同。八大胡同旧时为风月场所，附近聚集了诸多戏园、茶楼、酒肆，临近京城著名的商业街。古时官员常常流连于此，留下了不少风流韵事。八大胡同掩埋了无数风尘女子心酸的过往，胭脂红唇的绮丽

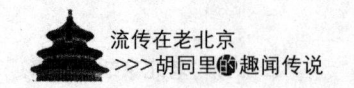

浮华之下，是戏剧化的苦涩人生。在北京的众多胡同中，八大胡同备受关注，在漫长的历史时期，它无疑在滚滚红尘中留下过惊艳一瞥，流传在胡同里的故事更为它增添了传奇色彩。

明穆宗与果饼的佳话

八大胡同曾经有多处热闹的小吃街，里面售卖各种风味小吃，据说穆宗隆庆皇帝非常喜欢那里的各色美食。明穆宗是明朝的第十二个皇帝，在位时间只有短短6年，没有什么太大的作为，之前一直被史学家忽略。其实明穆宗在政治上至少有两件事是值得一提的：一是他采用非军事手段处理与蒙古的关系，与蒙古达成了封贡互市，安定了北方大局；二是他支持民间海外贸易，加强了中国与世界的商业往来。

明穆宗继位后，采取削减赋税的政策，让国民休养生息。他禁止各属国进贡奇珍异兽，以防劳民伤财。他提倡节俭，并以身作则，在饮食上尤其节制花销。有一次，他特别想吃驴肠子，就跟服侍的太监随口说了一下。太监认为堂堂一国之君想吃根驴肠有何难办，只需皇帝金口一开，下道谕旨，找根驴肠还不容易。穆宗听了连连摇头，他语重心长地说："此事万万不可！谕旨一下，官员们为了进贡驴肠，每天都要杀驴，如此一来得有多少头驴子被宰杀呀？"最后明穆宗没有下诏书，他不愿意为了满足自己的口腹之欲而做对民间不利的事情。

明穆宗没有吃到驴肠，后来又想吃果饼。他把意思向身边的太监透露了一下，询问宫里是否有这道美食。太监听皇上说要吃果饼，立即兴师动众，吩咐尚膳监和甜食房马上准备。太监从尚膳监和甜食房拿来两份长长的单子，上面详细列出了果饼所需的原料以及需要耗用的钱财，仅仅是一些松子、榛子和糖等寻常之物就得耗费几十两白银。明穆宗看了看单子，猜到太监们定是利用这次机会以权谋私、中饱私囊,于是笑道:"在东长安大街勾栏胡同(今称八大胡同),一大盒果饼只值区区三五钱银子,宫里制作这种饼会用那么多银子吗?"太监们贪污的意图被当众揭穿,吓出了一身冷汗。

明穆宗喜欢吃零食,但从不为此破费。太子也非常喜欢吃各种小吃,一次他想吃宫外的特色小吃,明穆宗让官员了解一下市价。官员说只要出100两银子,什么小吃都能买来,他们可以随时将街头小吃送到宫中供太子品尝。穆宗听到报价,不由一笑:"不过是道小吃而已,又不是什么珍馐佳肴,值那么多钱吗?在崇文街坊,二三钱银子足可以买到两大盒。"太监领命到崇文街坊购买,果然只花了三钱银子就买回了两大盒。明穆宗甚是得意,回头质问那位报价的官员,那位官员哑口无言,不由汗下。

明穆宗在没继任帝位前,生活在藩邸,那时他对街头的名小吃了如指掌,经常派人到东长安街购买果饼,对这道美食情有独钟。登基以后,他仍然想念果饼的味道,所以才吩咐太监尚食监、甜食房制作果饼。以前他对市场的行情颇为了解,因此能识破太监报的是虚价。此后太子喜好的美食,朝中官员又报虚价,也被明穆宗道破。明穆宗花钱很节制,从不主张铺张浪费。每年紫禁城玄武门都会举行盛大的射箭比赛,明穆宗每次只用两个烧饼奖励优胜者。明穆宗的勤俭作风在民间流传了下来,他与果饼的故事也成为历史上的一段美谈和佳话。

明穆宗在历史上并非赫赫有名的君王,因此一直没有引起史学家们的兴趣,然而有关他的生活点滴却在民间广为流传,这在一定程度上反映了百姓对这位勤俭皇帝的爱戴。古代的封建帝王不乏穷奢极欲者,他们挥金如土、奢华无度,从不考虑平民的利益。明穆宗虽没有过大的政治作为,但从不劳民伤财。如今八大胡同依然流传着他与果饼的故事,传达给我们的是勤俭持家、俭以养德的生活理念,任何时候我们都不应该为了自己的私欲损伤别人的利益,有时简朴的生活方

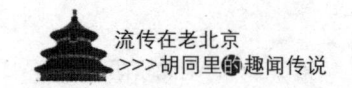

式确实可以培养人的情操,在这个浮华的世界上,它能让我们清心养性,通过简单而真实的生活来净化和完善自我。

赛金花邂逅瓦德西

在八大胡同里曾居住过无数千娇百媚的女子,其中最具传奇色彩的莫过于清末美人赛金花了。她身世凄楚,幼年被贩卖为妓,15岁嫁给清前科状元洪钧,成为驻俄、德、奥、荷四国的公使夫人,一时风光无限。然而造化弄人,洪钧病故后,她再度沦落风尘。八国联军闯进北京时,她凭借平时掌握的德语,折服德国官兵,促成八国联军议和,为国家立下功劳,被尊称为"护国娘娘"。

相传,八国联军侵华时,攻入北京,烧杀掠抢无恶不作。清政府软弱无能,不敢用武力与外国侵略者直接对抗,就想让一名绝色女子出面调停,他们首先想到的人就是名动京城的赛金花。李鸿章与赛金花有些交情,赛金花又能讲一口流利的德语,实在是外交场面的不二人选。危难时刻,李鸿章亲自登门拜访了赛金花,对其晓以民族大义。赛金花应允,于是她变成了德国与中国谈判的使者。也有传闻说赛金花和德军元帅瓦德西邂逅之后萌生了爱情,于是顺理成章成了两国外交的一名使者。据说有一天,赛金花在八大胡同里骑马,不知何故马儿突然受惊,赛金花险些坠马,好在瓦德西经过时及时出手相救,于是两人一见钟情,共同谱写了一段姻缘。

然而这两种说法都明显具有戏说的成分,较为可信的是第三种说法。据说,在一天夜里,侵华的德国大兵肆无忌惮地闯入了八大胡同,粗暴地敲响了赛金花的闺房门。当年,赛金花生活在陕西巷中段路东的榆树巷的胡同里,这处居所就是怡香院的前身,是八大胡同里最出名的宅第。起初她对这个简约的居所不是很喜欢,曾一度想把它装饰得富有欧洲风情，可惜八国联军的侵华战争断送了她的美梦。她觉得在乱世里生存，深藏不露才是最安全的，原以为搬进不起眼的小胡同里躲着会比较安心，没想到连这么偏僻的地方都容不得她安生，德国兵还是找上门来了。

赛金花心里很害怕，一时不知该怎么办好，许久没有开门。德国大兵等得不耐烦了，抬脚对着大门一阵猛踢。无奈，赛金花只好打开房门，她尽量掩饰自己的惊慌，礼貌地用德语向来客问好。德国兵当时呆住了，他们真不敢相信，在这么一条偏僻的小胡同里，居然住着一个会讲德语的奇女子，一个个瞠目结舌，一时不知该如何应对。赛金花的德语，宛如一剂神奇的催化剂，在德国兵那里瞬间产生了奇妙的化学反应，使她化被动为主动，化不利为有利。德国兵神态的变化她一一看在眼里，心绪变得镇定起来，她不急不缓地向一位德国军官说起德国的皇帝和皇后，并对这对赫赫有名的夫妻的名望赞美一番，还很自然地拿出当年自己与德国皇帝、皇后的合照递给德国兵看。德国兵没想到她一个柔弱的女子居然能结识德国皇室，立即对她另眼相看。他们搞不清楚面前的这位女子是何许身份，不想表现得过于鲁莽。后来和赛金花交谈的那名军官居然恭敬地向她敬了一个标准的军礼，还说他回去定会把今日之事禀告德国元帅，叫赛金花明日务必在家等候，他们会派专车来接。

次日清晨，果真有两个德国护卫兵驾着小轿车来到赛金花家里，大张旗鼓地把她接到了德国元帅瓦德西那里，这样赛金花才结识了瓦德西。那时瓦德西已经 68 岁了，而赛金花年方 26 岁，一个是风烛残年，而另一个却正值大好年华，两个人年龄相差悬殊，互生情愫的可能性不大。而且瓦德西与自己太太的感情甚笃，每月都会给太太送花表达爱意，即使奉命来到中国也安排本国的花店给太太送花，如此钟情的男人和赛金花发生风流韵事不太可信。当年他和赛金花之间也许

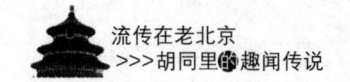

存在跨国友谊,瓦德西回国后还和赛金花通信,赛金花只会讲德语并不懂得书写,常专门请人帮她用德语回信。地域的距离并没有阻断他们的感情,可见两人还是有情分的。然而无论怎样,京城人对赛金花说服侵略者议和的行为还是感激的,赛金花去世后,不少京城名流仗义疏财厚葬她。

赛金花住过的怡香院是八大胡同内唯一保存完好的古建筑,如今虽已物是人非,但靠近这幢年代久远的老建筑,仍会产生一种与赛金花隔空对望的超现实感。赛金花的经历和八大胡同向我们传达的理念是即使一个人身陷泥淖之中,只要保持高洁的品性,充实自己的内在,充分利用自己平生所学就能得到意想不到的收获。美貌可以被岁月侵蚀,聪慧也会随着年龄的增长而减退,但一个人的内涵和素养是不会被夺走的,它会在不经意间悄然改变人的命运。

14. 宋姑娘胡同

宋姑娘胡同位于东四十条北部,东西走向,东起扁担胡同,西至东直门南小街,北邻海运仓胡同,全长为268米,宽为7米,明代时已有此名。清乾隆年间宋姑娘

胡同被划分为三段，分别为：西宋姑娘胡同、中宋姑娘胡同和东宋姑娘胡同。宣统年间合并为东西两段。民国初年按照北京话的谐音，东西两段分别改称为东颂年胡同和西颂年胡同。西颂年胡同南侧的胡同改称为南颂年胡同，此胡同明朝时称王驸马胡同，驸马是中国古代自汉魏以来对帝王女婿的称呼。明代张爵所著的《京师五城坊巷胡同集》提到过王驸马胡同，可见在此胡同内居住的驸马生活在明嘉靖以前的年代。

宋姑娘出嫁惹风波

三条胡同都叫宋姑娘胡同，可见这位宋姑娘绝不是泛泛之辈。传说她是镶黄旗汉姓旗人，生活在清代东直门南小街内一带，父亲是一名旗兵，在南苑供职，母亲是个普通的家庭妇女。宋姑娘年方十六时出落得亭亭玉立、娉婷袅娜，京城里不少人家都有意与宋家结亲。正所谓女大不中留，宋姑娘的父母和亲眷都忙着为其操办婚姻大事。宋姑娘的父亲把女儿许配给了自己的上级——一名家世显赫的佐领，宋姑娘的母亲应允了粮商大户佟三富的提亲，宋姑娘的舅舅应下了一名王姓书生的亲事。次年春天，三家同时来到宋家下聘礼。宋姑娘的父母顿时哑然，一位姑娘许配给三户人家，这在京城岂不成了笑柄，宋家的名声、女儿的清白岂不是全毁了？老两口考虑不周，没有和对方商量过女儿的婚事，如今闹出笑话来不知如何收场。宋家一女配三家的传闻不胫而走，闹得满城风雨，惊动了整个镶黄旗满、蒙、汉三旗。

宋家只有一女，势必要从三户人家之中择一佳婿。可这三户人家哪家也得罪不起。佐领家代代世袭为官，宋姑娘的父亲直接归其管辖，宋家岂敢悔婚？粮商大富豪家财万贯，在当地又有势力，宋家惹不起。宋姑娘的舅舅属完颜氏，满洲镶黄旗参领，所应许的亲家是母亲本家

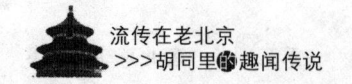

的侄子，又是堂堂金朝皇家后裔金世宗的二十一世孙，宋家当然也不敢招惹。宋家的父母和舅舅开始互相指责，都怪对方不与家人商量就私自做主，但谁也不敢跟所应承的人家提悔婚的事。到了放小定那天，宋家亲朋好友都赶来捧场，三户人家都请了贵宾下了贵重的聘礼。佐领家请的是都统太太，聘礼是质地上乘的玉如意；佟三富请的是当朝户部尚书太太，聘礼是三镶点翠的金如意；书生请的是黄河总督太太，聘礼是珊瑚制成的红如意。三家各不相让，宋家左右为难，只好把婚事一拖再拖。日子久了，三户人家都急了，一怒之下将宋家告上了县衙。

县官从未审过一女嫁三夫这么离奇的案子，当即把宋姑娘和三名男子传唤到大堂上。他问宋姑娘究竟想嫁给谁。宋姑娘看到三名男子各个眉目清朗、仪表堂堂，一时难以分出高下，便说："娘亲舅大，可为小女的婚事做主，父母决定儿女的婚姻大事也是天经地义的，怎奈他们各抒己见，不能达成共识，以至失了和气。此事皆由小女一人引起，恳求大人赐小女一死，以答谢天地。"县官听罢，计上心来，吩咐左右端上一碗毒药，成全宋姑娘以死明志的心愿。宋姑娘没有片刻犹豫，端起碗来，将毒药一饮而尽。喝完之后，立刻平躺在榻上，双目紧闭，失去了知觉。

县官命人将宋姑娘抬到了后堂，而后对三位公子说："宋姑娘已经履行了自己的誓言，真是位有情有义的好姑娘。现在你们当中谁还想娶她为妻，料理她的身后事？"佐领和佟三富立时语塞，只有书生发话道："我奉家父之命与宋姑娘成婚，而今姑娘已是王家之人，我愿意安葬她。"县官令三位公子签字画押，不许他们对自己做出的选择反悔，已经下聘的厚礼全部充为宋姑娘葬礼费用。

就这样宋姑娘成了书生的妻子，佐领和佟三富表示不反对。县官判定了此案，令书生去接宋姑娘。书生到了后堂，见宋姑娘已经苏醒过来，原来她喝下的并非什么致命的毒药，而是蒙汗药，方才不过是昏了过去。书生喜出望外，高高兴兴地把宋姑娘娶进了家门。后人为了纪念宋姑娘，就将她生活过的胡同命名为宋姑娘胡同。

宋姑娘的传说在某种程度上反映出民间的仁义观念。宋姑娘为了不连累父母和舅舅，在大堂之上愿以死平息宿怨，县官被她的精神感动，最终并没有赐死宋姑娘，而是施用妙计帮她选择了一户人家。宋姑娘胡同传达给我们的是中国传统仁义精神，它体现出了古人对孝道、大义的看法，也揭示出了人们对于勇于承担责任之举的认同和赞美。

15. 东堂子胡同

东堂子胡同位于北京市东城区建国门，东起朝阳门内南小街，西到东单北大街，与外交部大街和红星胡同（原名无量大人胡同）南北平行，迄今已有 800 年历史。在明朝时叫作堂子胡同。到了清代由于与金鱼胡同北侧的堂子胡同重名，为了加以区分，改名为东堂子胡同，另一个堂子胡同改名为西堂子胡同。东堂子胡同 49 号至今保留着总理各国事务衙门的建筑遗存，这座古建筑曾经见证了 19 世纪末期日渐衰落的中国封建王朝与欧美列强艰难周旋的过程。总理衙门东半部是我国第一家外语教学机构——京师同文馆（系北京大学外

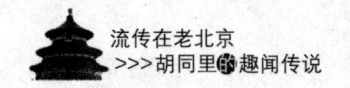

国语学院前身），西半部是清廷官员与外国人外交的场地。1901年总理衙门成为外交部门，故而东堂子胡同南面的街道被命名为外交街。

蔡元培造就北大一流学府

今东堂子胡同西口75号是我国知名教育学家蔡元培的故居，他出任北大校长时租住在这间宅院里。该四合院至今保存得较为完好，分为东院和西院，属于前后三进大型院落。当年蔡元培先生曾在这里思考中国的教育方针，也在此目睹了五四运动爆发的整个过程，可以说这座宅院见证了中国教育的改革史和中国近代史。

蔡元培既是民主革命家也是社会活动家，但人们对他的一贯印象始终停留在著名的教育学家的层面上，似乎他最重要的身份就是北大校长。其实在他之前北大曾有过四任校长，分别由严复、章士钊、何燏时、胡仁源担任。他的任职期只有两年，然而他带给教育界的变革却是无人能及的，所以人们才会把蔡元培和北大校长这个称呼紧密联系起来。在北大育人时，蔡元培每天从东堂子胡同出发，精神焕发地走向北大，他要把新的教育理念灌输给国家未来的栋梁，因此这条胡同处处都留下了他的印记。

1917年初，蔡元培出任北大校长。他乘坐马车赴任那天，校工们在学校门口列队欢迎，毕恭毕敬地向他行礼。这是北大的老规矩，以往历任校长都已习以为常，并不会对这些人予以理会，蔡元培却边走边脱帽向工友们致谢："谢谢诸位，大家辛苦了！"还向大家深深地鞠了一躬，这一举动在封建制度刚瓦解不久的民国时期，是非常不可思议的，那时中国还残留着不少旧官场的陋习，蔡元培礼让庶人的行为引起了巨大的轰动，工友们惊讶之余，十分感动地说："蔡先生真是一位平易近人的好人啊！"

蔡元培刚上任就对北大进行了大刀阔斧的改革。当时的北大学风不正，校园弥漫着前清老爷式的作风，富家子弟赌博酗酒、吃喝玩乐、流连风月之地，整日不学无术，一心只想把大学文凭当成升官发财的垫脚石。个别喜欢念书的，也对学术研究毫无兴趣，读书只是为了追求荣华富贵。北大的教师良莠不齐，不少人滥竽充数，无心教学。学校管理混乱不堪。蔡元培到校第五天就郑重其事地发表演说，要求学生不要把学校当作升官发财的阶梯，而要认真研究学问。不久，蔡元培整顿了教师队伍，裁掉不少不称职的中外教员，对任何人都不姑息。一些被解职的外国教员不是提出无理控告，就是利用驻华公使强加干涉，甚至还有人威胁说，蔡元培这个校长是不想当了。蔡元培对恐吓毫不理会，听闻后只是淡然一笑。

蔡元培主张"思想自由，兼容并包"，不拘一格选拔人才。当时出任北大教授的既有思想激进的李大钊和陈独秀，又有较为西化的胡适和章士钊，还有穿着青袍马褂、留着辫子的辜鸿铭。各种不同派别的文化人物集聚一堂，课程设置也丰富多样，北大的学术氛围空前活跃，新思想、新风气在学校树立起来，北大成为中国首屈一指的高等学府。

蔡元培认为读书要讲求方法，他曾用吕洞宾的例子生动地阐述过自己的观点。他说，八仙之一吕洞宾具有以手指点石成金的神力，一次他把石头变成的金子赠送给穷人，穷人却拒绝了。吕洞宾好生奇怪，便问他为什么不想要金子，穷人说他想要的是吕洞宾能点石成金的那只手指，因为有了它，自己就能变出更多的金子。从道德的角度来讲，穷人的做法是不可取的，但对求学而言，却是必不可少的，应该要找到获取更多知识的最佳方法。

蔡元培曾经问过学生一个非常好笑的问题："5加5等于多少？"这道简单的算术题连小朋友都能张口便答，然而知识广博的大学生却不这样想，他们觉得校长提这么肤浅的问题其中必有深意，所以面面

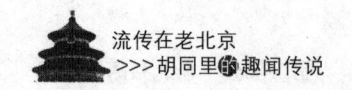

相觑，都不敢轻易回答。良久，才有一名学生答道："等于10。"蔡元培笑了："答对了。答案就是这么简单，你们不要认为我问的问题就一定是高深莫测的，年轻人不应崇拜偶像，做学问要实事求是。"

北大开放自由的学术风气和蔡元培全新的办学方针，使得学校成为五四新文化运动的策源地。1919年5月3日，北洋政府外交委员会委员长汪大燮为了《巴黎和约》签字的事，到东堂子胡同蔡元培家中求援。蔡元培得知北洋政府想要签署《巴黎和约》，立即召集学生到家里开会商议。宅院里人来人往，整整一夜都没有安静下来。爱国学生悲愤不已，坚决抵制《巴黎和约》，并计划5月4日举行大规模的游行示威活动。蔡元培以前一贯主张学生应以学习为最终目的，不该以学校名义加入任何政治组织。但到了5月4日那天，他没有出面阻拦学生的爱国运动，并表态说："学生爱国运动，我不忍制止。"火烧赵家楼后，32名学生被捕，其中20名是北大学生。蔡元培立即联合学术界进步爱国人士，竭尽全力营救学生，终于在多方努力下使被捕学生脱离了牢狱，获得了自由。蔡元培的义举激怒了国内的各路恶势力，传言总统徐世昌要查办他，安福系军阀策划悬赏刺杀他，陆军次长徐树铮甚至将大炮对准了北大校园。在当时无比复杂的情况下，蔡元培主动承担责任，辞去了北大校长的职务。五四运动胜利后，蔡元培在北大全体师生和进步人士的强烈要求下，又开始主持北大校务工作。

东堂子胡同见证了蔡元培改革北大教学的岁月，蔡元培在租住的老宅里思考各种教学方案，为国家教育和民族前途担忧。两年来，他千百次迈出家门，又千百次从胡同里返回家里，在这出出入入之间，将自己所有的心血倾洒在北大的沃土上。五四运动爆发前夕，他曾与学生们在胡同里租住的宅子里商议，因此这里曾留下过五四运动的光影。如今东堂子胡同传达给我们的理念是要做个锐意进取、思想进步、热爱国家、一心向学的有用之才，这也正是当年蔡元培先生培养学生的根本宗旨。

沈从文寂寞沉浮著古史

　　东堂子胡同 51 号是我国乡土文学巨匠沈从文的故居，他自 1953 年至 1980 年的岁月都是在这条胡同的宿舍里度过的。晚年他封笔以后，开始积极从事古代历史研究工作，在历史博物馆任职，生活在单位分配的家属宿舍里。沈从文一生坎坷，曾创作过《长河》、《边城》、《湘西》等优秀文学作品，迁入东堂子胡同后也写下了不少考古学著作，如《龙凤艺术》、《中国古代服饰研究》、《唐宋铜镜》等。他的作品被翻译成 40 多个国家的文字，他本人曾两次被提名为诺贝尔文学奖的候选人，他一生写下的文章著作多达 500 万字。

　　沈从文的文学作品散发着清新浓郁的自然之美，他文笔优美，语言古朴，风格浪漫富有诗意，字里行间充满了乡土气息，许多作品俨然就是色彩鲜明的湘西风俗画，通过对乡村人物神韵的捕捉，表达出对健康人性的由衷赞美。沈从文最具代表性的作品是《边城》，边城宛如风景秀美的世外桃源，那里环境美，人也美，人与人之间存在着一种本真的纯净的爱。《边城》借船家少女翠翠的爱情悲剧，揭示了命运的莫测和神秘，讴歌了边城人民淳朴善良的美好心灵，向读者生动地描绘了一幅绚丽明快的风土人情画卷，同时不着痕迹地将人性的爱与美升华到一种与自然界和谐统一的至高境界。

　　自遭到郭沫若《斥反动文艺》的猛烈批判后，沈从文心灵上受到了莫大的打击。他在强大的精神压力下，无可奈何地放下了那支生花妙笔，从此埋首于古代历史研究，以一个考古学家的身份度过了后半个人生。东堂子胡同见证了他人生艰难的转折期，他的苦与乐、忧郁与痛楚像一张张泛黄的老照片一样被胡同里这间简陋的宅舍封存了

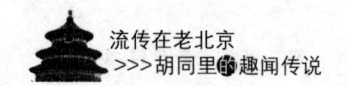

下来。

他所住的房舍虽然面积很小,但是沈从文还是感到很知足。50多岁的时候,沈从文仿佛看透了人间世事,忽然像一个老小孩那样天真,热衷于吹树叶学各种鸟叫,他学画眉叫,叫声逼真复杂,好像真有两只画眉鸟打架似的。他还会学杜鹃、布谷、黄鹂、喜鹊等各种鸟类的叫声,为了把喜鹊的叫声学得惟妙惟肖,他勤加练习,上颚板都肿了。家里没有招待客人的客厅,沈从文经常借用宅院里的会客室或饭店的客房接见外宾。朋友来访,就在沈从文夫人精心打理的小花园里交谈,沈从文喜欢坐在一张使用了多年的旧藤椅上与朋友们谈笑风生。

沈从文尽量做到宠辱不惊,他以自己的方式表达着对生活的理解和热爱。他迷茫过、痛苦过,涅槃之后找到了新生,在那些风雨如晦的日子,考古学成了他的避风港,他做历史研究工作,一做就是30载,再也没有动笔写过一部小说,然而他还是那么执着,为历史考古专著《中国古代服饰研究》耗费了大量心血,这部巨著的问世有力地填补了我国服饰文化史上的空白。沈从文在晚年撰写这部巨著的过程尤其辛苦,1972年,沈从文的夫人分到了小羊宜宾胡同3号房舍,夫妻开始分开居住,沈从文过起了"东家食而西家宿"的生活。每天下午5点左右,他都会提着竹篮到小羊宜宾胡同吃晚饭,而后将第二天的早餐和午餐带到东堂子胡同。无论春夏秋冬,沈从文一头扎到历史的浩瀚海洋里,在东堂子胡同15号那样简陋的环境中完成了《中国古代服饰研究》的创作。

《中国古代服饰研究》详细记录了从远古旧石器时代到明清时期的中国服饰的发展变化,研究跨度足有上万年。全书从史学家的客观立场出发,不仅对照了各种参考文献,还将所研究的服饰放到历史大背景下分析,并与同时期及上下时期的文物相对比,严谨地做出理性的判断。这部专著是我国第一部有关服饰研究的考古书籍,堪称我国服饰史的一部精彩绝伦的通史，全书论述经典，具有巨大的学术价值，出版后一度享誉国内外。

　　沈从文的一生大起大落，前半生在文坛叱咤风云，春风得意；后半生深居胡同，默默搞历史研究，其中的落差与辛酸只能交与历史评说。东堂子胡同深刻记录了一代文学巨子的痛苦蜕变，它向我们传达的理念是面对突如其来的厄运，坦然接受，踏过满路荆棘，内心会变得异常强大。在命运面前我们既要能接受荣耀的掌声，又要能从容挺过世事风雨，只要这样我们才能战胜磨难，超越自我。

16. 赵堂子胡同

　　赵堂子胡同位于北京市东城区东南部，东起宝盖胡同，西到朝阳门南小街，南通阳照胡同，北接盛芳胡同，全长为256米，宽为6米。清代时隶属于镶白旗，朝阳门南小街以西称作东堂子胡同，以东称作赵堂子胡同。胡同的东端与四条胡同相交汇，五条胡同交织在一起形成了鲜见的交通枢纽，所以有"五路通祥"的说法。而今胡同内的老四合院基本都已被拆除，只有朱启钤居住过的3号院遗存了下来，现已被纳入文物保护单位。

流传在老北京
>>> 胡同里的趣闻传说

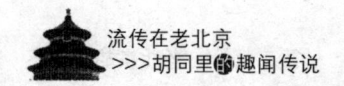

中国古建筑学奠基人朱启钤的京城旧事

赵堂子胡同3号是老北京城规划第一人和古建筑研究专家朱启钤的故居，宅院占地约为3000平方米，为四进院落，相传明朝文渊阁大学士赵贞吉曾在此宅居住过。朱启钤于1931年买下这座四合院时，它还是一所尚未完工的建筑，于是深谙建筑规划的朱启钤重新设计和督造了朱家大宅，后来才有了今日的风貌。当年朱启钤在这座四合院上耗费了不少心血，建筑的每一处细节都是依据《营造法式》而建，聘用的木工和画匠均是参与过紫禁城建设的杰出工匠。四合院落成后，前半部成了中国营造学社的办公场地，后半部作为朱启钤和家人的居所。

朱启钤曾是北洋政府的政要，对北京旧城的改造做出过巨大贡献，被誉为老北京城规划第一人，连西方《邮报》都盛赞他成就斐然，远东鲜有与之匹敌者。而今朱启钤留给北京城的不仅是中山公园、设计完美的城门以及城市的种种独特景致和开阔的交通要道，还有他那古色古香的幽深庭院，以及中国营造学社留下的大量珍贵的建筑学著作。

朱启钤是当之无愧的中国古建筑学领域的奠基者，如果没有他的研究工作，中国建筑史上就不可能涌现出梁思成这样的建筑学大师。假如没有朱启钤，《中国建筑史》的诞生定会推迟很多年。由他出资创办的中国营造学社，实地测绘206组重要的古代建筑，为科学编纂中国建筑史打下了坚实的基础。赵堂子胡同的朱家大宅见证了他为中国建筑事业所倾注的热血和努力。

1930年，朱启钤出资创建了中国营造学社。它是一个民间兴办的学术团体机构，宗旨是对我国本土古建筑进行深入而广泛的研究，以构建出中国建筑发展史的科学体系。学社名称源自宋朝李诫编撰的《营造法式》的书名,由朱启钤亲自担任社长一职,社址最初设在天安门内的旧朝房,赵堂子胡同的朱家宅院建成后,建筑前半部成了新的办公地点。为了筹措研究经费,朱启钤向中美及中英庚款中华教育文化基金董事会申请了款项。中国营造学社人才济济,朱启钤盛邀当时最优秀的学术精英入社,广泛吸纳各界人才,包括著名建筑学家梁思成夫妇、刘敦桢、杨廷宝、赵深、王世襄、罗哲文、郑孝燮、谢辰生等,历史学家陈垣、考古学家李济、地质学家李四光等,商界名流和政界人士也陆续加入了中国营造学社。学社群英荟萃,学术气氛浓郁。

中国营造学社是中国首家民办古建筑研究组织,创立以来,对中国古建筑的结构、用材、布局等多个方面进行了科学系统的研究。朱启钤发掘和整理出版了《营造法式》、《髹饰录》等10多部具有重要价值的历史古籍,使一大批建筑人才得到深造。朱启钤还说服商界和政界人士慷慨解囊,为研究工作注入资金。他又广泛收集营造史料,编著了多部建筑学书籍,为中国建筑业提供了重要的理论工具,至今为业界称道。

中国营造学社在抗日战争爆发之前的短短几年时间,对华夏广大沃土上的大量古建筑实施了实地勘察,掌握了许多珍贵的资料,不少数据至今仍具有极大的学术价值。社员们在朱家宅院里搜集和整理了很多重要的文献资料,陆续编辑出版了《中国营造学社汇刊》、《工段营造录》、《元大都宫苑图考》、《营造算例》、《牌楼算例》、《清式营造则例》、《梓人遗制》、《哲匠录》、《同治重修圆明园始末》等书。可以说中国营造学社在中国建筑史上具有无可估量的价值。抗日战争期间,学社被迫迁往国内各地,直到1946年才停止活动。

1937年,日本侵略军占领了北京城,将王克敏作为在华利益代理人,建立伪临时政府。日本人后来觉得王克敏资历不深、声望不够,

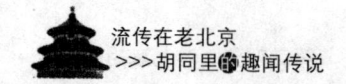

就想邀请朱启钤这样的北洋政要任职，以此增加新政府的公信力和影响力。他们对朱启钤软硬兼施，边利诱边逼迫。朱启钤不吃他们那一套，坚决不肯就职。伪临时政府和日本人开始对朱启钤展开了报复行动，他们派了很多特务监视朱家大宅，简直把朱家人视同囚犯。朱启钤不肯就范，他们又以伪临时政府的首脑人物王克敏住在赵堂子胡同为由，将整条胡同划为警备区，强行以超低的价格购买朱家大宅，霸占了四合院和所有家具。朱启钤被迫搬家，迁居到北总布胡同。为了不被日伪军利用，他一直深居简出装病，坚持到了抗战胜利。日本投降后，国民党大官以为朱家大宅里藏有值钱的财宝，在贪欲的操纵下，竟把地板掀开搜索，结果没有任何收获。后来经过国民党高层过问，朱家大宅才物归原主，但是饱经沧桑后已经十分破败了。由朱启钤的次子修缮之后，一家人才开始入住。中华人民共和国成立以后，朱启钤把这栋家宅赠送给了国家，全家迁居到东四八条111号。

　　当我们走进赵堂子胡同朱家大宅旧址，不禁会想到朱启钤这位重量级的历史人物。北京城留下了太多关于他的印迹，而今传世的诸多建筑类图书又有不少源自他当年创办的中国营造学社。如今这条胡同传达给我们的理念是无论是做学术研究还是从事日常工作，不仅需要一种严谨求实的科学作风，还需要集思广益、树立团队合作精神，当年中国营造学社之所以能取得如此巨大的成就，就是源于专业人才的汇集，它对今天的任何组织和团体都具有借鉴意义和启示作用。

17. 棉花胡同

棉花胡同位于北京市西城区东北部，南起护国寺街，北到罗尔胡同。在明代《京师五城坊巷胡同集》和《宛署杂记》中，被称作"绵花胡同"，清乾隆十五年（1750）绘制京城全图，将胡同标记为"棉花胡同"。1965年，罗儿胡同、斗鸡坑胡同部分并入此胡同。

秦良玉戎马丹心垂千古

明末驰名天下的女将秦良玉曾三度率军挥师北上为朝廷效命，并以自己的家资充当军饷，入京驻军四川营胡同和棉花胡同。这位戎马一生、闻名遐迩的女中豪杰自古以来都备受称赞，她是我国唯一被载入正史的古代女将，北京的四川营胡同和棉花胡同的名称至今未发生过任何改动，足见人们对这位巾帼英雄仰慕之深。

秦良玉出身书香门第，父亲是位饱读诗书的读书人，她自幼读书时便对兵法产生了兴趣，并常自比为唐太宗的妹妹平阳公主。在父亲

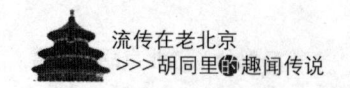

的言传身教下，秦良玉成为了一名文韬武略样样精通的奇女子。22岁时，秦良玉嫁给了当地土司马千乘，帮助丈夫训练出一支强悍无比的队伍，将帅之才崭露锋芒。没过多久，她随夫远征，奔赴朝鲜施以援手，共同抵御外族，取得大捷，威震四方。

明万历二十七年（1599），贵州土司杨应龙谋反，攻克了云南、贵州、四川一带。朝廷调兵平定叛乱，秦良玉夫妇率领三千骁勇善战的"白杆兵"，随四川总督一起镇压杨应龙。秦良玉夫妇带兵有方，英勇善战，在平叛战争中屡立奇功。四川总督为了表彰秦良玉的功劳，授予她一枚书有"女中丈夫"的玉银牌，这在当时是至高的荣誉。万历四十一年（1613），明朝国库空虚，朝廷派宦官担任矿监到各地四处寻找矿脉敛财。四川矿监想要在石柱开采银矿，表面上责令百姓全部搬迁，实则敲诈勒索。秦良玉夫妇为了民生考虑，筹措5000两送与矿监。哪知矿监得寸进尺，又索要上万两白银，当地官民只好又凑够了数目。后来矿监受贿消息不胫而走，名声败坏，他恼羞成怒，居然迁怒马千乘，反告他行贿阻挠政府开矿。马千乘被诬下狱，最后含冤而死。丧夫之后，秦良玉强忍悲痛，为了国家大义放弃了私人恩怨，代替丈夫出任土司一职，仍然尽忠职守。

万历四十七年（1619）至天启元年（1621），努尔哈赤率领后金军发兵沈阳，一连攻下了大小70多个城市。秦良玉奉命带军北上与后金军交战，其兄壮烈牺牲，明军败退。秦良玉带领三千兵力驻守榆关，誓死抵抗，其子在残酷的拼杀中失去一只眼睛，明军再度失利。秦良玉浴血奋战，使扼守之关塞固若金汤，敌军久攻不破，被迫撤退。萨尔浒之战，明军大败，辽东势危，朝廷号召精兵增援，秦良玉马上与兄弟征战辽东，被加封为三品官职。在疆场上，秦良玉麾下的"白杆兵"作战勇猛，歼敌无数，而其他与后金军作战的明军不堪一击，自此，秦良玉名闻遐迩。但由于敌我力量悬殊，其兄和两千多名"白杆兵"战死沙场，朝廷追封秦良玉的兄长为都督佥事，又加封秦良玉为二品官员。

由于"白杆兵"损失惨重，秦良玉回到家乡重新招兵买马。没过多久，永宁土司奢崇明打着援助辽东的幌子起兵谋反，并派遣使者劝说秦良玉通好，秦良玉怒斩使者，起兵镇压叛乱。其他受命平叛的军队大部分无心恋战，只有秦良玉一往无前，连连挫败敌军，收复了大片河山。朝廷因她屡立战功，嘉奖她为总兵。秦良玉随即继续征战，其弟不久也为国捐躯。

崇祯三年（1630），皇太极率八旗军围攻北京。秦良玉即刻奉召昼夜兼程赶赴战场，直抵宣武门外，在四川胡同和棉花胡同内驻兵。各路明军数目超过20万，但都不敢与清军正面交战。秦良玉的"白杆兵"只有几千人，但一路奋勇杀敌，击退清军，迫使皇太极撤军离去。北京一役结束后，崇祯帝特地赋诗赞美秦良玉。崇祯七年（1634），张献忠攻打太平，秦良玉领兵而至，张献忠惊惶而逃。1644年，农民起义军李自成攻陷北京，崇祯帝自杀身亡。张献忠进军四川攻陷大片土地，建立了"大西"政权。秦良玉坚决不肯归顺，张献忠由于对秦良玉有几分忌惮，不敢贸然进犯石柱，于是派人给秦良玉等众土司送来封赏书信。大多数土司都接受了"大西"政权，唯有秦良玉愤然毁掉印信，坚定地说道："我的兄长和弟弟都是为报效国家而战死，我一介女流蒙受国恩20年，怎么能侍奉乱臣贼子呢？石柱如果有人胆敢追随逆贼，我必当诛杀！"不久，秦良玉的儿子应征到湖光抵抗强敌，在襄阳殉国。临死之前，他曾留下家信："儿子誓死保卫襄阳，愿母亲大人不要担心儿子安危。"秦良玉看着儿子的绝命书，泪如泉涌，心痛如刀绞。她含泪复信道："好！你不愧是我秦良玉的儿子！"

1648年，永历帝追封秦良玉为太子太傅，秦良玉已是古稀老妪，仍想继续报效朝廷。1648年7月11日，秦良玉病逝，葬于回龙山。

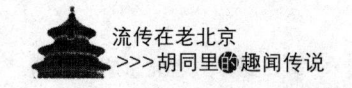

清军大举入川时，因为钦佩秦良玉为人，下令不可损坏秦良玉坟墓，可见即便是敌人对她也极其敬重。

随着时代的变化，人们的价值观也发生了巨大的改变，然而无论怎样，对于忠义的传统精神人们还是认可的。秦良玉已作古，她曾经屯兵的棉花胡同仍然保留了下来。如今当我们走进棉花胡同，似乎还能感受到这位千古第一女将豪气凌云的气势。它传达给我们的是忠义报国、矢志不移的精神。

小凤仙助蔡锷金蝉脱壳

棉花胡同66号是一代爱国名将蔡锷将军的故居，他于民国二年（1923）至民国四年（1925）寓居于此。四合院由前院和后院构成，房屋有回廊连接，现在大体保持着原来的风貌。当年从日本归国后的蔡锷将军英姿勃发、扬鞭立马、挥斥方遒，被赞誉为"人中吕布，马中赤兔"。他因反对袁世凯称帝，被调回北京，住进了棉花胡同的宅院，袁世凯在此地对他开始了长达两年的监视。这个普通的四合院，不但是蔡锷将军的幽囚之地，也是他与誉满京华的一代佳人小凤仙留下一段爱情传奇的见证之地。

袁世凯对蔡锷的态度是软硬兼施，他既想笼络他又对他严加监视。在没有认清袁世凯真实面目以前，蔡锷曾对他抱有幻想，但是《二十一条》的签订让蔡锷彻底看透了袁世凯卖国求荣的反动本质，然而在袁世凯的控制之下，他无力施展自己的抱负，心中颇为苦闷。为了迷惑袁世凯，他故意装作对政治漠不关心，常常出入八大胡同，给袁世凯造成他流连温柔乡的假象。当年他就是在这样的情况下邂逅了小凤仙。

小凤仙是京城八大胡同里最负盛名的女子，她不仅艳压全芳，而且有侠义之心，见蔡锷将军拥有报国之志却壮志未酬，很想助他一臂之力。熟识之后，小凤仙试探地问道："蔡将军，很多国人都投身到请愿运动当中，我的姐妹们也有心参加，不知将军怎么看？"蔡锷一听，心里更加郁闷，日下连一些弱女子都能为国效力，他堂堂七尺男儿却被袁世凯缚了手脚，这让他怎能不懊恼呢？这样一想他心烦不已，故没有吭声作答。小凤仙从蔡锷的表情上已经看穿了他的心思，于是又说："蔡将军，你既然有一颗拳拳爱国之心，又是个有大志的人，为什么不采取行动呢？"蔡锷感慨道："如今国家时局这么乱，我虽有杀敌报国之心，然而身陷京城，像个阶下囚一样被监视着，无力逃出这个牢笼啊！"小凤仙说："我有办法助将军脱困。"于是凑到蔡锷将军的耳边耳语了一番，说出了自己的计划。蔡锷一听觉得可行，两人商议依计行事。

蔡锷先是试探梁启超对袁世凯复辟称帝的看法，知道梁启超也有反袁之意后，也将梁启超纳入了计划。之后梁启超公开发表了《异哉，所谓国体问题者》，蔡锷依计故意耻笑刁难，说梁启超是冥顽不灵的迂腐人物，还跟拥护帝制的人站在了同一条战线上，似乎加入了袁世凯的阵营。蔡锷是横跨军政两界的重要人物，各方势力都想争取他，他的选择给中国政局带来的影响是巨大的。袁世凯自然不敢掉以轻心，始终对蔡锷严加防范，不但派暗探跟踪，还加强了对他的监视。过了几天，蔡锷的家里传出一片吵闹声。蔡锷的夫人指责蔡锷与小凤仙交往过密，蔡锷怒火中烧，嚷着要休妻。此事传到袁世凯耳中，袁世凯真以为蔡锷因为迷恋女色而自毁家庭，心中大喜。其实蔡锷打发妻子回老家，只是为了她的安全考虑，是他整个金蝉脱壳计划中的一段插曲。

夫人离京后，蔡锷和小凤仙更是缱绻缠绵、日日相守，暗探们以为蔡锷纵情声色，逐渐对他放松了戒备。一天，蔡锷和小凤仙到第一

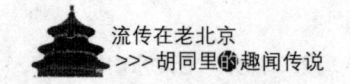

舞台看戏，暗探们像往常一样在后面跟随。他们看见蔡锷偕小凤仙走进了一间包厢，里面安安静静的，没有传出什么响动。蔡锷故意脱下大衣，随手将它挂在衣架上。暗探们见状，警戒心降低，认为完全没有必要时刻监视。大戏演过中场，蔡锷出去小解，暗探们见他没有去取大衣，也就毫不在意。没想到戏已终场，蔡锷还是没有返回包厢。暗探们暗呼不妙，待他们向小凤仙打听蔡锷的去向时，小凤仙答道："我不过是一介风尘女子，蔡将军去哪儿怎么会告诉我呢？"暗探们大呼中计，但是后悔也来不及了。

蔡锷将军脱身后火速赶往天津，然后在朋友的协助下漂洋过海，去了日本，之后致电袁世凯，称自己正在日本治疗喉疾。阴险狡诈的袁世凯当然不信，立刻派云南、广西的部下捉拿蔡锷。不过他还是棋差一招，蔡锷的电报是其朋友在他离开日本后才发的。他回到云南后投身到护国讨袁运动中。

蔡锷将军病逝后，小凤仙前来吊唁，亲自撰写挽联，其文字情真意切，令人断肠。可见当年两人虽萍水相逢，然而却是真正的知己。相传小凤仙每次谈及蔡锷，都会泪流满面。乱世之中的爱国英雄和红粉佳人成就了一段美好的传奇，怎奈命运无常，蔡锷将军英年早逝，小凤仙最终嫁入寻常人家，平平淡淡过完了一生。

如今棉花胡同66号蔡锷将军的故宅仍在，它向我们描述的不仅仅是蔡锷金蝉脱壳的历史片段，也不仅仅是他和小凤仙的一段美好姻缘，它向我们传达的理念是深明大义的可贵。古语云"人间正道是沧桑"，在追求正义的道路上必然会受到各种阻挠，但只要心中还有一片光明，找到志同道合之人，就有可能挫败恶势力，将大义还给人间。

18. 铁狮子胡同

铁狮子胡同位于东城区交道口，东起东四十条，西至地安门东大街，南连南剪子巷，北通中剪子巷和麒麟碑胡同，全长约 700 米。因元代贵胄府宅门前有两尊铁铸的狮子，胡同由此得名。相传，这里也曾是明崇祯的宠妃田贵妃之父田畹的府邸。后来为了纪念我国著名抗日将领张自忠，铁狮子胡同改称为张自忠路。铁狮子胡同是北京最古老的胡同之一，当年东林党人和魏忠贤及其阉党在此殊死抗争。吴三桂在此地对陈圆圆一见倾心，由此"冲冠一怒为红颜"。铁狮子胡同 1 号院曾经是皇亲府、将军府、贝子府、亲王府、袁世凯的总统府、段祺瑞的执政府。铁狮子胡同 5 号曾是伟大的革命领袖孙中山的行辕。风云变幻的历史翻过了一页又一页，如今铁狮子胡同归于沉寂，但这条见证了无数历史事件的古老胡同，似乎还有很多故事要对人们诉说。

金枝玉叶和敬公主宅邸

铁狮子胡同 4 号坐落着和敬公主府。和敬公主府坐北朝南，规模宏大，建筑面积超过 1000 平方米，规划格局是典型的王府建制，是一座由五重屋舍构成的四进宅院。外垣内有三间正门，每间正门两旁都

85

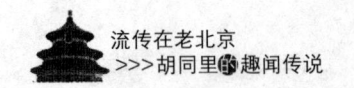

有两尊石狮,是王府执事的地方,相当于传达室;第一进院有三间过厅,前后两侧有走廊连接,东西两旁有三间配殿;是会客场地和举行盛大仪式的场所;第二进院落有五间正殿,东西两侧各有五间配殿,为整座建筑最核心的组成部分,是主人日常起居之所;第三进院落有五间后寝殿,东西两侧各有五间配殿;院落最北端是古典秀美的绣楼,东路原有附属建筑和私人花园。当年乾隆帝不忍爱女远嫁他方,遂为公主在京都建造府邸。可以说这里处处都曾留下这位金枝玉叶的踪迹,她曾在这里对镜梳妆,也曾在此赏花问月,还曾和夫君在此把手言欢、海誓山盟。

和敬公主是乾隆皇帝的第三个女儿,系孝贤皇后所生,自然高贵无比。在她出生之前,先后有两位公主夭折,皇四女 10 多年后才出世。在这十几年间她是乾隆帝唯一的掌上明珠,所以深受乾隆帝宠爱。乾隆二年(1737),皇二子过世,她成了孝贤皇后留下的唯一血脉,于是乾隆把更多的爱倾注到了她身上。和敬公主不喜欢繁复的妆饰,装扮高雅素淡、高贵大方,她满腹珠玑,崇尚佛法和儒学,美丽聪颖,心胸开阔,颇有几分母亲的遗风,长相又极像母亲,乾隆对她的喜爱已经到了无以复加的地步。和敬公主本来要远嫁蒙古科尔沁亲王色布腾巴尔珠尔,乾隆帝舍不得女儿,破格让她留在京都完婚,并为她花巨资打造富丽堂皇的公主府。

和敬公主府临近亲王府和贝勒府,是清朝唯一一座按照固伦等级建造的公主府。它的建筑风格奢华富丽,气势袭人,具有皇家风范,规格远远高于《红楼梦》中的荣、宁二府。它的设计也体现出生活化的特点,比如院落里的十字游廊,夏可避阳遮雨,冬可阻挡风雪御寒,公主府共有房屋 239 间,耗银 29880 余两。

乾隆十九年(1754)五月,乾隆路过科尔沁时,见到了和敬公主。当公主正与夫君侍宴时,乾隆帝看着年轻的女儿,眉眼之间酷似生母孝贤，不由得又思念起亡故的皇后，心里一阵难过，他说："你们侍宴，朕本来应该高高兴兴的，但是想起孝贤，朕的鼻子就会有些酸楚。"每当看到和敬公主，乾隆似乎又见到了发妻的音容笑貌，于是对和敬公主的父爱越发深厚。后来驸马色布腾巴尔珠尔犯了死罪，按照律令理应问斩，大臣求情说看在往日与孝贤皇后的情分上，不能让和敬公主变成凄苦的寡妇。乾隆顾及女儿的幸福，流着眼泪连连叹息，最终赦免了驸马的死罪。

由于乾隆先后有多个子女早夭，他唯恐和敬公主寿命不长，为了给女儿求福，在公主24岁本命年那年，下诏赐给她一座宝庄，号"六和敬"，又按照公主的生日赐下5240件宝石护身符，并增加了一倍的护卫保卫公主，还聘用金石翰林大学士杨得意担任"六和敬"的金石主管。相传，每天清晨，"六和敬"宝庄上空都萦绕着一团紫气，呈现一片祥瑞之兆，而且带来阵阵香气。到了夜里，"六和敬"屋宇内常常传来环佩撞击的清越之声，有如天籁般美妙。和敬公主因为受到"六和敬"宝石灵气的庇佑，长寿安康，活了62岁，在皇室公主中实属高寿。

如今我们走进铁狮子胡同，造访和敬公主府的时候，不由得回想起乾隆帝对她的种种宠爱，由此可见，无论是帝王还是黎民百姓，父母对于子女的爱都是一样的。现在这条胡同带给我们的启示是亲情是没有分别的，人间的亲情并不会因为身份的不同而存在本质上的差异，高高在上的大人物依然有着普通人的真实情感，在对子女无私的疼爱上与寻常人是完全一致的。

吴三桂冲冠一怒为红颜

据说当年吴三桂在铁狮子胡同与江南名妓陈圆圆相遇，两人坠入

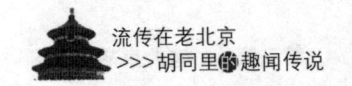

爱河。后来李自成部下强占陈圆圆，于是吴三桂冲冠一怒，令清军入关，彻底改写了中国的历史。

　　陈圆圆本是姑苏名妓，长得国色天香，又能歌善舞，姿容甲天下，被崇祯帝宠妃田贵妃老父田畹劫买，住进了铁狮子胡同的田府。山海关总兵吴三桂在胡同里曾与她见过一面，然而就是那惊鸿一瞥，扰乱了吴三桂的心绪，他自此对美人念念不忘，陈圆圆对吴三桂也萌生了爱意，两个人迅速陷入了火热的爱恋之中。无奈陈圆圆为田畹所得，不是自由身，吴三桂知情后闷闷不乐，陈圆圆也常常在花下暗自伤怀。

　　甲申春，农民起义军首领李自成率军压进北京城。崇祯帝惶恐不安，几乎快要精神崩溃，朝中大臣见一国之君如此模样，也纷纷在为自己做打算。田畹也担心李自成夺得天下，田家富贵和性命均难以保全，终日唉声叹气。陈圆圆看穿了田畹的心思，便趁机说："如今世道混乱，大人如果没有依靠，就会遭致祸端，为何不与吴三桂交好？以后也可防备不测。"田畹说："在这种危急时刻，恐怕我想和他交好也来不及了，他哪里还有时间与我结交呢？"陈圆圆献策道："吴将军爱慕田家的歌妓已经很久了，大人为何不投其所好？"田畹会意了，于是设宴款待吴三桂。

　　吴三桂正为不能和陈圆圆相守而郁郁寡欢，受到田畹的邀请，马上赶赴宴席。席间两人谈起了农民作乱的事，田畹乘机提出希望吴三桂能保护他的家人。吴三桂并没有痛快地答应，田畹立即让众多美艳的歌妓弹奏丝竹，讨吴三桂欢心。吴三桂亦不动心，他一心想着陈圆圆，却在歌妓中寻她不得，于是只好询问田畹。田畹听到陈圆圆的名字，愣了一会儿，才招陈圆圆出来服侍。少顷，陈圆圆走了出来，比上次见面时消瘦了一些，却显得更加窈窕俏丽、楚楚动人。陈圆圆看到吴三桂目不转睛地盯着自己看，禁不住莞尔一笑。她微微低下头，一副娇羞可人的模样，吴三桂顿时心神荡漾，就直接对田畹说："陈圆圆有倾城之貌,你难道从来都没有顾虑吗?"田畹一时没想好如何作答,就让陈圆圆斟酒。陈圆圆走近吴三桂,小声对他说:"将军不晓得红拂女的故事吗?"红拂女本是隋末杨素的宠妾,后来和李靖私定终身,一起潜逃了。吴三桂即刻明白了。吴三桂器宇轩昂,田畹却老态龙钟,陈圆圆中意的人当然是他了。酒酣耳热之际,忽然有人禀报军情,吴三桂舍不得陈圆圆,不愿离去。临行前,田畹问:"如果有一天李自成杀进北京城,将军会怎么做?"吴三桂回答说:"如果能把陈圆圆赠给我,我定保你全家无事!"田畹虽舍不得把美人拱手相让,但也不得不答应下来。吴三桂让陈圆圆辞别田畹,两个人一道离开了田府。

吴三桂与陈圆圆两情相悦,已经到了难舍难分的地步。崇祯帝多次催促吴三桂带兵出关,按照军纪,他不能在军中携带姬妾,因此两个人团聚没多久又要分别了。吴三桂的父亲尚在京城,他担心崇祯帝知道儿子与陈圆圆的事会对其不利,于是奉劝吴三桂把陈圆圆暂时留在府上,以后再从长计议。吴三桂只得挥别陈圆圆,带领军队赶赴山海关。不料,还没抵达目的地,就听到京师溃败、崇祯帝自缢身亡的消息。吴三桂觉得大明气数已尽,遂投降李自成。本来历史可以顺理成章地演绎下去,然而却因为李自成的部下刘忠敏强占陈圆圆而使局势发生了戏剧化的转变。

李自成率军进京后,起初军队还是纪律严明的。但不久部将和士兵们就开始拷打官员、霸占财物,刘忠敏不但住进了铁狮子胡同,还强占了陈圆圆。当吴三桂赴京朝见李自成、抵达平沙河驿时,见到了从京城逃亡出来的家人,问起全家近况,家人回答说家被李闯王抄了。吴三桂认为他已经归顺了李自成,等到进京朝见新主,家中财物必将返还。吴三桂挂念父亲,便又问起老父近况。家人难过地说被李自成逮捕了。吴三桂以为李自成不会伤害父亲,遂不以为意。最后他又问起了日思夜想的陈圆圆。家人告诉他陈圆圆被闯王部下刘忠敏强行带

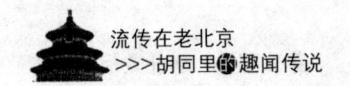

走了。吴三桂一听，血气上涌，大喝道："我堂堂七尺男儿，连自己挚爱的女子都保护不了，以后还有何面目见人呢？"一怒之下，他立即领兵返回山海关，以亡国孤臣的身份向多尔衮递去了请兵书，表示愿意联合清军一起剿灭李自成等流寇，一统中国。不久，吴三桂大开山海关，迎接多尔衮进京。农民起义军溃败，李自成下落不明，吴三桂和陈圆圆得以团圆，但他的父亲及家人已均被李自成杀害。这就是历史上最为著名的冲冠一怒为红颜的故事。

如今我们来到铁狮子胡同看到那两尊铁铸的狮子，不禁会想起陈圆圆和吴三桂的爱情故事。或许他们的故事并非浪漫动人，但却充满了戏剧张力。当历史成为烟云，是非功过已经不那么重要了，现在铁狮子胡同借助这段传奇的爱情故事带给我们的启示是，历史既存在偶然性也存在必然性，一个细节，一个看似微不足道的环节，一次失误的举措，都有可能彻底颠覆整个历史。

曹禺的蜕变之痛

曹禺1934年大学毕业以后就离开北京了，在全国各地辗转漂泊了15个春秋后，他像一个归来的游子一样满心欢喜地回到了北京的怀抱。当年他居住的是铁狮子胡同3号的三间房，在此创作了《明朗的天》、《胆剑篇》和《王昭君》。

铁狮子胡同3号紧邻段祺瑞执政府，以前是中央戏剧学院宿舍，曹禺一家在此居住了很长时间。宅院里有一棵茂盛的海棠树，每逢春季，满眼繁花。曹禺的书房在北侧，阳光被前方的屋舍遮挡住了。曹禺夫妇是风雅之人，用白色的窗帘装饰了窗子，又在屋门前种了晚香玉。夏季来临时，洁白芬芳的晚香玉朵朵盛开，花海烂漫、花香四溢，令人心旷神怡。到了夏天，曹禺的书房非常闷热，他每次执笔写作时，都要在书案上摆放一大盆冰块，以此调节室温，有时索性赤膊上阵。曹禺在创作剧本时面色浓重，有时在屋子里来回踱步，还经常用力地挠头，仿佛有千万匹奔腾的野马在他的脑海里拼命地冲撞，好像他只有猛烈地挠头才能让内心的狂奔的野马平静下来似的。

曹禺在解放前凭借《雷雨》、《日出》、《原野》、《北京人》等优秀作品而蜚声戏剧界，被誉为"中国的莎士比亚"。中华人民共和国成立后，曹禺深居铁狮子胡同，写下了《明朗的天》、《胆剑篇》和《王昭君》三部剧本。这三部作品创作的时间相隔较长，然而在主题和创作风格上几乎是一致的，它们完全背离了曹禺真实的自我体验，而是以宏大的题材和浓烈的政治色彩为基本特征，最终沦为政治宣传的文艺范本，然而曹禺在精心构思这三部作品时也花费了不少心血。虽然对于它们的文学价值和艺术水准至今存在争议，但我们可以了解到曹禺在新的历史时期曾艰难地寻求转型，在那段岁月里他做出了应有的尝试。

《明朗的天》中华人民共和国是成立后曹禺的第一部剧作，题材和主题都是事先定下来的，曹禺只是根据既定的框架来设定故事情节和人物形象。这种陌生的创作方式对曹禺来说完全是一个挑战，他前所未有地感到吃力，尽管他已经搜集了不少素材，但对于成功塑造一个思想改造好的知识分子的形象并无太大把握。他迟迟不能下笔，一直到 1954 年 4 月才开始创作，一连写了三个半月。当年曹禺每日从上午 9 点一直写到夜间 11 点，有时连周末也在奋笔疾书，几乎从不休息。口述剧本时，曹禺经常心潮澎湃，似乎整个人都走进了剧作里，完全与剧中人物感同身受。他边写边请人排演，每完成一幕都会给教授专家过目，虚心向他们求教。用马克思主义的观念去推敲故事情节和人物心理，以此宣传社会主义精神的基本构架，这对曹禺来说还是比较生疏的。在创作中他遇到了很多问题，也走了许多弯路，最终还是完

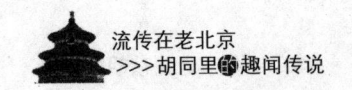

成了整部剧的创作。

　　三年自然灾害时期，为了增强人民群众战胜困难的勇气，曹禺和梅阡、于是之合作完成了《胆剑篇》的创作。《胆剑篇》取材于越王勾践卧薪尝胆的故事，通过勾践面对失败和困苦毫不气馁，而是选择奋发图强，最终打败吴王夫差成为春秋五霸之一的历史典故，启迪暂时身处困境的人民，只要心存斗志，自强不息，就可以战胜世间任何困难。在对勾践这一历史人物的性格刻画上，作者竭力把他塑造得既不卑不亢又忍辱负重，勾践虽然已经成了吴王夫差的阶下囚，仍冒死指责夫差的不义行为。但为了复国和一雪前耻，他不得不收敛了锋芒，对吴王夫差委曲求全。他的这种矛盾复杂的心理活动几乎贯穿了整部剧作。剧本发表后，受到了交口称赞，茅盾认为这部剧比以往任何一部卧薪尝胆的创作都更成功，说它很好地总结了前人的经验，青出于蓝而胜于蓝。但是很多人认为他们从这部作品中已经找不到昔日的感动，作者的创作似乎被某种东西束缚住了，失去了艺术的灵感火花。

　　20世纪60年代初，曹禺开始执笔创作歌颂民族大团结的历史剧《王昭君》。在宋元以来的诸多戏剧中，王昭君都是悲悲戚戚的，她远嫁边塞，迎着猎猎西风，听着大雁的悲鸣，依依不舍地告别故土，心中感到无限落寞和幽怨。曹禺在塑造王昭君时，完全颠覆了以往的人物形象，在他的笔下，王昭君变成了一名美丽有胆识的坚强女子，她自愿出塞促成匈奴和汉室和好，为汉匈和平和民族团结做出了巨大的贡献。整部剧里王昭君都是无比乐观和勇敢的，她是古今第一个"笑吟吟的王昭君"。为了塑造好人物，曹禺曾经亲自到内蒙古体验生活，广泛收集王昭君的素材资料。有些人认为《王昭君》具有极强的典型意义和艺术魅力，有些人则认为《王昭君》因为过于完美而显得不真实，作品完成后人们对其评价褒贬不一。

　　曹禺还做过不少人民群众抗洪的笔记，但最终没能写成剧本。他试图以一名街道小副食店的售货员为原型塑造一个劳动模范，还积极地到副食店帮忙打酱油体验生活，最后也没写成剧本。他所有的"奉命"之作，因为缺乏真实的感受，是在硬着头皮非写不可的情况下完成的，少了一些真实感和生命力。曹禺的好友黄永玉毫不留情地在书信中指出了这一点："我不喜欢你解放后的戏，一个也不喜欢。你心不在戏里，你失去伟大的通灵宝玉，你为势位所误！从一个海洋萎缩成一条小溪流。你泥溷于不情愿的艺术创作中。"这正说中了曹禺的心事，多年来他谨小慎微地从事文学创作，几乎再也写不出心灵倾诉的佳作。面对好友直言不讳的斥责，他并不生气，而是把这封书信当成至宝，将其裱装成册页珍藏了起来。

解放之后，曹禺的大部分岁月都是在铁狮子胡同度过的，他后期的大部分作品也是在这里创作的，这条胡同见证了他在创作的转型期所经历的种种挣扎，而今它传达给我们的启示是任何的艺术都是源于生活和高于生活的，任何流传于世的不朽作品都必须源自作者发自内心的感动，失去了这些元素，艺术的生命之树就会枯萎，艺术之花也会随之凋零。

欧阳予倩的戏梦人生

铁狮子胡同 3 号是我国著名的戏剧家欧阳予倩曾经居住和工作的地方，他于 1949 年 11 月入住此地，一直到 1962 年去世，因此可以说他的晚年是在铁狮子胡同的宅院里度过的。而今这座宅院院门半敞着，大门已经斑驳不堪，唯有那块嵌在门口上的纪念碑，时刻提醒人们它曾经是"大匠但开风气，后生常仰楷模"的戏剧艺术家欧阳予倩的居所。如今这座宅第已不复往昔的风华，但依然不失盎然的生机。进入院落，可以看到尖顶的欧式建筑掩映在浓美的树荫之中，苍翠的

流传在老北京
>>>胡同里的趣闻传说

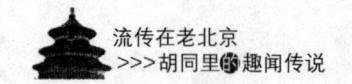

松柏把院子里的小径点缀得颇有几分诗意，向左步入院落深处，只见一幢中式旧宅，那便是欧阳予倩平时生活和挥笔写作的地方。他晚年的作品主要有取材于《汤姆叔叔的小屋》创作的九场话剧《黑奴恨》以及电影剧本《桃花扇》，此外，他还写下了《欧阳予倩剧作选》、《一得余抄》、《自我演戏以来》、《电影半路出家记》、《唐代舞蹈》、《话剧、新歌剧与中国戏剧艺术传统》等作品。

欧阳予倩出身于官宦家庭，曾经留学日本深造，然而这名毕业于早稻田大学的高才生却对戏剧艺术情有独钟。他所处的时代伶人是非常不被看好的职业，当他以满腔热忱投身于艺术的时候，居然有人讥讽地说欧阳家从此完了。亲友不支持他，连夫人都奉劝他另谋出路，欧阳予倩却依然痴心不改。回国以后，他正式成为一名京剧演员。他刻苦地练习唱念做打基本功，曾经得到过著名青衣江梦花和陈祥云的提携。他在京剧《百花献寿》中饰演百花仙子，需要表演一段难度极高的长绸舞。一般情况下演员舞动的绸布都是镶了木棒上的，这样做主要是为了省力。而欧阳予倩为了舞得更好看一些，绝不在绸布里镶木棒，还故意把绸子加长了一半，这样他表演的时候，长绸飘动给人以震撼的美感。欧阳予倩表演的铜盘舞尤其为人称道，他以极其优美的姿态把一对铜盘里的鲜花撒落在舞台上，然后以"卧鱼"的姿势一朵朵地将花朵叼起来。当时欧阳予倩快30岁了，在戏剧界已不算年轻，能将这么高难度的舞蹈动作表演得如此出神入化是非常难得的。所以，他每次表演铜盘舞，都会获得满堂彩。

欧阳予倩在当时戏剧界的影响力几乎与梅兰芳不相上下。他历经13年的磨砺，终于获得了"南欧北梅"的赞誉，他和梅兰芳还有过一段同演"红楼"的经历。由于红楼戏多为旦角，京剧界的老辈演员都担心表演此剧不叫座，因此鲜有人尝试红楼戏。梅兰芳和欧阳予倩几乎同时对"黛玉葬花"的桥段产生了兴趣，两个人在不同的城市一起挑战这一高难度的表演，赢得了业界一致好评。梅兰芳排过三出红楼戏，而欧阳予倩表演的红楼戏包括"晴雯补裘"、"鸳鸯剪发"、"鸳鸯剑"、"宝蟾送酒"、"王熙凤大闹宁国府"、"黛玉焚稿"、"摔玉请罪"等，数目非常多。

中华人民共和国成立后，欧阳予倩从香港来到北京，迁入了铁狮子胡同3号（当时已更名为张自忠路5号），负责筹建中央戏剧学院。中央戏剧学院建立后，他出任院长同时兼职台词课教研组组长。他曾与语言学教授罗常培和知名作家老舍研究过台词课教学方针，还诚邀著名语言大师侯宝林到中央戏剧学院讲课。他广泛吸纳民族语言和民间用语，将其运用到台词课上，使课程内容更加生动丰富，学生们为此受益匪浅。当年就是在铁狮子胡同这座中西合璧的院落里，欧阳予倩为中央戏剧学院的创建费尽苦心，他创作出了《唐代舞蹈》、《话剧、新歌剧与中国戏剧艺术传统》等专著，并写下了《黑奴恨》和《桃花扇》两部脍炙人口的文学作品。

欧阳予倩对孔尚任的《桃花扇》有着独特的感情和深深的迷恋，他曾经将这部经典之作改编成话剧、京剧和电影。1957年，欧阳予倩和夏衍、田汉等成立了《中国话剧运动五十年史料集》编委会，写下了三幕话剧《桃花扇》。1959年欧阳予倩又完成了京剧《桃花扇》的创作。《桃花扇》借助李香君和侯方域悲欢离合的爱情故事，表达出强烈的爱国情怀。欧阳予倩的作品与时代的发展一脉相承，他把对新中国的热爱融会于戏曲之中，为中国的戏剧艺术做出了重要贡献。

《黑奴恨》是欧阳予倩于1961年撰写的反映种族歧视的剧本。虽然社会在不断进步，民主、自由的观念深入人心，但种族问题在很多国家还是普遍存在的。因此，《黑奴恨》具有现实意义，可以给人们带来启迪和思考。《黑奴恨》将历史现实和艺术相结合，具有很高的思想价值，整部戏里不存在刻板的说教，作品的价值观念深植于充满张力

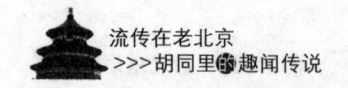

的戏剧冲突之中。欧阳予倩具有丰富的舞台经验，他可以多方面、深层次地展现人物的纠葛与冲突，以鲜明的戏剧色彩强烈地吸引观众的注意力，驾轻就熟地展现戏剧矛盾，以此达到最理想的艺术效果。

《黑奴恨》对于人物个性的把握是比较成功的，尤其是对黑奴汤姆、哲而治和凯西的刻画，真实又富有说服力。在《汤姆叔叔的小屋》中，汤姆是个温顺的黑奴，他信奉上帝，虔诚、逆来顺受，但欧阳予倩把他塑造成了一个淳朴善良的人，他同情黑奴兄弟姐妹，虽然他是个基督徒，但残酷而现实的生活使他的人生观发生了转变。这样一个个性鲜明的形象是十分令人信服的，人们可以在现实生活中找到他的影子，感受到他美好的品性，并对其产生发自内心的真切同情。哲而治富有反抗精神，他的人生观念是"不自由，毋宁死"。凯西果敢、聪颖、强悍，富有阶级感情，如火一般热情和泼辣。剧中的奴隶主也性格各异，李格利、韩德林、哈利对待黑奴无比冷酷和残忍，解而培虚伪，工厂主威尔逊表面上似乎善待黑奴，实际上仍是压迫黑奴。总之，《黑奴恨》在艺术上是非常成熟的，充分反映出了欧阳予倩的创作才华和扎实的功底。

当我们拜访欧阳予倩故居的时候，脑海里浮现出的都是他登台表演和创作剧本的画面，如今这条胡同传达给我们的理念是选择事业时要用热爱充当自己的导师，唯有发自内心地喜欢一个行业，你才能无怨无悔地倾尽所有的热情，如此方能在自己奋力拼搏的领域做出一番成就。

19. 帽儿胡同

帽儿胡同位于北京市东城区西北部，东起南锣鼓巷，西接地安门外大街，是北京胡同中保护得较为完好的一条著名胡同。在明代，它被称为梓潼庙文昌宫，清代时改称为帽儿胡同。帽儿胡同的7号和9号是清末大学士文煜的私家花园——可园，它是京城最负盛誉的私家园林之一。帽儿胡同11号是文煜的府宅，门前的一对上马石至今保存完整。帽儿胡同45号是清提督衙门旧址。帽儿胡同历经百年岁月沧桑，而今依然保留着它原来的韵味和风貌。门外庄严的石狮，朱门黛瓦的四合院，幽深的庭园，无一不是时代留下的印迹。徜徉在帽儿胡同，思古问今，别有一番滋味。

末代皇后婉容的凄婉一生

帽儿胡同37号是清朝末代皇后婉容的故居，35号院是婉容家的私家花园。37号院是个三进院落，大门的左侧有一排南房，右侧是中院，有扇精美的垂花门，后院的东、西房由一明两暗的三间房组成，北房有五间，前面为回廊，后面为屋舍，两侧各配一间耳房。北房的

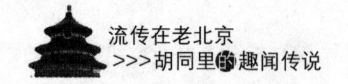

最西端是婉容的闺阁，当年婉容在这里度过了16年的时光。小的时候，有专门的家庭教师教授她诗书礼仪，可见家人对她寄予过厚望，最终将她培养成了一名优雅端庄的大家闺秀。综观婉容的一生，凄婉悲情，她人生当中最幸福的时光当属在帽儿胡同里居住的日子，那里有她天真烂漫的童年和懵懂无知的少女时代，然而她最终还是迈出了自家的深宅大院，成为中国历史上最具传奇色彩的末代皇后，留给世人无限的叹息。

17岁是婉容一生的转折点，当时的她不仅长得标志清秀、清丽动人，而且精于琴棋书画，通晓英文，堪称是才貌双全的名门闺秀。溥仪见了她的照片，立即被她端庄的容貌和脱俗的气质深深吸引，于是召她入宫，选作皇后。同时入宫的文绣由于家族地位不及婉容，成了一名皇妃。婉容肤白貌美、风姿绰约，受过西式教育，喜欢爵士乐和西餐，酷爱摄影和打网球，她的时尚气息和不俗的品位让溥仪备感新鲜。溥仪最初是迷恋她的，还曾以英国女王"伊丽莎白"的名字称呼过她。

大婚那天，仪式空前隆重。从帽儿胡同到皇后宫邸，沿途军警威武地列队护卫，数不清的汽车、马车前来迎亲，步军统领衙门马队、警察厅马队、保安马队、军乐两班浩浩荡荡地恭迎皇后入宫，婉容乘坐着22抬金顶凤舆风风光光地抵达皇宫。当年有数万人目睹了这一盛况。

入住紫禁城的最初岁月，婉容沉浸在母仪天下的帝后光芒里，日子过得还算不错。她青春活泼，像初放的花蕾和新生的嫩芽一样姣美清新，很得溥仪欢心。再加上她不只是个徒有其表的美人胚子，还是个学贯中西的大才女，溥仪更是对她倾慕有加。但婉容也有着其他女人的敏感和妒忌心，受过西方文明熏陶的她无法接受有另一个女人共同分享丈夫的爱。文绣的存在始终是她心底里的一根梗。她记恨文绣，对文绣百般刁难。相传当年溥仪曾有意立文绣为皇后,后来因为婉容的家族势力更大,才改变了主意。和文绣争风吃醋的日子,婉容过得很不开心,宫墙的禁锢又束缚了她那颗向往自由的心,她时常愁眉不展,甚至有些抑郁。

1924年底,末代皇帝溥仪被逐出了紫禁城,帝王的尊号也成为了历史烟云。婉容和文绣跟着他住进了天津张园。远离了皇宫里的高墙,摆脱了宫中幽囚的生活,婉容显得容光焕发。她随心所欲地追求自由的现代生活,享受着西餐和京剧,用漂亮的旗袍和时髦的高跟鞋打扮自己,还烫了时下最流行的发式,俨然一位摩登女郎。为了在文绣面前处处占上风,她购买昂贵的奢侈品时花钱一定要比文绣多,好像只有这样她才感到自己压制住了文绣。然而锦衣玉食的生活依然不能填补婉容内心的空虚,争强好胜的她为与文绣的斗争而疲惫不堪,再加上和溥仪之间不正常的夫妻生活,她感到越来越痛苦。

1931年,文绣不堪忍受婉容对她恶劣的态度,愤而离家出走,并提出与溥仪协议离婚,成为中国历史上第一位主动离婚的女性。她的这种毅然决然的态度在当时曾经引起不小的轰动。文绣的出走并没有让婉容得到更多的宠爱和幸福,溥仪反而因为离婚的奇耻大辱而迁怒于她,认为是婉容的跋扈和任性气走了文绣,致使自己颜面扫地,成为千古笑柄。从此溥仪对她不闻不问,一味地冷淡她。两个人到了长春后,溥仪成了日本人的傀儡,行动受到日本人的限制和监视,他对婉容更是无心过问了。婉容受尽了溥仪的冷落,又受到日本人的控制,内心的凄苦无人述说,于是她变得十分暴躁,每天靠吸食大量鸦片来缓解精神上的痛苦。溥仪的薄情令她绝望,寂寞之中她甚至与溥仪身边的侍卫私通。她任性放纵,不惜以一切极端的手段激怒溥仪。如果溥仪对她已经不存半点爱意,哪怕恨她也总好过对她视若无睹。当婉容诞下一名女婴后,溥仪彻底被激怒了。尽管那名可怜的婴儿刚出世

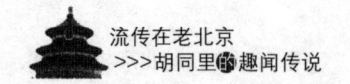

就不幸夭折了,溥仪仍觉得婉容罪不可恕,于是把她打入冷宫。经历了丧女之痛,又要承受在冷宫的煎熬,婉容的精神濒临崩溃。她的意识陷于混乱,已经不知道梳洗装扮,整天吸食鸦片,情绪极不稳定。由于长期被关在屋子里,本来就患有眼疾的她对光更加敏感,后来发展成用扇子遮目从扇骨透出的光线中窥人。就这样一名貌美如花的末代皇后变成了一个形容枯槁的疯子,最后她病死于日本人的监狱中,年仅40岁。

对于婉容的评价虽然存在着争议,但她确实有着极其善良的一面。成为皇后之后,即使她不能出宫,每年也都会给民间捐款。闻言长江发生特大水灾,婉容慷慨解囊,一次捐出2500块大洋购得的172颗珍珠串。她不仅关心民间疾苦,还非常痛恨日本人。日本人为了避免她对溥仪产生影响,曾用各种方法对其严加控制。溥仪被日本人监视时,她为其摆脱日本人管制付出了不少努力。可惜她生不逢时,不但长期身陷囹圄,最终竟在监狱里香消玉殒。

婉容的一生曲折悲戚,她的命运完全操控在别人手里,她挣扎过、抗争过,然而她没有文绣那种彻底反封建的勇气,任凭一个皇后的虚名将自己吞噬。如今我们走进帽儿胡同,参观婉容的故居,心中似乎有万千的感慨。斯人已去,往昔的四合院也成为观光的景点。现在这条胡同传达给我们的启示是,人一定要把握好自己的命运,任何环境下都不能失去自我,唯有坚强地与厄运对抗,才能执掌自己命运的方舟,否则只能成为雨打的飘萍,任凭命运的洪流无情地将人生中所有的美好冲走,徒留遗憾和伤感。

冯国璋的大家风范

帽儿胡同11号是曾经担任过中华民国副总统和代总统的冯国璋的

故居。故居本是一组规模宏大的颇具清代风格的宅园,如今已经分成了几个组成部分。西部是宅第,东部为下房,中部是私人花园,看起来依然是一座气势恢宏、美轮美奂的建筑整体。11号院的宅第是坐北朝南的五进院落。冯国璋下野后就是在这座宅院里打发漫漫时光,回顾自己一生的往事。

冯国璋出生时正值家道中落,家人维持生计已颇为艰辛,然而依然没有放弃对他的教育。幼年时他在私塾读书的时候成绩优异,年长后他在保定最好的学府莲花书院就读,当年全家已经捉襟见肘,他被迫辍学务农。之后,冯国璋在直隶提督聂士成的麾下做起了炊事兵,由于精明能干又勤奋努力,很快就被提拔为勤务兵。在他入伍的第二年,正值李鸿章创建北洋武备学堂,他成为学堂里第一批步科的学员。毕业之后,冯国璋以出色的成绩获得了留校任教的资格。由于志向远大,冯国璋不甘被军校埋没,于是再次投到聂士成麾下,在甲午中日战争中展露军事才华。

冯国璋在身为清朝大臣时提出了"国家海禁开,东方大事起"的响亮口号,可见他是个怀有报国之心并具有政治远见的人。他弃文从武,亲历甲午中日战争和八国联军侵华战争,对于中国的惨败以及所经历的割地赔款等屈辱是极为心痛的。他苦苦思索使中国走向强国之路的途径,曾屡次向朝廷进言,并亲自践行"国家海禁开,东方大事起"的宏愿,还两度东渡日本,渴求从明治维新中探求到一条使中国繁荣富强的道路。他主张打破海禁,学习国外的进步思想和先进技术,让故步自封的中国人放眼世界,走向自强。

后来由于机缘巧合,文武双全的冯国璋得到了袁世凯的赏识。袁世凯不但赞他是"军中学子第一人",还对他委以重任,把小站新军陆军交给他操练,冯国璋找到了用武之地。他曾奉命镇压过武昌起义和"二次革命",袁世凯称帝后他被委以重要职务,但因为反对袁世凯的

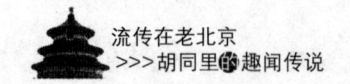

倒行逆施而坚决不受任。袁世凯在全国人民的讨伐声中忧郁而死后，黎元洪担任大总统，冯国璋成为副总统。之后由于黎元洪和段祺瑞内斗，张勋趁机带领辫子军复辟，在冯国璋的讨伐和段祺瑞的镇压下，辫子军的复辟闹剧草草收场。黎元洪辞去总统一职后，冯国璋成了代理总统，段祺瑞出任国务总理。

冯国璋当大总统时，为了充实国库，曾出现过"卖鱼事件"。相传，中南海遗留下一些皇家饲养的鱼，其中有条红鱼和鲤鱼还挂着金圈和金牌，一直无人捕捞。冯国璋到了中南海，下令把湖里的皇家鱼全部打捞上来，然后以高价卖出。于是北京各地都在售卖"总统鱼"，冯国璋因此获益不少。有人用"宰相东陵伐木，元首南海卖鱼"的对子来形容当时的情形。当年政局不稳、军阀混战，各地给中央的税收非常少，但却以各种名义让中央拨款，因此政府不但难以维持收支平衡，有时还得举债维持开销，黎元洪当总统的时候不止一次自掏腰包。贫苦出身的冯国璋自然把私人财产看得比较重，不愿意倒贴，曾为了总统府的开支跟当时的总理闹过不愉快。

在中国民族工商业快速发展时期，冯国璋利用多年积攒下来的家财购买地产、兴办公司，并在开滦煤矿、启新洋灰公司、中华汇业银行等处广泛投资，投资虽有盈有亏，但总体而言冯国璋还是获利的，为此他积累了不少财富。

1918年段祺瑞为了实现自己的野心，收买"安福俱乐部"的政客，操纵国会选举新总统，迫使冯国璋下野。不久，冯国璋离开政坛，迁入了帽儿胡同11号，每日对着清式建筑和花园百无聊赖地生活，一年多之后，患伤寒去世。冯国璋过世后留下的遗产不足300万，都是他平生的储蓄和投资获得的利润。

如今我们走进帽儿胡同，在冯国璋的宅第面前驻足，很难想象曾经叱咤风云的冯国璋在下台之后困居在这座宅院里的感受。他在回顾自己沉浮的一生，还是在为国家的前途忧心，抑或只是想安然度过晚年的岁月？这个答案也许我们永远也无从知晓，如今这条胡同为我们讲述的是一代儒将在军政两界大展宏图的一生，虽然它的终场是以下台收尾。现在这条胡同向我们传达的理念是，拥有鸿鹄之志、有抱负的人才会有所成就，然而不要忘记的一点是，个人的成就和国家的前途是分不开的，只有国家强大了，人民才能更自信、更幸福，因此在为个人前途努力打拼时，需要树立为国效力的使命感。

20. 北总布胡同

北总布胡同位于北京市东城区东南部，南起东总布胡同，北至大雅宝胡同，东有二支巷通往先晓胡同，西通向春胡同、后赵家楼胡同、前赵家楼胡同、小羊宜宾胡同，由于位置处于东总布胡同北侧而得名。北总布胡同在清代时隶属于镶白旗，在乾隆时代被称为城隍庙胡同，主要是因为胡同里有一座城隍庙，民国时改称为现名。北总布胡同2号宅院是美国煤油大王洛克菲勒基金会董事长利用兴建协和医院剩余的建筑材料为父母建造的居所。抗日战争时期被日本官员占用。日本战败投降后，宅院被划

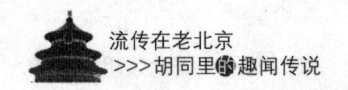

为国有，曾经充当过军事调处执行部。

林徽因的人间四月天

　　北总布胡同 3 号一进院是林徽因和梁思成的故居，他们从 1930 年冬季入住，一直住到了 1937 年。北总布胡同 3 号是北京一座典型的四合院，院落的周围有高墙，里面种植着几株茂盛的花树，墙根一带是灰瓦屋顶，颇有几分古色古香的气息。当年林徽因夫妇为了能欣赏外面的景致，撕掉了窗纸，在窗子上镶上了明亮的玻璃，如此一来，不但可以尽览春花秋月，还可以在冬季享受暖融融的阳光。

　　如今这座院落由于受到岁月的侵蚀已经残破不堪，但是以前这里曾经是文化界名流聚集交流的风雅之所，林徽因大好的年华也是在这里度过的。当时赫赫有名的哲学家金岳霖、经济学家陈岱孙、知名作家沈从文和萧乾等常来这里聚会，林徽因自然而然就成了众星捧月的女主角。梁思成喜欢倾听，不太爱讲话，时不时地发表一下自己的见解，常常语出惊人，透露出智慧和幽默。

　　林徽因夫妇在北总布胡同居住了 7 年。在这 7 年时间里，他们致力于建筑学研究，和中国营造学社的同事考察了 137 个县市的 1823 座古建筑，并对 206 座极具研究价值和艺术美学价值的古建筑进行了细致的测绘，绘制出 1898 张图稿，为我国的建筑学研究做出了极大的贡献。

　　林徽因以美貌和才学而成为名噪京华的人物，她优雅聪慧、交友广泛，当年不少文人墨客成了她的知心好友。这座宅院里曾经热闹一时，当年定是充满了欢声笑语。当年林徽因和诗人徐志摩的爱情被传得沸沸扬扬，大多数人并不看好他们之间的风花雪月，在徐志摩已有妻室的情况下，林徽因和他之间的柏拉图之恋就成了违反传统道德的孽缘。在徐志摩和梁思成之间，林徽因选择了梁思成，三个人的感情纠葛和红尘往事至今仍然为许多人关注。

　　林徽因和徐志摩相识于伦敦，她身上既有一种娴静秀美的韵致，又不乏现代新女性的活泼和落落大方。她的美是古韵气质和现代文明的结合，同时也是中西合璧的完美典范，徐志摩为她神魂颠倒，曾写下"你是高高在上的云雀天鹨，纵横四海不问今古春秋，散布着稀世的音乐锦绣"来表达对她的仰慕。当时的徐志摩年轻英俊，风流潇洒，眉宇间洋溢着浓浓的书卷气。这对少女时代的林徽因来说同样具有吸引力。在徐志摩热烈地追求下，林徽因对这个浪漫又才华横溢的诗人动心了。有段时间，两个人经常用英文书信来往，徐志摩一味瞒着伴读的妻子张幼仪，到理发店对面的杂货铺收取林徽因的信件。后来他把这些来信和自己写下的日记珍藏在一个箱子里，可见当年两人的感情之深。

　　1920年10月，林徽因随父亲回国，在北京安定了下来。次年10月，徐志摩完成剑桥的学业后也匆匆忙忙回国。回国之前他写下了那篇《再别康桥》的著名诗篇，表面上看全诗表达的是对康桥的依依惜别之情，实际上也暗含了一些在剑桥萌生的美好情愫，这当然跟林徽因的出现有关。徐志摩在年底到达北京的时候，得知林徽因已经被许配给梁启超之子梁思成了，他决定为自己的爱情做最后的争取，不料老师梁启超竟写信奉劝他"义不容以他人之苦痛易自己之快乐"。徐志摩不理会老师的劝阻，表示"我将于茫茫人海中访我唯一灵魂之伴侣，得之，我幸，不得，我命，如此而已"。这就意味着他仍然打算和梁思成竟争到底。阔别一年多的时间，林徽因已经和梁思成建立了较为稳定的恋爱关系。他们经常到北海公园的快雪堂约会，徐志摩一次次以梁启超学生、林徽因之父的旧友的身份来访。梁思成认为他有意破坏自己和林徽因的二人世界，就在门上贴了一张英文字条"情人不愿受

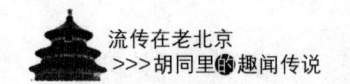

干扰",徐志摩只好知趣地离开。但即便如此,徐志摩仍然没有放弃对林徽因的感情。1924年,泰戈尔来京访华,徐志摩和林徽因一起接待了这位来自印度的大诗人,那次的见面又使他们的情感陷入剪不断、理还乱的局面。在陪泰戈尔一同去太原的途中,徐志摩给林徽因写过一封饱含深情的书信,可惜泰戈尔的秘书并没有把信交给林徽因。一年以后,徐志摩又为林徽因写下了一首叫作《偶然》的优美小诗:"我是天空里一片云/偶尔投影在你的波心/你不必惊讶/更无须欢喜/在转瞬间消失了踪影/你我相逢在黑夜的海上/你有你的/我有我的方向/你记得也好/最好你忘掉/在这交会时互放的光亮!"

　　林徽因到美国留学之后,回忆起和徐志摩的种种情感经历,意识到了他对自己的一往情深,心里产生了些许歉疚之情。林徽因归国后,与徐志摩还保持着往来,不过他们的恋情已经转化成了对彼此的牵挂,他们不再强求拥有对方,只要看到彼此安好,心中便感到泰然。1931年,徐志摩在济南遭遇空难,当场罹难。林徽因请求梁思成到事故现场捡回了一块飞机的残片,她一直把这块残片挂在卧房的墙壁上,睹物思人,表达对徐志摩的深深怀念。1934年,林徽因和梁思成做考察工作途经徐志摩的家乡时,林徽因一个人下了车,独自站在茫茫夜色中,忆起与徐志摩的种种过往,不知不觉已经泪流满面。

　　后来林徽因为徐志摩写下了《纪念志摩去世四周年》的散文,在文章中,她对徐志摩的人格和诗歌成就作出了积极的肯定。她认为徐志摩的人生是四溢着诗情的一生,他追求爱、自由和美,有一颗坦荡和坦诚的诗性灵魂。同年夏天林徽因又为徐志摩写了一首叫作《别丢掉》的诗歌:"别丢掉/为一把过往的热情/现在流水似的/轻轻/在幽冷的山泉底/在黑夜/在松林/叹息似的渺茫/你仍要保存那真/一样是明月/一样是隔山灯火/满天的星/只有人不见/梦似的挂起/你问黑夜要回/那一句——你仍得相信/山谷中留着/有那回音。"林徽因对徐志摩的爱至纯至真，那是一代才女对一位浪漫诗人的爱，是纯粹的柏拉图式的精神恋爱。林徽因曾经享受过美好的爱情，她也倾心付出过，这种炽烈深沉的爱让她有了超越世俗的勇气，更让她能够坦然面对真实的自我，任凭真情在自己的心间萦绕而不再为各种偏见感到茫然。

当我们走进北总布胡同，探访林徽因的故居时，不禁会联想到这位秀外慧中的奇女子与徐志摩和梁思成的情感痴缠。如今这条胡同给予我们的启示是有关爱情的解读，真正的爱情无关世人的偏见，它像奔涌的血液一样真实，像潺潺的河流一样明澈，能够得到这样的爱是一种莫大的福祉，即便是得不到，曾经拥有过、感受过也会了无遗憾。

金岳霖的柏拉图之恋

北总布胡同3号北面的第二进院是哲学大师金岳霖的故居，当年金岳霖与梁思成夫妇比邻而居。金岳霖是我国著名的哲学家和逻辑学家，他是国内首位将西方哲学体系融入中国传统哲学的哲学家，也是最早把现代逻辑学引进到中国的逻辑学家之一。他精通哲学和逻辑学，并能把两门科学融会贯通，他自创的哲学体系逻辑严密、分析深刻，有一种独到的严谨风格。由于毕业于清华大学，又在哲学和逻辑学领域造诣颇高，他和叶企孙、陈岱孙被并称为"清华三孙"，三人的另一个共同特点就是终身未娶。

金岳霖痴爱灵秀端庄的女建筑学家和女诗人林徽因，但是他一直以哲学家的理性和自制来驾驭自己的感情，因此，自始至终他和林徽因都是心有灵犀的知己。他用一生默默地守候着那份纤尘不染的美好情愫，即使孑然一身，倒也逍遥自在。

金岳霖是通过好友徐志摩结识林徽因的。当年林徽因夫妇住在北总布胡同3号，他们的家一度成为名噪一时的文化沙龙，知识分子和

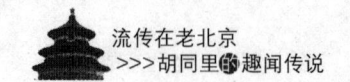

文化名人经常聚在一起畅所欲言地交谈。在朋友徐志摩的引荐下，同样有海外留学经历的金岳霖很快成了那里的常客。林徽因夫妇和金岳霖都曾留学美国，对中国文化也都有很深的见解，由于文化背景相似，又都具有学贯中西的文化造诣，他们彼此情投意合。女主人林徽因是位气质不凡、蕙质兰心的别样女子，交往久了，金岳霖发现自己已经深深地爱上了她。而林徽因也觉得与风度翩翩、机智幽默的金岳霖分外投缘。他们之间的心灵沟通非同一般，由于金岳霖的君子之风，梁思成对他们之间的感情亦是十分尊重的。

金岳霖不曾让梁思成感到不快，三个人之间坦诚相待、彼此信任。林徽因夫妇与金岳霖一直维持着难能可贵的友谊，就连夫妻俩发生争吵都要找理性的金岳霖充当"仲裁"。风趣诙谐的金岳霖给林徽因夫妇的生活增添了不少欢乐。一天，金岳霖诗兴大发，写下一副工整有趣的对联送给林徽因夫妇："梁上君子，林下美人。"梁上君子本指窃贼，但是梁思成身为一名建筑学家，时常要做屋顶测量，比喻倒也有几分恰当。梁思成听了，笑笑说："我就是要做'梁上君子'，不然研究工作没办法开展，我可不想当一个纸上谈兵的人。"林徽因并不喜欢金岳霖以"美人"褒奖自己，比起美貌，她更注重一个人的内在和做事的态度，于是便说："什么美人不美人，好像一个女人只管美什么事情都不用做似的，我要做的事情多着呢。"金岳霖听罢，更加佩服不以美貌自傲的林徽因，高兴地为她鼓掌。

金岳霖对林徽因爱慕之深，几乎人尽皆知，但由于他胸怀坦荡、做人光明磊落，没有人怀疑过他和林徽因夫妇的美好情谊。金岳霖一直过着单身贵族的生活，他的朋友代替了家人，每当周六的下午，家中的客厅就坐满了文化界的名流。当年张奚若、胡适、徐志摩、钱端升、陈岱孙、周培源、邓叔存、陶孟和以及美国的费正清和英国的瑞洽慈常常成为他的客上宾，当然每次聚会都少不了林徽因夫妇，梨园的名角和斗蛐蛐的高手也喜欢到金岳霖家里做客，于是金岳霖的客厅就成了京城第二处知名的文化沙龙。说来有趣，当年的文化界名人都是把北总布胡同3号院视作最理想的聚会场所，有时到林徽因夫妇家，有时到金岳霖家，倒有几分风水轮流转的感觉。

林徽因和梁思成两家是世交，两人两小无猜一起长大，感情自然是深厚的。金岳霖佩服梁思成的为人，认为林徽因找到了最爱自己的人，是会很幸福的，所以心甘情愿地退出，成全一对天造地设的璧人。梁思成也非常理解金岳霖的感情，还说过世上最爱林徽因的人其实是金岳霖。金岳霖对林徽因无所求、无所取，在他看来爱不是霸占和拥有，而是珍视其中的过程。金岳霖曾有一名钟爱的学生因为失恋而备受打击，很长时间一蹶不振。金岳霖以自己的恋爱经历多次劝慰他："恋爱是个美好的过程，是否能步入婚姻的殿堂只是一个结果，衡量一段恋情的幸福与否不能只看结局，而要看恋爱的全过程。"这名深陷情网的学生听了金岳霖的一席话，顿时茅塞顿开，终于从痛苦的失恋中走了出来。

从这件事中，我们足以看到金岳霖的恋爱观。多年以来他就是这样享受着恋慕林徽因的过程，他的内心深处应该是温暖和幸福的，因此那份心心相印、难以言传的美好才让他守望了整整一生。金岳霖的恋爱史正应了哲学家柏拉图的那句话："理性是灵魂中最高贵的因素。"金岳霖以哲学的态度和理念爱着林徽因，他始终把林徽因当作自己一生挚爱的精神伴侣。林徽因去世后，金岳霖和邓以蛰联名题写了"一身诗意千寻瀑，万古人间四月天"的挽联。在林徽因逝世多年以后，90岁的金岳霖有一次突然宴请北京好友，开席前他郑重其事地说："今天是林徽因的生日。"满座宾朋听后唏嘘不已。

如今我们走进北总布胡同3号，不禁会联想到金岳霖和林徽因夫妇的感情纠葛和一段君子之交的佳话。现在这条胡同传达给我们的理

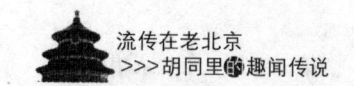

念是，爱一个人不一定非要得到，有时实时地放手，给爱情一条出路，看到所爱的人幸福，自己也会感到幸福。爱是成全和守候，是毫不吝惜的付出，而不是强求、索取和不惜一切地占有。

21. 东总布胡同

东总布胡同位于东城区东南部，东起建国门北大街，西到朝阳门南小街，由于明代的一总铺设在胡同内而得名。东总布胡同在明代属于明时坊，和现在的西总布胡同并称为总铺胡同。铺是明朝时期地方保甲制度下的行政单位，《宛署杂记》对其做了详细解释：地方城区以坊为纲，坊下分设若干牌，牌下分设若干铺，每铺都要设立铺头和伙夫三五个人的职位，由总甲统一管理。总铺就是总甲处理政务的办公场所。总铺胡同就是当时附近各铺总甲的所在地，清代时称为总布胡同，宣统时期划分为东总布胡同和西总布胡同。东总布胡同60号曾是京城著名的大酱园，庭院幽深，内有作坊，为三进院落。

瞿秋白和俄文专修馆的不解之缘

东总布胡同10号（今为23号）是俄文专修馆，当年瞿秋白来京后就是在那里刻苦进修俄文。他曾作为俄文专修馆的学生代表参与各种爱国运动,并利用平生所学阅读了大量俄国优秀小说,提笔翻译了不少名家的文学作品和政治著作,就义时从容高唱自己翻译的《国际歌》。可以说瞿秋白的一生都深受俄文专修馆的影响,他的革命生涯和文学之路与他所接触的俄国文化密不可分。

1917年春天,瞿秋白投奔堂兄来到北京。他原本的志向是报考北京大学,但当时大学的学膳费非常高昂,他无力支付,堂兄也爱莫能助,因此只好参加普通的文官考试,以减轻在经济上的负担。可惜瞿秋白并没有通过考试,大考过后,他闲置了一段时间。7月,张勋带领辫子军复辟,堂兄为了家人安全考虑,托付瞿秋白带着家眷暂时到汉口躲避兵灾。复辟事件结束后,瞿秋白又随同家人回到了北京。此后一段时间他在北京大学旁听课程。

回到北京时,北国的风情深深地吸引了这位江南游子。闲暇时瞿秋白经常漫步古都,游览了许多名胜古迹,查阅了一些地方的史料典籍,感叹岁月沧桑和世事变迁,历史的厚重感让他由衷发出一声叹息。然而瞿秋白来京不是为了当游客的,他很快继续走上了求学之路,考入了完全免费的俄文专修馆,从此与东总布胡同结下了不解之缘。

俄文专修馆设于东总布胡同内,是一座西式风格的一层建筑,前身是东省铁路学堂,民国元年(1912)成为俄文专修馆,对外免费招收学生,分为甲、乙、丙、丁、戊五个学习班。瞿秋白毕业于第一届甲班进入了专修馆,属于第二届甲班的学生。在俄文专修馆学习的那段岁月,瞿秋白是班上最用功的学生,每次考试他都名列前茅,不是第一名就是第二名。那时俄文专修馆也开设了文课,所有学生都必须参加这一课程的学习,瞿秋白很有文采,他写下的每篇作文都被印刷出来供全体学生传阅,以致他蜚声校园,几乎人尽皆知。

瞿秋白见闻广博、记忆力极强,不但能够出色地完成学科作业,

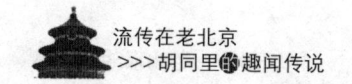

还能有效利用其他时间自学英语、法语、社会科学和哲学。他常常挑灯夜读，熬到凌晨两三点钟才休息。为了养家糊口，他又在一个法语补习班兼职，还亲自编写了一套法语教材。后来瞿秋白随堂兄一起搬迁到东观音寺草厂胡同的宅院里居住。堂兄的收入微薄，一家人的生活十分艰苦。平时就吃白萝卜和一两块干贝或者少量虾米，并辅以一碗不加作料的汤水，可谓是粗茶淡饭。北京的冬天非常寒冷，富家子弟穿着昂贵的裘衣御寒，仍感觉冷，瞿秋白只穿着单薄的夹衣就挺过了整个冬天。

在东总布胡同学习俄文时，瞿秋白在京城几乎没有朋友，他把所有的时间和精力都花费在埋头苦读上，和同龄人甚少交流，也从不参加任何社交活动，那时的他显得分外孤僻。直到1919年五四爱国运动爆发，瞿秋白孤寂的生活方式才得以转变，他的辩才和组织才干得到了充分展现。瞿秋白积极投身于这场火热的爱国运动中，他被推选为俄文专修馆学生代表，带领青年学生参加了天安门游行和火烧赵家楼的活动。5月5日，北京各大学校学生以罢课的形式支持五四爱国运动。5月6日，学校联合会成立，瞿秋白以俄文专修馆学生代表的身份出席了会议，并成为学联的评议部议员之一，设法营救被捕的大学生和挽留北大校长蔡元培。5月14日，北京政府迫于压力，同意挽留蔡元培，但拒绝免去曹汝霖、陆宗舆的职务，并恐吓和镇压学生运动。北洋政府的行为引起学生群情激奋，5月19日起各大高校实行总罢课。瞿秋白成为学联的主要领导人之一，在众多年轻人之中，他凭借稳重的个性和出色的辩才，对学生运动起到了很大的作用。最终北洋政府不得不罢免了曹汝霖、陆宗舆的职务，并改变签订卖国合约的初衷，拒绝在巴黎和约上签字。

1920年3月，瞿秋白出席了李大钊领导的"马克思主义研讨会"，逐渐转变成一名坚定的马克思主义者。同年10月，他离开了东总布胡同去了莫斯科。1922年他加入了共产党,年底回国,翻译了许多俄国革命和马列主义的专注,热情宣传马克思主义。

瞿秋白除了翻译一些革命专著外,也翻译过少量文学作品。由于俄文专修馆的课本介绍了许多诸如普希金、托尔斯泰、屠格涅夫、契诃夫等诗人和小说家的文学作品,瞿秋白对俄罗斯文学产生了浓厚的兴趣,曾翻译过托尔斯泰的《闲谈》、《复活》和果戈理的《仆御室》、《妇女》。1935年2月,瞿秋白被捕。6月,他高唱着自己翻译的《国际歌》英勇就义,时年36岁。

可以说是北京的五四运动培育了瞿秋白,是东总布胡同的俄文专修馆使瞿秋白登上了各种爱国运动的舞台。当我们再次踏入东总布胡同,不禁会想起瞿秋白短暂但却璀璨的一生,他像一颗耀眼的流星划过天际,留给世人的是永恒的光华和美好。如今这条胡同带给我们的理念是,我们应该更多地关注国家和社会,像瞿秋白一样贡献自己的光和热,不为环境所苦、不为世事所累,为国家前途尽一份自己的绵薄之力。

萧乾大酱园里的爱情与文学

东总布胡同60号是京城作家圈里赫赫有名的"大酱园"。"大酱园"是中国作协宿舍的旧址,之前是山西人生产大酱的作坊,主人售卖宅院时要求买家连同300多口酱坛一齐买下,于是入住的作家们就以"大酱园"来为这个居所命名。大酱园为三进院落,临街有一铺面,这座宅院名人荟萃,著名作家萧乾、赵树理、刘白羽、严文井、陈白羽等都曾在此居住过。"大酱园"对萧乾来说有着许多美好的回忆,当年他就是在这里和文洁若结为伉俪,婚后翻译了《莎士比亚戏剧故事集》、《好兵帅克》、《大伟人江奈生·魏尔德传》等经典著作,并写下

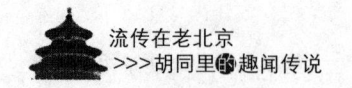

了《凤凰坡上》、《万里赶羊》、《时代在草原上飞跃》等优美动人的不朽文章。

萧乾和文洁若是在工作中认识的。那时文洁若刚从清华大学外文系毕业不久,两个人在工作的交流中逐渐增加了了解。文洁若被萧乾的学识和才华深深吸引,萧乾谈吐幽默、为人率真,文洁若无时无刻不被他强大的个人魅力所吸引,他们顺理成章地恋爱了。然而当这对恋人宣布喜结连理时,竟有许多人奉劝文洁若不要嫁给萧乾,原因是萧乾有过三次失败的婚姻经历,文洁若的父母也不同意两个人结合。在一片反对声中,文洁若依然选择了步入这段不被外界看好的婚姻。结婚前夕,萧乾毫不隐瞒地将自己过去的感情经历和盘托出,他的真诚打动了文洁若,她相信他就是能给予自己一生幸福的那个人。之后萧乾请文洁若看了一场以成渝铁路竣工为主题的话剧,其中有一句台词是"我们四十年的愿望终于实现了",萧乾听完后颇有感触地捏了一下文洁若的手,轻声对她说:"我四十年的愿望也实现了,我终于有家啦。"面对萧乾浪漫的表白,文洁若满心欢喜。萧乾漂泊了大半生找到了自己的港湾,而她则是在自己年华最灿烂之时幸运地找到了归宿,两个人都固执地相信他们能像古人说的那样执子之手、与子偕老。

随后萧乾和文洁若举办了一场简约的婚礼,宴请的都是熟识的亲朋。大婚之日,萧乾带着文洁若走进了东总布胡同"大酱园"。进入婚房后,文洁若看到桌案上摆放着一盆盛放的粉红色月季,除此之外,居室里再无任何装饰物,月季还是萧乾的老友赠送的。萧乾对这间简陋婚房的解释是:两个人的感情不是建立在隆重的婚礼和奢华的房子上的,浮华的东西并不能持久,唯有真爱可以永存。

婚后,萧乾和文洁若恩爱有加。文洁若非常支持丈夫的事业,在她的鼓励下,萧乾在短短三年里就出色翻译出了《莎士比亚戏剧故事集》、《好兵帅克》和《大伟人江奈生·魏尔德传》三部经典巨著。其中《莎士比亚戏剧故事集》出版后狂销近 100 万册，广受读者喜爱。1955 年，萧乾向作协秘书长郭小川表达了自己想创作的欲望。没过多久，他就离开了译文社，并向作协提交了到开滦体验生活收集小说素材的计划。次年春天他的请求被批准，可惜他的开滦之行没了下文，因为《人民日报》需要他担任文艺部顾问。萧乾不负众望，1956 年，他探访阔别多年的内蒙古，强烈地感受到了故乡的巨大变化，为了热情歌颂中国崭新历史时期取得的光辉成就，他一口气写下了《土地回老家》、《凤凰坡上》、《万里赶羊》、《大象与大纲》、《餐车里的美学》、《草原即景》、《时代在草原上飞跃》等多篇好文章。其中反响最强烈的是《万里赶羊》，这篇文章发表在 1956 年 10 月的《人民日报》上，并刊登了好几封读者的来信，从此文艺界对萧乾也更加重视。由于萧乾大受欢迎，"大酱园"的客人也多了起来。

萧乾一生翻译创作的文字达 800 万之巨，他写文章喜欢一气呵成，黎明时分就开始写，一连四五个小时都不停笔。

如今我们探访东总布胡同的大酱园，已经难觅昔日的胜景。这座宅院里只留下了几间冷清的小屋，院后已经成为一片开阔的平地，地上野草丛生，一派荒凉萧索的景象。然而这里曾是萧乾寻梦爱情和文学的地方，它见证了萧乾人生中极为重要的时刻。如今它传达给我们的理念是，朴实无华的事物是值得珍视的，任何浮华的过往都将成为云烟，而质朴真实的东西则具有永恒的生命力，爱情如此，文学亦如此，生活如此，事业亦如此。

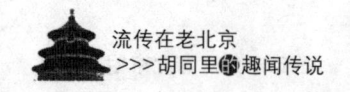

22. 辟才胡同

辟才胡同位于北京市西城区中部，呈东西走向，东起西单北大街，西至太平桥大街，现已被拓展为宽阔的交通干道。胡同全长为877米，均宽为32米，全线铺设了沥青路面。元代时此地建有大佛寺，故明代以"大石佛寺"命名该胡同。清朝时此地因有一处劈柴市场而被改称为"劈柴胡同"。光绪三十一年（1905），臧佑宸在胡同里兴办了京师私立第一两等小学堂，还为学校拟写了朗朗上口、昂扬奋进的校歌。由于校歌中有"开辟人才"等语，辟才正与胡同名"劈柴"是谐音，故胡同改称为"辟才胡同"。辟才胡同学校云集，除了京师私立第一两等小学堂外，殖边学堂、北京筹边高等学校、北京女子师范学校附属中学等都设在此地，可见辟才胡同是名副其实的开辟人才之地。

辟才胡同的逸闻传说

相传，明朝大将徐达来到京城后，将元大都的内城朝南拓迁，此地人口才兴盛起来。一位以打柴为生的张姓人家也随之迁居这里。张家人每日都到山上打柴，而后把木柴劈好背到市场上售卖。夫妻二人膝下有三个孩子，一家五口过得不是很富裕，但也并不算太清苦。长子张大有头脑灵活，颇有经商天赋，长大成人后开办了一家劈柴厂。因为经营得法，生意非常红火，张家渐渐地变成了令人羡慕的富户，还修建了几间气派的大房子。

人们见张家的劈柴生意那么好，也纷纷效仿张大有干起了劈柴的行当，越来越多的人迁入此地出售劈柴，劈柴市场的交易空前火爆。后来张家的劈柴厂在一场特大火灾事故中蒙受了巨大经济损失，生意从此萧条下来，但是这一带的劈柴贸易并没有受到波及。辟才胡同南侧的大木仓胡同就是当年经营木材的场地。明朝洪武后期，朝廷改造都城，把它划分为阜财坊。到了清代它隶属于镶红旗，改称为劈柴胡同。从明朝至清朝中期，在劈柴胡同聚居的都是以劈柴为生的穷苦人，鲜有官宦之家择居此地。

关于辟柴胡同的由来还有一个传说，传闻在民国时期，有位地位显赫的官员在辟才胡同西口路北居住过。大官的府邸非常气派，是三重院落格局，许多房间空置着没有人敢居住。对面有个卖馄饨的小贩，名叫张二，他边卖馄饨边看护着宅院。一天，有个叫李二的乞丐，带着妻儿来到了门前。张二问他有何贵干，李二回答说想找处地方住宿。张二说："这座院子挺阔气的，以前一直没人敢居住，你要是有意在这儿居住，我可以把钥匙交给你。"李二听后拍着胸脯说："我一个讨饭的，还有什么怕的。"于是他就在大门附近的南房里安顿了下来。

到了夜里，李二壮着胆子起身来到了第一层院落，他倒是想看看大宅院里究竟是不是闹鬼。他推开院门，没听到任何响动。进了第二层院落，依旧鸦雀无声。走进第三层院落的时候，他看到门口有名守卫在站岗，正房北屋灯火明亮。他走了过去，守卫毕恭毕敬地对他立正。他继续往前走，屋子正座上端坐着一个白胡子老头儿。他见了李二便恭迎道："主人来啦！快接主人。"这位神秘的老者到院子里挥了

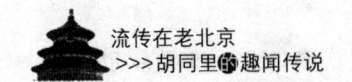

挥手,所有的灯都点燃了,整座院子变得灯火辉煌。老人请李二坐到正座的位置,说道:"公子,我可是把你盼来了。你的家产我们已经为你看守了整整28年了。就是不知道到哪里寻你。"李二说:"我整天都在外面乞讨,你们当然找不到我了。"老人又说:"你知道一个叫张大的朋友吗?以前你的父亲和他的父亲一起在朝中做官,后来他们被奸臣害死,遇害前给你们留下了一笔财产,交给我们看守。"李二说:"听人说张大现在住在朝阳门外鱼市口,家道中落以后,媳妇自缢死了,家里只剩下他一人。而今他摆了个钉鞋摊,赚了些手艺钱。"老人说:"你以后但凡用钱,只要让张大写个字条,写多少我们便付给你们多少。"李二将信将疑,心想天下哪会有这等好事,莫不是异想天开、见鬼了吧?

次日早上,李二没有去行乞,而是直接去了朝阳门外的鱼市口,果真见到了钉鞋的张大。张大问他找自己有什么事,李二谨慎地说不能在大街上讲。于是两人来到张大家里商谈。李二把自己在大宅子里的见闻跟张大说了一遍,告诉他只要他肯写字条,那名老者就愿意付钱。张大似乎对这笔意外之财不感兴趣,对李二说:"我靠修鞋就能养家糊口,何必平白无故地向别人要钱?"最终他经不住李二再三央求,随手撕下一块窗纸,写了张白银200两的字条。李二小心翼翼地收起了字条,到了晚上又去见那白胡子老头儿,老人见了字条,二话没说就给了他200两白银。次日他一大早就把银子送到了张大家,两人的荷包都鼓了起来。后来张大又写了两张500两和一张1000两的字条,两人把白银分着花了。一日,老人要求李二把张大请来算算总账。晚上,李二和张大一同来到了大宅院。刚进门,就看到院子里张灯结彩,像过节一样热闹,众人纷纷下跪迎接他们的到来。老人把他们父辈留下的家产交代清楚了,一共还剩24缸白银。老人说:"你们的父亲曾交代我们,等到你们长大成人就把财产交给你们。"李二和张大闻言便把财产分了，自此，这条胡同就取名为"辟财胡同"，取谐音之后演变成了辟才胡同。

辟才胡同的传说反映出了平民百姓的财富观。由于以前这一地区聚集的都是穷苦人，人们期望过上富裕的生活，所以才有了兴建劈柴厂致富和乞丐继承遗产一夜暴富的故事。百姓的这种心态在当时的历史环境中是可以理解的。但这种价值观念已经不适宜今天的社会，如今辟才胡同的故事传达给我们的理念是，应该依靠自己的双手和劳动获取财富，任何不劳而获的想法都属于空想，是不可取的。古语云："君子爱财，取之有道，用之有度。"这才是现代人应该持有的财富观念。

慈禧垂帘听政背后的秘史

据传辟才胡同是慈禧太后的出生地。在进宫之前，她在这条胡同里渐渐出落成一名端秀丽质的女子。步入紫禁城的圣殿后，她从一位不谙世事的少女一步步蜕变成执掌天下的太后。她精明强干，又很有手腕，垂帘听政统治中国近半个世纪，执掌政权的时间超过武则天和吕后。掌权期间她发动政变，处死异己，镇压太平天国运动，努力维持着清政府摇摇欲坠的政权统治。

对于慈禧的评价以负面居多。在她统治的时期，中国饱受日本和欧洲列强的侵略。作为大清王朝最有实权的人物，她历经了中法战争、甲午中日战争和八国联军侵华战争，而她对帝国主义时战时合的态度直接影响了中国的历史。她或许也意识到日薄西山的封建王朝无法与外国侵略者抗衡，于是一味采取妥协退让的态度，甚至不惜缔结丧权辱国的不平等条约。对外她施用的是实用策略，对内她采用的是高压手段，有时显得极为残忍和冷血无情，她压制光绪帝，阻挠百日维新，

119

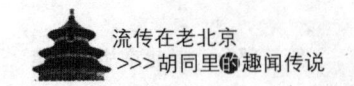

杀害戊戌六君子，杖毙爱国记者沈荩，种种残酷的举措令举国上下一片哗然。然而对于这位强悍冷酷、祸国殃民的历史人物，民间更关注的却是她的戏说故事。

在很多民间传说和影视作品中，慈禧太后都被咸丰帝唤作兰儿或玉兰，不少人误认为"兰儿"即是她的乳名，其实她的真实乳名叫作"杏儿姑"。"姑"是满族人对尚未成年的女性的称呼，而"杏儿"则是因为她家宅院里栽种的几株白杏树，祖父给她取了个大名叫"杏贞"，小名叫"杏儿"，合起来便是忠贞的意思。当年慈禧深居辟才胡同，以杏树得名，深受祖父的疼爱。进宫以后，喜欢玉兰花的咸丰帝册封她为兰贵人，可见当年对其爱慕有加。

慈禧太后还有一个家喻户晓的称号就是"老佛爷"，那么这个称号是怎么来的呢？据说慈禧太后试图二度垂帘听政的时候，几乎无所不用其极，但是，由于中国自古都是男尊女卑，她以"无冕女皇"的身份执掌大权必然会招致朝中大臣的强烈反对，有段时间她终日忧思、心中闷闷不乐。大太监李莲英善于揣摩别人的心思，很快猜到了慈禧的心事，于是命人在万寿寺大雄宝殿的后方兴建了一尊大佛。佛像落成后，李莲英对慈禧说："奴才听说万寿寺大雄宝殿常有两尊佛像显示佛光，此乃吉利祥瑞之兆，恳请太后前去一探究竟。"慈禧闻言颇感新奇，立即起驾出宫。慈禧一路舟车抵达了万寿寺，直接前往大雄宝殿。进了大殿，慈禧发现供奉的还是以前的三世佛，心中不禁升起一股无名火："大殿供奉的不过是原来的三世佛，你怎么说有双佛显光呢？"奴才骗主子其罪当诛，李莲英早有安排，因此并没有因为慈禧的盛怒而乱了阵脚，而是邀请慈禧到后殿御览。慈禧绕到三世佛后面，果然看见大殿中央端坐着一尊慈悲可亲的观音菩萨的雕像，寺中的方丈住持和朝中的文武官员也在场。李莲英忙喊道："老佛爷到。"其他人见状也纷纷跪地高呼："恭迎老佛爷！"慈禧似乎明白了李莲英的意思，但却故意装糊涂:"你们说的是哪个老佛爷呀?"李莲英等人异口同声道:"就是太后您呀,您就是老佛爷呀。""您就是大慈大悲的观音菩萨。""如今先皇驾崩,新皇帝年龄尚幼,国不可一日无君,我等恳请老佛爷垂帘听政,拯救天下苍生!"一席恭维话说得慈禧心情大好,从此"老佛爷"这个称号广为流传,全国上下都称慈禧为"太后老佛爷",于是慈禧就在一片欢呼声中继续垂帘听政了。据说万寿寺的观音像是李莲英命人依照慈禧的样貌做成的,之后慈禧来到万寿寺的大殿烧香拜佛,求签问寿,非常喜欢这尊观音像。她还穿上了寺里专门为她量身定做的观音服,李莲英装扮成护法神韦驮,两个人还高兴地在观世音前合了张影,有人亲眼见过这张照片。

慈禧不仅掌握生杀予夺大权,而且一生荣华,过着富贵时尚的生活。她喜欢收集新鲜的西洋货,照相机、电灯、洋汽车一应俱全,寝宫里还摆放着当时世上最先进的柜式留声机。留声机能播放各式各样的曲子,既有中国的动听小曲,又有西式优美的华尔兹舞曲。这台留声机有一段特殊的来历。1904年,维克多设计出了时下最高档的柜式留声机。这批留声机不对外出售,只有美国的高官政要拥有。当年一名美国官员把这款稀罕物送给了梁诚,梁诚又把它献给慈禧太后作为她七十大寿的寿礼。慈禧晚年酷爱西方的马戏,对照相和跳华尔兹也极为迷恋。那段时间,从慈禧的寝宫经常传出华尔兹的舞曲。有一天,慈禧用过午膳,让德龄和容龄两位公主一起跳华尔兹给她看,两位公主跳完舞后,慈禧非常愉快地说:"华尔兹舞很好看,但是跳舞的人反复地转圈,不会感到头晕吗?"

慈禧当政时期,中国内忧外患,清朝国力日渐衰颓,国家受到欧美帝国主义的挑战。她将自己的私欲凌驾于国家前途之上,不仅与外国签订卖国条约,还对国内进步人士进行迫害,又极其注重个人享乐,对民族尊严和民间疾苦漠不关心。当我们走进辟才胡同,不禁会回想

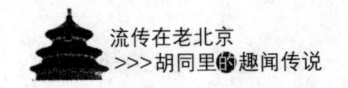

起影视剧中有关慈禧垂帘听政的一幕又一幕，这位影响力仅次于女皇武则天的女性留给历史太多的回味和思考。如今这条胡同向我们传达的理念是，任何将个人野心凌驾于国家民族利益的行为都是极其错误的，或许权力可以暂时起到威慑作用，但公道自在人心，历史会给一切以公正的评判。

23. 三不老胡同

三不老胡同位于北京市西城区，东起德胜门内大街，连通弘善胡同；西到棉花胡同，与航空胡同相连；南通花枝胡同。全长273米，均宽为5米，为沥青路面。因明初三保太监郑和的府第坐落于此而得名，明代时叫作三保老爹胡同，清朝时改称为三不老胡同。胡同的东段路北是一组红砖结构的建筑楼宇，系全国政协宿舍的旧址。

航海第一人郑和七下西洋的故事

相传三不老6号院是郑和府第的正院，其格局大体没发生改变，往昔的规模依稀可见。厚重的木漆门和两旁残败破旧的门墩向世人展示着它历经的沧桑岁月。它的主人是中国历史上大名鼎鼎的郑和，他是世界航海第一人，他先后七次下西洋的经历，成就了人类航海史上的伟大壮举，揭开了大明王朝辉煌壮阔的历史画页。

郑和原本姓马，字三保。由于郑和的祖辈来自中亚，并且常常跋山涉水游历四方，他在这样的环境里熏陶成长，幼小的心灵对外面广阔的世界充满了向往。他熟悉水性，听着各种新奇的冒险故事长大，故从小就有扬帆远航、驰骋天下的夙愿。朱元璋发兵平定云南时，郑和的父亲不幸罹难，11岁的郑和成了俘虏，屈遭宫刑后被带往南京，从此背井离乡，随明军南征北战。战争让这位饱受磨砺的少年迅速成长起来，16岁那年他成为燕王朱棣的贴身侍卫，自此变成了武艺超群的高手。陪伴在燕王身侧的时候，他右手握着悬在腰间的宝剑剑柄，目光凌厉、炯炯有神，仿佛一抬手就能将敌人斩于剑下。少年时代的他不仅日日在燕王府舞刀弄剑，还常常在夜间博览群书，因此成为了一名文武双全的人才，深受燕王朱棣的器重。

1399年，燕王朱棣反抗建文帝削藩，发动了"靖难之役"。这场战争持续了4年之久，郑和跟着朱棣征战沙场，历尽九死一生的考验，胆识和军事才华与日俱增。在战争之初，他就立下了大功，为朱棣取得"靖难之役"的胜利扫清了第一道障碍。当时燕军孤军奋战，处处都处于劣势，势力范围很小，只限于燕赵的几座城池。朱棣大举进攻大宁时，明朝大将李景隆乘虚而入，围困北平。朱棣闻讯赶忙班师交战，郑和献计，一旦李景隆的兵力有所行动，就以精锐之兵左右夹击。朱棣认为此作战方法可行，于是让郑和亲自领兵指挥。郑和冲锋陷阵，多次出生入死，接连攻破李景隆七营，歼敌无数，取得大捷，李景隆败走，整个战局自此扭转。朱棣对郑和立下的汗马功劳一直念念不忘，登上帝位以后，封郑和为内官监太监，官至四品。1404年，他又御赐郑姓。在古代社会，赐姓是一种无上的荣耀，自古以来宦官都未曾得此殊荣，可见朱棣是多么赏识和倚重郑和。

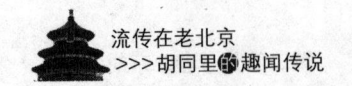

1405年，朱棣封郑和为"钦差总兵太监"。随后的28年时间里，郑和七次远涉西洋，从西太平洋出发，途经印度洋，抵达了西亚和非洲东岸地带。他带领明朝的200多艘船只纵横世界海域，穿越了30多个国家和地区。1421年，朱棣迁都北京，郑和每次下西洋回国后都要返京对皇帝复命述职，于是就在京城的三不老胡同里建造了府宅。郑和在当时是位地位显赫的人物，因此他的宅第相当豪阔奢华，以不少从西洋带回的珍奇异物做装饰，因此可以说三不老胡同也曾风光一时。

　　郑和下西洋是举世闻名的历史事件，它比迪亚士发现好望角早了83年，比哥伦布发现美洲新大陆早了87年，比麦哲伦环球航行早了116年。郑和的船队载重量超过1000吨，满载着金银、丝绸、瓷器、铁器等货物，船员包括水手、士兵、医生、技术人员和翻译，超过27000人。船队规模之大、参与人数之多、航行范围之广，在世界航海史上是史无前例的。

　　郑和是一位和平的使者，而不是一位传奇的冒险家，他肩负与世界各国友好沟通和贸易的使命，先后七次进行了声势浩大的世界航行。每次出发，他都会沿着一些之前不为人知的路线乘风破浪前进。他到达过印度洋沿岸最大、最繁华的香料贸易市场，与东方诸国的商人进行商品贸易，对外表明中国有意大规模地进军海上贸易的愿望。除了加强与各个国家的经济往来，郑和还要打击海盗，保障海路畅通，维持海上贸易的秩序和地区的稳定。1407年，郑和的船队归国途中在马六甲遭遇了海盗的袭击。郑和指挥士兵用火药攻击海盗的船只，击毁了无数艘贼船。猖獗的海盗活动衰退了，通往马六甲的海路从此变得更加畅通和安全。马六甲城也变成了郑和船队的停泊之地。总体来说，郑和沿途经过的国家对中国都是热情欢迎的。

　　郑和下西洋加强了明朝与海外诸国的联系，促进了各国之间的经济和文化交流，向世界展示了中国强大的国力，体现出中国睦邻友好、和平交往的理念。郑和是一位伟大的航海家和和平使节，如今我们走进三不老胡同，首先想到的是他七次下西洋的壮举。现在这条胡同传达给我们的理念是，国与国之间应该以和平友好的方式加强交流与合作，只有这样双方才能更好地发展和进步。郑和的下西洋正值明朝强盛时期，后来清朝的闭关锁国政策导致中国远远落后于西方国家，如此可见，加强与世界的联系对一个国家而言是多么重要。

24. 跨车胡同

跨车胡同位于北京市西城区中部，南至辟才胡同，北至太平桥大街。由于清代时胡同内有造车厂，故而被称作车子胡同。以前北京最短的胡同是一尺大街，在它被并入杨梅斜街后，跨车胡同成了北京最短的胡同，它全长仅有30米左右，而今除保留了齐白石故居外，其余建筑几乎全部拆除。故居孤零零地屹立在车水马龙的大街上，斑驳不堪的大门紧闭着，于闹市之中透出几分落寞与寂寥。

齐白石的笔墨丹青

跨车胡同13号是国画大师齐白石在京居住时间最长的故居，从1926年年底至1957年，齐白石在这里度过了近30年光阴。1926年，齐白石64岁，他的画自从日本展览以后，受到广泛关注，终于打开了销路。漂泊了大半生，他攒足了购置房产的钱，于年底买下了跨车胡同13号宅院。此后，他就一直在这里安度晚年，为此他还专门刻了一方很大的印章"故乡无此好天恩"，意思是家乡的卖画环境根本无法跟京城相提并论。

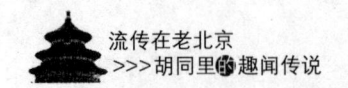

1927年，齐白石应国立北京艺术专科学校校长林风眠之邀，到学校教授中国画。他的绘画和教学方式深受师生们的推崇，在该校任教的法国画家克罗多非常赞赏他的画作。1928年，北京被改称为北平，齐白石任教的学校改称为北平大学艺术学院，从欧洲留学归国的著名画家徐悲鸿出任院长。在中国画坛上，徐悲鸿的名气仅次于齐白石，他笔下的骏马颇有风骨，就像齐白石画的虾一样浑然天成、惟妙惟肖。徐悲鸿深谙中西方绘画，是位创新派大师。当时京城的画坛，被"四王"遗风束缚，中庸守旧、了无生气。徐悲鸿上任后，立志改革中国画画风，但却受到保守人士的强烈反对，他独木难支，就想请齐白石出面支撑局面。为了让齐白石继续在艺术学院执教，他曾三顾跨车胡同寓所。

9月初，徐悲鸿到跨车胡同拜访齐白石。简单寒暄过后，他直接说明了来意："齐老先生是中国画坛上闻名遐迩的大师，我今日来访是想请老先生继续留任艺术学院。"齐白石无意继续任教，便婉言推辞道："徐院长高抬老朽了，老朽年事已高，耳朵背了，视力也变差了，脑袋也不如从前灵光了，恐怕难以担当重任，请院长海涵。"徐悲鸿并没有轻易放弃，而是诚心劝说道："大学教授当中，年过古稀的人大有人在，齐老先生老当益壮，绘画功力无人能及，正是大展宏图之时。"齐白石还是没有被说服："教书育人责任重大，还望院长另请高明，老朽不愿误人子弟。"徐悲鸿只好失望而去。两天之后，徐悲鸿又来到跨车胡同拜访齐白石，再次盛邀齐白石留校任教，齐白石又以自己年过花甲的托词婉言谢绝。

徐悲鸿惜才，不愿错过一代国画大师，于是在百忙之中抽出时间三顾齐白石老宅。那天风雨交加，徐悲鸿毅然前来，态度诚挚。齐白石大为感动，终于道出了自己屡次拒绝任教的实情："老朽本是木工出身，未曾进过一天学堂，倘若在大学登台授课，恐怕会引起师生非议，调皮的学生又会趁机扰乱课堂秩序，课程恐难开展。"徐悲鸿明白了齐白石的顾虑，诚恳地说道："齐老先生所虑虽有一定道理，但本可不必挂怀。学院需要的是有真才实学的教师，并不看重出身。留过学的人也有不少徒有光环，齐老先生不但精于传统绘画艺术，而且表现手法独到写意，不但可做艺术学院的老师，也可做我徐悲鸿的老师。""实在是不敢当，院长过谦了。"齐白石马上说。"事实如此，徐某未曾过谦。"徐悲鸿继续说道，"齐老先生授课时，不用长时间讲授理论知识，只需作画示范给学生，对他们稍加指点。入学初期，我可以陪伴您上课，帮您维护课堂纪律。"齐白石听了这些话，心中顾虑全消，点头道："那就让老朽试试吧。"艺术学院开学第一天，徐悲鸿亲自到齐白石的寓所接他上课，并对全体师生高度赞扬了齐白石的艺术造诣。徐悲鸿言出必行，开学之初一直陪齐白石上课，冬天还在讲台边生火炉为他驱寒，夏天又专门为他安装了风扇。每逢遇上阴雨天，都有专车到跨车胡同接送齐白石上课。

中华人民共和国成立后，徐悲鸿担任新成立的中央美术学院院长，聘请齐白石为名誉教授。齐白石的知名度越来越高，不少学子慕名拜师，跟他学习书画篆刻。齐白石为中国画坛培养了很多杰出的画家，李苦禅、王雪涛、李可染、崔子范等都是他的学生。除了教授学生，齐白石晚年依然工于绘画，很多人都请他作画。1936年，胡佩衡等人请齐白石画蚊子。齐白石第一次画蚊子，不知从何落笔，沉吟片刻便道："蚊子可是害虫，我要画只蛙来消灭它。"于是寥寥几笔画了只欲跳的青蛙，但还没有给青蛙点睛。齐白石又在这只蛙的左上方画了只蚊子，运笔十分精细，一对翅膀细长轻挺，触须和腿又瘦又长，仿佛跃然纸上。齐白石又说："可惜是一幅静态图，一定要让这只蛙看到上面的蚊子在飞才行。"说完他就用笔点出了蛙眼，让青蛙盯着飞蚊看，之后为画作做了题记。画完后让胡佩衡等人发表一下对这幅画的

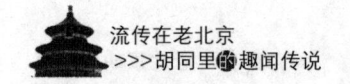

看法，胡佩衡等人佩服地称赞道："齐老先生对世间万物了然于胸，运笔有如神助！"

齐白石有个侄子在赴南洋经商前，请他作一幅画留作纪念，齐白石画了幅大有寓意的国画。侄子在新加坡开起了店铺，由于经营管理不力，小店倒闭了。他想回到中国，一时囊中羞涩，于是就想卖掉齐白石的画作当路费。他把画高挂门外，并写明此画系国画大师齐白石所作。人们但见画中有一直条，下面随意点了七八个点，看不懂其中的寓意，纷纷拂袖而去。后来在一位老者的建议下，侄子写信给齐白石询问方明白画意：那根直条是一棵树的简体，其下的七八个点代表的是落叶，寓意便是希望他落叶归根。

一次一位国际要人访华，特地请齐白石作画。齐白石挥笔泼墨，片刻就画好了一幅写意的《牡丹醉春图》。不料，一滴墨溅落到了画纸上，旁侧的人都为这幅好画惋惜。齐白石却泰然自若，轻轻在墨点上描画了几下，顷刻，画上的污点变成了一只栩栩如生的小蜜蜂，《牡丹醉春图》更加神韵备至，观画者不禁鼓掌叫好。齐白石还幽默地对翻译说："这只小蜜蜂可算得上是国宝吧。"

如今齐白石故居成为跨车胡同唯一的风景，我们驻足在故居门前时，脑海里不禁浮现出齐白石老先生一幅幅活灵活现的画作。这条胡同向我们讲述的风云中国画坛的艺术大师晚年创作的故事，而今它传达给我们的理念是，唯有真才实学才能让自己大放光彩，虚名并不能代表什么，成功最重要的要素是扎实的基本功和货真价实的过硬本领。

25. 丰富胡同

丰富胡同位于北京市东城区东华门地区，呈南北走向，南起灯市口西街，北至大草厂胡同，全长178米，宽3米，为沥青路面。清代时属于镶白旗，乾隆年间称"风筝胡同"，宣统时期称"丰盛胡同"，民国时期沿用此称呼。1965年北京市整顿城区地名，由于与西城区丰盛胡同重名，遂改称为"丰富胡同"。现在，胡同内大部分为民宅。

老舍钟爱的丹柿小院

丰富胡同19号是人民作家老舍的故居。1949年，老舍从美国归国后托人买下了这座宅院。1950年3月，他迁往该院落居住。老舍对这座普通的四合院还是很喜欢的，曾亲手在院子里种下了两棵柿子树来美化环境。每逢秋季到来，枝丫上满是橘红色的柿子，像一只只小小的灯笼似的，既喜庆又好看。老舍的太太胡絜青为此还给这座小院取了个风雅的名字，叫作丹柿小院。

老舍在丹柿小院笔耕不辍，创作了话剧《方珍珠》、《龙须沟》、《全家福》、《茶馆》等，小说《西望长安》、《无名高地有了名》、《正红旗下》，还写下了大量的诗歌、散文、杂文和曲艺作品。其中《茶馆》

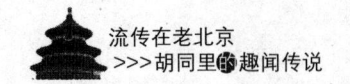

反映了中国近代史,被视作史诗级的作品;《龙须沟》则是热情讴歌新中国社会气象的剧作。1951年年底,老舍荣获"人民艺术家"的称号。1966年8月,老舍去世。1998年,老舍的故居被改建成老舍纪念馆。

丰富胡同19号(旧时为丰盛胡同10号),是一座二进宅院,占地面积为500平方米。屋面为合瓦清水脊,墙体四周以整砖砌成,中间为外罩灰皮的碎砖墙。小院的格局中规中矩,没有任何浮夸之意,布局的设计极具匠心。老舍晚年的所有作品几乎都是在这座小院里创作完成的。当年他就在这平凡却不失雅趣的温馨小院里,望着两株柿子树,酝酿和构思一部部脍炙人口的佳作。

1950年,老舍创作了话剧《龙须沟》,通过描绘北京四合院里四户人家在新旧社会截然不同的人生境遇,反映出时代变迁带给人民心态和价值观念的改变,热情赞颂了新时期人民生活翻天覆地的变化。《龙须沟》取材于北京轰动一时的整治下水道事件。龙须沟位于天坛北侧,旧时是一条排水明沟,沟中积满了肮脏的污水和雨水,由于无人整顿,变成了北京最大的臭水沟,严重影响市容环境和居民生活。中华人民共和国成立以后,政府彻底整治了这条臭水沟,不但改善了龙须沟的周边环境,还在周边建起了许多工厂,解决了大量劳动力就业的问题,一些足不出户的底层妇女成了工厂的女工,拥有了全新的社会身份。

为了写好这部话剧,老舍亲自到龙须沟体验生活。患有腿病行走不便的他硬是拄着拐杖,随助手一起来到了改造好的龙须沟边。老舍没带纸笔,不做任何记录,他随和地和当地的百姓聊天,问他们以什么活计为生、能赚多少钱等日常工作生活的琐事。聊完家常以后,老舍很快找到了灵感,没过多久就完成了话剧《龙须沟》的创作,把剧本交给"老人艺"话剧队(系北京人民艺术剧院前身)编排。导演焦菊隐认为龙须沟的故事发生在北京，应该用地道的北京话演绎，遂把剧本中 70% 的普通话台词都改成了北京方言。因此，《龙须沟》留下了两个版本的剧本：老舍以普通话拟写的文学剧本和焦菊隐的方言演出本。1951 年 2 月，《龙须沟》在北京剧场首次公演，剧名是市长彭真亲自题写的，可见对这部剧的重视程度。几个月后，该剧在中南海怀仁堂公演，获得了一致好评。

1956 年，老舍创作了话剧《茶馆》，这部作品是他晚期创作中最优秀的力作。《茶馆》的成功和老舍丰富的人生阅历是分不开的，他自幼丧父，母亲靠替人缝补衣服维持生计。他从小就对北京平民的生活耳濡目染，为日后的创作积累了大量的素材。再加上他家附近就有一家茶馆，因此他对茶馆的文化和氛围再熟悉不过了。老舍爱喝茶，在丰富胡同创作时经常是边品茗边疾书。他尤爱浓茶，对茶的品类却不挑剔，绿茶、花茶、红茶均可。

《茶馆》把宏大的故事架构置于一间茶馆当中，通过三教九流不同阶层人物的经历展现时代的变迁，全剧人物近百，时间跨度长达半个世纪，涵盖了戊戌变法、袁世凯下野、国民党进京等重大历史事件，俨然就是一部丰富的中国近代史。话剧通过茶馆中人物生活方式的转变来展示历史的巨变。如清朝末年，人们逗鸟、占卜、买卖古玩，洋货充斥中国市场，农村凋敝；民国初年，国人饱受战乱之苦，王掌柜租房给大学生，引进了西洋货留声机；30 年以后，王掌柜年老体衰，日本投降了，内战又开始了，茶馆生意惨败，他最终痛苦地走上了不归路。

老舍非常善于刻画小人物，比如王掌柜谨慎圆滑、精明干练，富有同情心；常四爷耿直刚强；刘麻子狡猾无赖。剧中的台词既富含深意又幽默风趣，比如："年轻的时候有牙没花生仁，老了以后有花生仁没牙。""改良！改良！越改越凉！冰凉！"全剧以喜剧的方式来展示时

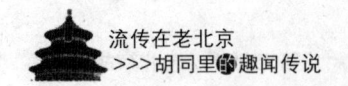

代的悲剧和个人命运的悲剧。各派势力人物、各种社会矛盾交织在一起，于悲悲喜喜中凸显宿命的讽刺。这部经典之作老舍仅用了三个月的时间就完成了，但该剧作在中国话剧领域一直有口皆碑，公演以后大受欢迎，曾被西方人誉为"东方舞台上的奇迹"。

老舍作品的最大特点是语言鲜活生动，字里行间幽默无处不在。在日常生活中，老舍也是位幽默大师。1962年秋末冬初，作家楼适夷穿过丹柿小院，来到书斋拜访老舍。当时老舍正在低头伏案创作，楼适夷问道："先生在写什么大作呢？"老舍打趣说："我正在当'奴才'，为'皇帝'润饰稿子呢。"楼适夷不明所以，经询问才知道，原来是老舍正在为清朝末代皇帝的自传《我的前半生》做润色工作。同年11月，出版社的工作人员来到丰富胡同，登门讨教溥仪自传的若干问题。老舍不但就遣词造句和表现手法上提出了许多中肯的意见，还表达了自己对这本自传的看法，对它的文学价值给予了肯定。溥仪的《我的前半生》里有不少值得玩味的京味，可见当年老舍付出了不少心血。

而今当我们走进丰富胡同，站在老舍纪念馆面前，仍然可以联想到当年老舍在他的丹柿小院认真创作的样子，他的人生和作品就像这条胡同的名字一样丰富。虽然这位文学大师已经作古，但这座宅院完整记录了他晚年的故事。它向我们传达的理念是，任何形式的创作都离不开生活的积累，平凡琐碎的生活恰恰是文学最好的素材，因为真实所以才更容易打动人心，老舍在文坛上的成功充分说明了这一点。

26. 鲁班胡同

鲁班胡同位于北京市东城区（原崇文区）龙须沟附近，呈南北走向，全长为500余米，原名为鲁班馆胡同，因鲁班庙坐落于此而得名。鲁班庙有三道门，中间一拱门，两侧各有一门，庙内有一座正殿，两侧均有一配殿。正殿正中央所供的是黑髯红袍的鲁班爷，两侧有几尊慈眉善目的佛像。鲁班胡同中段与东西走向的锦绣三条交会，以交点为界，北面是规整的四合院，南面是工商户，鲁班庙就掩映在四合院中。

木工开山鼻祖鲁班的传说

如今木匠师傅们所使用的锯、钻、刨子、铲子、曲尺、墨斗等工具，相传都是由此行业的开山鼻祖鲁班发明的。鲁班是我国古代一位非常出色的手工艺人和发明家，他的名字几乎家喻户晓。有关他发明创造的故事在民间流传了两千多年，可见人们对这位技艺高超的民间奇人的尊敬和热爱。

相传，国王想要修建一座豪华的大殿，足足需要300根梁柱，他给了鲁班半个月期限去伐木造梁。鲁班每天带领着众徒弟上山砍树，

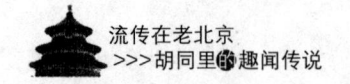

从早到晚挥汗如雨，一连伐了 10 天树，累得精疲力竭，却只伐好了百余棵树。当时建造大殿的屋瓦石材都已准备齐全了，国王特定的吉日即将到来，如果动工时木料没备全，那么全体木工都要被斩首。这可如何是好呢？到了夜里，鲁班辗转反侧难以成眠，他想自己决不能在这个时刻坐以待毙，于是立即动身走向了深山。他抬头仰望满天星斗，启明星从地平线上升了起来，似乎提醒他新的一天又要开始了。

鲁班正在为造梁的事发愁，突然感到手上吃痛，好像不知被什么东西割破了。鲁班倒吸了一口凉气，定睛一看，他那只结满茧子的手被划开了一道大口子，血水汩汩地流了出来。鲁班在周围查看了一下，发现是丝茅草划的。为什么这种草会如此锋利呢？他随手摘下一片草叶仔细观察，原来草叶边缘长有很多细密的小齿。回转身，他又发现草叶上多了一只张牙舞爪的大蝗虫，那只蝗虫正张着两颗大板牙贪婪地吞食草叶。鲁班好奇地把蝗虫放在手心里端详，发现它的板牙上也长着细小的利齿。鲁班望着手上的丝茅草和草叶上的蝗虫，忽然恍然大悟。他喜出望外地砍了一株毛竹，用它制成了竹片，又在上面刻出了许许多多的锯齿。用这种新发明的工具锯树，仅仅拉动了几次，就轻而易举地把树皮割破了。加大力度之后，树干立时被划出一道深深的沟壑。可是竹片不是很耐用，时间一久，上面的锯齿有的变钝了，有的断掉了，看来这种工具还需要加以改进。什么材料最结实、最持久耐用呢？当然是铁，铁既不易变形也不易折断。鲁班心中有了把握，高兴地飞奔下山，直奔铁匠铺，请铁匠依照竹片的样式锻造了一根布满锯齿的铁条。鲁班使用带齿的铁条锯树，既省时又省力，很快就砍倒了一棵大树。这种铁条就是锯的雏形，多亏了这种新式工具，鲁班和徒弟们只花了 13 天的时间就伐好了 300 根梁柱，提前完成了任务，也免除了灾祸。

身为一名出色的木匠，鲁班每天都要面对木料。他技艺精良，尤其擅长用斧，寥寥几下就能将木料劈成所需的形状。"班门弄斧"这一成语说的就是在大师鲁班面前炫耀用斧的技能，完全是自不量力。可见鲁班用斧的技术已经达到了炉火纯青的境界。但斧子不能让木料变得更光滑，如果遇到木质结构粗粝或疤节众多的木料，处理起来就更困难了。为了解决这个技术难题，鲁班日思夜想，他尝试着制作了一把轻薄的斧头，把它打磨得很锋利，使用起来确实不错，不过还不是尽善尽美。鲁班琢磨了一会儿，又动手磨制了一把更小巧、更轻便的斧头，还在上面精心地罩了块铁片，斧头被包裹起来只露出一条狭窄的斧刃。鲁班改变了使用方法，不再用它砍木材，而是用这窄刃推木料。每推一下，木料都会被削去一层薄木片。十几下过后，木料的表层又平滑又光亮，比斧子好用多了。可是这窄刃比较磨手，推动起来也有些吃力。鲁班灵机一动，又制作了一个木座，将窄刃安放在里面，刨子就做好了。

鲁班做细木工时，经常碰到直角。他虽然可以使用矩来画直角，可是操作起来非常费力。鲁班为了让工作变得更简便，对矩加以改进，发明了一种"L"状的木尺，用它来量直角，比矩可方便多了。后人称它为鲁班尺。有了它，木工在做精细活时再也不犯难了，做出的木器横平竖直，精准度大大提高。

鲁班不仅能制造各类木工生产用具，还是一位杰出的机械发明家，据说石磨就是他发明的。我们知道手工艺人没有固定的工作地点，即使是能工巧匠也不例外。鲁班为了生计常年在外奔波，哪里有木工活就到哪里工作。有一天，他做了一上午工，实在乏了，便坐下来休憩。身旁有户人家正打算做午饭，可是家里面粉都用完了，于是他们自己动手磨面。他们把一些麦子装到石臼中，然后持笨重的石杵使劲将麦粒捣碎。这可不是什么轻松活，捣麦的人累得大汗淋漓，却没捣碎多少麦粒。由于麦粒是饱满的椭圆形，用力过轻，麦粒不碎，用力

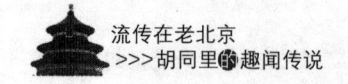

过猛，麦粒又被打跑了。总之力度很难掌握得恰到好处，当时人们都是用这种笨拙的方法来磨面粉的。鲁班暗暗下定决心要改变这种状况。

又有一天，鲁班到了另一个环境做活，碰到了一个正在捣麦粒的老妇。老妇太过年迈，已经没有力气举石杵了，所以她不得不扶着石杵，慢慢地碾着麦粒。鲁班走到石臼旁一瞧，发现一堆麦粒都被研成了面粉。鲁班顿时心中豁然开朗。回家后，鲁班让妻子准备两块石料。他对着石料凿了一通，制成了两个圆形的石盘，又分别在每个石盘的一面凿下一道道槽。他还给一个石盘安装了木柄。邻居们都不清楚他又在琢磨什么新东西，都围过来看热闹。他们看到鲁班将两个石盘叠加到一起，凿槽的两面紧挨着，有木柄的石盘在上方，正中心还安装了轴。他抓起一把麦粒放到石盘中间，而后手推木柄转动上面的石盘。一会儿工夫，麦粒就被研磨成了粉末。这种磨面粉的石盘就是我国广大农村地区经常使用的石磨，两千多年来，人们一直使用它来磨制面粉，操作起来方便极了。

2400多年来，民间一直在传颂鲁班发明创造的故事。其实许多的发明都是我国古代劳动人民集体智慧的结晶，人们将其编织在鲁班的故事里，是为了表达对这位木工开山鼻祖的敬仰和爱戴，鲁班实际上是广大勤劳的劳动人民的化身，他象征着民间智慧。当我们走进鲁班胡同时，不禁会想起鲁班大师的各种民间传说。如今这条胡同带给我们的理念是，实践出真知，任何有创造性的劳动都是源于生产生活实践，只要在平凡的工作中不断总结经验，不断开拓思路，就能做出不平凡的成绩来。

27. 粉子胡同

粉子胡同位于北京市原西城区东南部，呈东西走向，东起西单北大街，西到西斜街，全长约为400米，均宽为4米。由于粉子胡同在明代曾是烟花之地，故而得名。它是北京现有的上千条胡同中少数几条历经明朝、清朝、民国多个历史时期，名称沿用至今的胡同之一。遥想当年，每当夜幕降临，粉子胡同灯火阑珊，笙歌曼舞，绣帘红烛，滚滚红尘之中充斥着无尽的风花雪月和俗世的颓靡。如今的粉子胡同，褪去了昔日的浮华，在浮躁喧嚣的都市中它选择了静默和安宁。在亲历了无数历史的风雨后，它终于找到了属于自己的平和。

珍妃的清宫遗梦

粉子胡同4号是光绪帝的珍、瑾二妃的娘家。珍妃和瑾妃是同父异母的亲姐妹，两人在进宫前一直住在这里。如今珍、瑾二妃的娘家大院依然蔚为壮观，青砖灰瓦的宅第、色泽厚重的木门、古朴的门墩、保存完好的上马石，无一不在向世人彰显着院落主人的显赫家世。粉子胡同因为两位名妃而闻名京城，如今宅院里的屋宇年久失修、残损

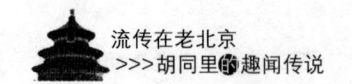

不堪，但二妃的故事还是那么鲜活地保留在民间的传说当中。珍、瑾二妃是清朝工部礼部左侍郎长叙的一双女儿，两姐妹一起在粉子胡同长大，于光绪十四年（1888）同时入宫，被封为珍嫔和瑾嫔。

珍妃不仅清秀姣美，而且活泼可爱，初入宫时光绪帝便对她产生了好感。单独相处了几次，光绪帝更觉得她兴趣广泛、贤淑大方，于是对她萌生了爱意。在政治上郁郁不得志的光绪帝将美丽又善解人意的珍妃视为知己，两个人的感情迅速升温。珍妃擅长琴棋书画、知书达理，同时又活泼可人，经常变着法子让性情压抑的光绪帝高兴。光绪帝常让她随侍在旁，两个人还经常互换服饰嬉戏，这给长期处于苦闷中的光绪帝带来了不少欢乐。珍妃涉世不深，经常打破各种束缚。当时宫中禁止照相，说摄影会被摄取魂魄，珍妃不理会那一套说辞，常常打扮得花枝招展地站在镜头面前拍照，还常常穿上男装逗光绪帝开心，令光绪帝一扫心中阴霾。

慈禧最初也很喜欢珍妃，甚至让她帮自己批阅过奏章，还曾让宫中的供奉缪素筠教她画画。后来因为内侄女隆裕皇后的不断挑拨，慈禧与珍妃的关系发展到水火不容的地步。光绪帝宠爱珍妃，引起隆裕皇后的不满。隆裕皇后比光绪年长，又长得其貌不扬，看着光绪帝与珍妃出双入对、开开心心，而自己备受冷落，不禁妒火中烧。她凭借自己后宫之首的地位和与慈禧的亲戚关系，不断地在慈禧面前搬弄是非，以致慈禧对珍妃的印象变得越来越差。光绪帝因为隆裕皇后的告状行为而大为不满，夫妻感情失和，使得隆裕皇后对珍妃更加忌恨。宫闱之中，隆裕皇后与珍妃之间兴起了一阵阵风波。

隆裕皇后费尽心思寻找珍妃的把柄，最后终于从李莲英耳目那里打探到重大消息。裕宽想谋得福州将军的职位，先是向李莲英行贿，因为李莲英开价过高，又加之其关系与珍妃娘家较近，于是改为贿赂珍妃。此事一出，宫廷内掀起轩然大波。光绪二十年（1894）十月二十八日，光绪帝到长春宫东暖阁向慈禧跪安，慈禧一脸严肃地坐在榻上，对光绪帝不闻不问。光绪帝就一直跪着，不敢发声。等了一个时辰后，慈禧才说："珍妃、瑾妃的事，皇帝不要干涉，不能任由她们扰乱朝纲。"光绪帝不清楚发生了什么事，但又不敢多问，只好闷闷不乐地回到了养心殿。光绪帝正在思索慈禧言语的意思，太监过来禀报说清晨慈禧命令李莲英对珍妃、瑾妃施以杖责，珍妃的胞兄被革职查办，发配边疆。据宫廷御医档案记载，珍妃十月二十八日脉细微弱，脉相紊乱，气血不调，胸闷肋痛，还发高烧。到了深夜，御医到内宫对珍妃进行急诊，可见珍妃当日确实受过杖刑，而且伤势很重。

珍妃支持光绪帝变法，使得她和慈禧的关系雪上加霜。光绪帝表面亲政，实权却掌握在慈禧手里，国家大事基本都是按照慈禧的旨意办理的。光绪帝不甘心受制于人，于是发展帝党和以慈禧为首的后党进行了一系列夺权斗争。甲午中日战争，中方战败，屈辱地向日本割地赔款，引发国内爱国志士对慈禧统治的不满。康有为"公车上书"后，光绪帝下定决心要变法革新。珍妃的老师和康有为创办了强学会，珍妃也加入维新变法的行列当中。在珍妃的建议下，光绪帝召见了康有为，表明自己支持变法的立场。慈禧通过耳目得知光绪帝的行动后，心中大感不安，她暂时还不想与光绪帝决裂，就将所有的怒气发泄到珍妃身上。一天，慈禧怒不可遏地召齐了宫中妃嫔，光绪帝也在现场，她逐一数落珍妃不合宫中规矩的罪状：照相、和皇帝互换装束、乘坐八人肩舆等，下令将其责打。暴怒之下的慈禧甚至亲自扇了珍妃两耳光，珍妃受尽屈辱，不但身上有伤，脸颊也肿了起来。光绪帝跪在地上苦苦求情，慈禧余怒未消，依然怒视珍妃。珍妃噙着眼泪，心中有万般的委屈。此后珍妃饱受苛待，慈禧发动戊戌政变之后，软禁了光绪帝，自己垂帘听政，将珍妃囚禁在北三所。

光绪二十六年（1900），八国联军发动侵华战争，慈禧准备仓皇出

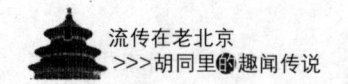

逃。逃跑之前她召齐了后宫嫔妃，装腔作势地说："如今洋人就要攻进京城了，为了皇家的体面，你们誓死也该保住自己的清白之身，为今之计唯有跳井了。"说罢她命令珍妃第一个跳下井去。珍妃以为还有回旋的余地，便说："不如请老佛爷先走，我和皇帝留在京城与洋人谈判，也许事情还能有转机。"慈禧一听，满腔怒气，当初如果不是洋人干涉她早就把光绪帝废黜了，这次八国联军侵华居然要求光绪帝掌权，她绝不能让光绪帝留京，否则后患无穷。珍妃的一番说辞激怒了慈禧，她顿时起了杀机，命人把珍妃推下井去。光绪帝痛心不已，跪在地上不停地求情。慈禧冷若冰霜，太监二总管来到珍妃身旁，把她推下了井，可怜一个如花似玉的女子年纪轻轻就死于非命。

相传慈禧辛丑回銮后，曾叫人打捞珍妃的尸身。奇怪的是珍妃的尸首不但没有半点腐烂，而且皮肤还非常有光泽，双颊有如凝脂，只不过丢失了一条扎腿的飘带。如今游客经过北京故宫时还能看到珍妃井，不过那口井早已干涸了。珍妃最初葬在西直门外，光绪帝被慈禧毒死后，将她改葬至崇陵，两人生前恩爱，死后也能守在一起。当我们走进粉子胡同，不禁会为珍妃短暂的一生感慨万分，她生于清末，见证了中国几千年来前所未有的变局，也承受了很多苦难，从某种程度上说她是封建王朝政治斗争的牺牲品。而今这条胡同传达给我们的理念是，个人的悲苦与时代是密不可分的，古代旧时女子往往红颜薄命，成为权力之争的陪葬品，而今女性已经从过去的从属地位解脱出来，可以规划自己的未来、掌控自我的命运，所以我们应该感谢我们所处的时代，珍惜我们拥有的机会和生命中所有的美好。

瑾妃的中庸之道

瑾妃是珍妃的姐姐，在家族中排行第四。她不像珍妃那样天生丽质，个性也较为中庸和内敛。和珍妃一同入宫后，光绪帝将珍妃视为专宠，对瑾妃则没有太多的关注。瑾妃个性平和，与世无争，平平淡淡地度过了一生。

瑾妃的人生或许远没有妹妹那么传奇而精彩，但她稳重的个性也使其躲避了种种灾祸，最终得以颐养天年。初入宫时她和妹妹仅仅是嫔级，满6年以后，慈禧因为六十大寿，心里高兴，才册封两姐妹为妃。可是好景不长，不到一年时间，瑾妃就因为妹妹不得慈禧喜欢，被一同降为贵人，好在同年冬天两姐妹又恢复了妃子名号。瑾妃心态达观，她不受光绪帝宠爱，又不讨慈禧欢心，受牵连时也没有太多抱怨。她与妹妹珍妃姐妹情深，妹妹集三千宠爱在一身，她亦不忌妒。两姐妹都喜读诗书，尤其喜欢《红楼梦》，曾专门请画师入宫绘制红楼主题的各类壁画。珍妃被慈禧囚禁后，瑾妃依然是自由身。1900年，慈禧在匆忙出逃时将珍妃害死，瑾妃却顺利地跟随慈禧逃离了京城。1923年，瑾妃回到粉子胡同省亲，她把娘家的每一个院子、每一间屋子都仔仔细细地看了一遍。这里承载了她太多的回忆，她不无感慨地说："好好看看吧，不知以后还有没有机会看得到呢。"

溥仪登基后，瑾妃被尊为兼祧皇考瑾贵妃，继续生活在永和宫。她和溥仪的关系较好，溥仪一直称她为皇额娘，每逢佳节都会与她一同庆祝。溥仪退位后，瑾妃的上徽号为端康皇太妃。次年隆裕太后去世，瑾妃在后宫中的地位大大提高。四大太妃中，她年龄最轻，思想也比较开明。溥仪议婚时，她支持立婉容为皇后。

瑾妃喜爱作画，时常以丹青妙笔自娱自乐，她晚年的书画有一些完好留存了下来，以画窥人逐见她的个人品位。瑾妃是个热爱生活的人，好美食、喜收藏，尤其喜欢吃天福号的酱肘子，有时还亲自下厨烹饪，清朝的王公旧臣都对她烹制的佳肴赞不绝口。她收集了不少不同种类的精美钟表，永和宫东西配殿内的瓶盘盆景都镶有做工精细的

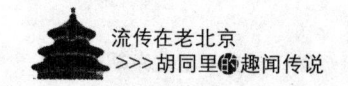

铜表，座钟内也有花鸟和人物作为装饰。瑾妃还非常喜欢看戏，1923年时，她还专门邀请了京戏大师梅兰芳入宫唱戏为自己贺寿。

慈禧死后，瑾妃的日子好了很多。她在珍妃井北面专门为妹妹设了灵堂，取名为怀远堂，又为妹妹立了个灵牌，在上面书下"贞筠劲草"，每到朔望之时都会派人到堂中为其焚香祭拜。随着时代的演进，宫里已经允许后妃娘家人在每年的二、八月进宫团聚。但省亲的人仅限于女子和男童，这样一来，瑾妃的母亲和嫡母每年都可以到宫中与瑾妃团圆了。即便如此，深居宫中的瑾妃还是非常想念家人。辛亥革命之后，瑾妃对母亲思念尤甚，她左思右想，终于想出了一个让母女能经常见面的办法。她特地为母亲买下了景山东街东侧的中老胡同32号院落，这座深宅大院有花园、有假山、有亭子，站在亭子里用望远镜望向西南方向，可以看到故宫的北边。母女俩约定好了时间，在同一时刻，瑾妃来到御花园东北部的亭子，她的母亲来到中老胡同的亭子，两人拿起望远镜隔空对望，日复一日、年复一年，一直如此。多年以来，母女俩用这种独特的方式相见，这在中国古代宫廷史上的确是件奇事，浓浓的血脉亲情并没有被宫中的规矩阻隔，它通过一对望远镜隔空衔接了起来。直至瑾妃卧病，瑾妃的老母亲也一病不起，两人才结束了登亭对望的约定。

民国十三年（1924），瑾妃在与溥仪及其他皇族欢度中秋节之后，不慎感染了风寒，五天之后在永和宫逝世，享年51岁，葬于崇陵妃园寝，谥号为温靖皇贵妃。瑾妃个性纯良，为人忠厚，生性淡泊。她和光绪帝只是徒有名分，提起她的名字，或许很多人都不太了解。她是个平凡的女子，前半生不曾得到帝王宠爱，后半生思想开化，见证了新时代的许多有趣的事物，生活得也算比较幸福。

当我们走进粉子胡同，虽然首先联想到这里走出过珍、瑾二妃两个人，但大多都会把焦点集中到个性鲜明、结局凄惨的珍妃身上，往往忽略了总是一团和气的瑾妃。瑾妃一生平平淡淡，宠辱不惊，这也算是一种生存之道吧。如今这条胡同传达给我们的理念是，精彩纷呈的人生固然让人羡慕，但平平淡淡也没有什么不好，平和、豁达的心态可以让我们度过一个又一个心坎，淡然而又乐观地走过人生。

28. 府学胡同

府学胡同位于北京市东城区东北部，东起东四北大街，西到交道口南大街，南通中剪子巷，北通北剪子巷和文丞相胡同，全长681米，宽7米，为沥青路面，因顺天府学设在此地而得名。顺天府学的前身是元朝时期的报国寺。据史料记载，元朝末年有一位和尚在这里修建了寺庙，寺中还没来得及安放佛像，明朝大军就攻进了京城。和尚担心寺院被军队占用，听闻明军尊崇孔圣人，对其所在地秋毫无犯，就急忙把一尊木制的孔子像安放在寺庙内，后来明军果然没有闯进来。由于孔子像已经迁入寺中，所以寺庙只好用来供奉孔子了。

明朝洪武初年，报恩寺作为大兴县学。明永乐元年（1403），大兴县学被升为顺天府学，清朝时胡同沿用旧称，成为明清两代京城子弟读书和考试的场所。据《顺天府志》所载，府学胡同分布着不少名胜古迹，孔圣殿、明伦堂遗址、魁星阁遗迹留存了下来。府学胡同小学和府学胡同幼儿园就兴建在顺天府学的旧址上。胡同西口北部设有文

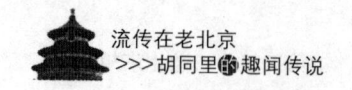

丞相祠，祠堂建于明代，祠堂内存有多块刻石，院落里有一棵参天而立的古枣树，相传是文天祥亲手栽下的。府学胡同36号是清末兵部尚书志和的府邸，现在胡同里大多为民宅。

文天祥留取丹心照汗青

府学胡同63号是文丞相祠，是人们为了纪念南宋抗元英雄文天祥而设立的。祠堂修建于明朝时期，是在文天祥当年被关押的土牢旧址上扩建而成的，至今祠堂完好地保留了明代的建筑风格。祠堂方向朝南，面积约为600平方米。祠堂内保留着明代的《文丞相传》，清代的《重修碑记》、《宋文丞相国公像》等石碑，"生平事迹展览"介绍了文天祥的生平事迹，室内屏风正面书有"人生自古谁无死，留取丹心照汗青"的字样，背面书有文天祥的《正气歌》。后院有一棵古枣树，相传是文天祥当年被关押时亲手栽种的，令人称奇的是枣树虬枝盘曲，但是却都与地面构成45度斜角，并一律朝南生长，似乎有意印证着主人"臣心一片磁针石，不指南方誓不休"的话语。

府学胡同在元朝时期是大都兵马司监狱的所在地。胡同的西口柴市是处决要犯的刑场，文天祥当年被元军俘获后，被关在府学胡同的监狱里折磨了3年多，最后因为坚决不降，而在柴市英勇就义。人们为了祭拜这位爱国将领，就在胡同的路北为他建造了文丞相祠。

文天祥是南宋时期文武兼修的著名将领，他20岁高中状元，出任过刑部要职和地方官职。他有报国之志，为人廉洁正直，深受皇帝倚重。景炎元年（1276），官至右丞相兼枢密使。当时元朝大军正向南宋都城临安压进，文天祥临危受命，到元军驻守的皋亭山商谈议和之事，却被狡诈的元军扣留。他历尽艰险逃出囹圄，一路奔往温州，受到朝廷赏识，出任通议大夫右丞相枢密使，负责统领南宋大军抵抗元军。

景炎三年（1278），文天祥在海丰与元军发生恶战，宋军大败，文天祥被元军俘获。元军统帅威逼利诱文天祥写劝降书奉劝宋朝将领张世杰归降。文天祥断然拒绝，并奋笔写下了《过零丁洋》的著名诗篇，其中"人生自古谁无死，留取丹心照汗青"成为他表达视死如归的不屈精神的千古名句。

1279年，元军将文天祥押送至元大都，关押在府学胡同兵马司监狱的一间阴暗潮湿的土牢中。文天祥宁死不屈，日日在牢狱里面南席地而坐，表示永远都会对南宋尽忠。元军多次派人劝降，提出了的条件十分优厚，均被他严词回绝。忽必烈见文天祥对高官厚禄不动心，又想利用他的家人软化他。他下令逮捕了文天祥的妻子和一双女儿，并将其押往元大都。文天祥捧着女儿的书信，心如刀割，然而他仍然态度坚决地说："世人皆有骨肉亲情，但是事已至此，能为国家大义而死，乃是命中注定的。"他提笔写下了"痴儿莫问今生计，还种来生未了因"的诗句，表示亡国之下家庭的尊严和安全自然不能保全，他绝不会为了与亲人团聚就屈膝变节。

元世祖忽必烈见利用血脉亲情都没能使文天祥降服，逐渐失去了耐性，开始命人对文天祥施以各种酷刑。他们给文天祥铐上了沉重的木枷，又使用种种卑劣的手段使本以恶劣至极的土牢环境变得形同地狱。土牢内晴天时尘土弥漫，呛得文天祥睁不开眼；阴雨天时四处漏水，文天祥全身被打湿，冷得浑身发抖，地面上一片泥泞，简直不堪入目。牢内的柴灶经常腾起阵阵浓烟，文天祥常常被呛得连连咳嗽。酷暑季节，土牢则变成了蒸笼，奇热难当。他们给文天祥吃发霉的牢饭，又让他和一群囚犯挤在狭小的封闭空间里，同时对牢内的污物不加打扫，任凭囚犯们呼吸毒疠。土牢里积满了污秽之物，扑鼻的恶臭简直令人窒息。这种极端的环境非常容易滋生疾病，身体抵抗能力差的人很有可能染病致死。文天祥却在这里度过了三年多的光阴，他依

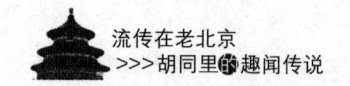

然铁骨铮铮，毫无屈服之意。元丞相孛罗恶毒地对他说："死是很容易的，你想以死报国，我们偏不成全你，我们就是要看着你活着忍受折磨。"文天祥意志坚决地说："我连死都不怕，还怕在牢里受苦吗？"

在那段被囚禁的岁月里，文天祥受尽非人虐待，然而仍然保持着自己的尊严和气节，写下了不少感人至深的爱国诗作。其中《正气歌》全篇散发着一种凛然的正气，诗篇真挚感人，是其狱中生活的真实写照，又是他誓死不屈的悲壮表达。

忽必烈曾问群臣南方和北方最贤能的人是谁。大臣回答说北方人无人可比耶律楚材，南方人没有人可以赶得上文天祥。忽必烈听罢，对这位软硬不吃的铁骨硬汉心生敬畏，下旨授予文天祥高位，派已经归降的宋臣王积翁给文天祥写劝降信。文天祥复信写道："管仲不死，可以名垂千古，我文天祥若不死，就会遗臭万年，被世人唾骂。"王积翁见他如此决绝，知道自己再劝也无济于事，于是悻悻而去。忽必烈又下令赐给文天祥上等佳肴，文天祥拒绝食用，并说他已多年不吃官饭，如今也不会再吃。1282年，忽必烈召见了文天祥，亲自软语规劝，并许诺委以丞相一职。文天祥还是原来的态度："我愿以死报效国家。"

忽必烈终于意识到任何方法都不能使文天祥屈服，他的一切努力不过是枉费心机，于是判处文天祥死刑。行刑那天，天气异常寒冷，兵马司监狱内外有重兵守卫，数以万计的市民目睹了这场死刑。一路上，文天祥面不改色，神态平和安详，他向路人问明了方向，然后从容地整理好衣服，朝南跪下，认真地拜了三次。监斩官问他："文丞相是否还有什么话要讲？倘若肯归降，回奏后可免除一死。"文天祥并不作答，从容赴死，血浸柴市，终年47岁。

文天祥精忠报国、坚贞不屈的精神，受到世人的尊重和歌颂。明洪武九年（1374），北平按察使在文天祥被囚禁的牢狱旧址上修建了文丞相祠，并在府学胡同东西两侧设立了"教忠坊"和"育贤坊"。京城百姓以此缅怀文天祥那种誓死报国的大无畏精神，并一直歌颂他"富贵不能淫，威武不能屈"的英雄气节。当我们走进府学胡同，站在文丞相祠面前时，不禁会为这位民族英雄的一身浩然正气所感动。如今这条胡同传达给我们的理念是，人固有一死，或重于泰山或轻于鸿毛，为气节而死便是死得其所，这样的人将会流芳百世，这样的精神也会世代为人民歌颂，并会一直传承下去，成为一个民族永不变质的灵魂。

29. 烧酒胡同

北京曾有两处烧酒胡同，分别位于王府井大街和朝阳门内大街北小街。前者在民国时已改称韶九胡同；后者在清乾隆时称作西烧酒胡同，因民间烧酒作坊设在此地而得名，宣统时期改称为烧酒胡同，名称沿用至今。烧酒胡同南起朝阳门内大街，西到朝阳门北小街，全长为347米，宽为7米。胡同内分布着许多民间烧酒作坊，胡同东部曾有一处水井，据说酿酒所用之水都是取自这口井，井水清澈甘美，酿出的酒口味纯正、甘洌异常。

胡同至今保留着昔日的古朴风貌，四合院的木框尽管油漆已然脱落，显得斑驳破旧，然而上面的蓝烧瓷旧门牌却依稀可辨。胡同内没

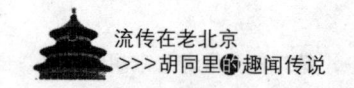

有什么壮观的建筑，连雕砖刻花的如意门也不多见，会让人误以为这里是平民聚居区，然而据史料记载，不少皇室子孙都曾在此地居住过。比如努尔哈赤的第十三个儿子赖慕布、康熙皇帝的第五个儿子恒亲王允祺、嘉庆皇帝第三个儿子绵恺、怡亲王允祥的长子贝勒弘昌、第二代惇亲王奕誴。可见烧酒胡同从前属于贵胄之地。

惇亲王奕誴奇闻趣事多

在烧酒胡同居住过的清朝皇室家族成员之中，最具个性的当属第二代惇亲王奕誴了。奕誴是道光帝第五子，传说如果当年他能早6天出世的话，就能成为大清皇帝。当初道光帝的长子不成器，非但不认真读书，还对老师不敬，时常出言威胁，道光帝恨铁不成钢，暴怒之下对其猛踢了一脚，不想他竟当场死亡。道光帝的二儿子和三儿子也都夭折了，正苦于皇位无人继承时，全嫔、祥妃、静妃先后怀了龙种，道光帝大喜，欲立先出世的皇子为太子。按照怀胎的时间顺序算，奕誴应该第一个出世。可是全嫔为了让儿子成为皇太子，偷偷服用了催产药，所以她的儿子比奕誴早出生6天，被立为皇太子后来继承了帝位，他便是咸丰帝。而奕誴就变成了道光帝的第五个儿子，错过了当帝王的时期，以王爷的身份度过了一生。奕誴9岁时被过继给了惇亲王绵恺，从此入住烧酒胡同里的惇王府，成为大清第二代惇亲王。

奕誴秉性怪异，性格超凡脱俗，在民间留下了不少趣闻传说。按照清廷的规矩，王爷每日上早朝，都要坐轿子进宫。各王府都按照规定匹配了两班轿夫，走在前面的一班轿夫一路抬着王爷，后面的轿夫乘坐马车随行，中途两班轿夫换班，坐马车的负责抬轿，而原来抬轿的坐在马车里跟在轿子后面。奕誴不喜欢用两班人，执意只用一班人马。每天从朝阳门的烧酒胡同出发，一直走到紫禁城的东华门，路程长达五六里远，轿夫们有些受不住。奕誴也体谅他们，允许轿夫在半途中休息。累得气喘吁吁的轿夫把轿子放下来的时候，只听"咚"的一声巨响，轿子重重地蹾了一下，那时蹾了尊贵的王爷，是极大的冒犯行为，要受重罚。奕誴却一点也不在意，坐在轿子里哈哈大笑起来："要是不被蹾一下，怎么证明我是惇王爷呢？"

关于轿子，还有一件趣事。据说有一次奕誴和恭亲王奕訢坐着轿子在一条路上遇上了。奕誴的轿子在前，奕訢的轿子在后，两拨轿夫们开始暗暗较劲。当时轿夫们都比较逞强好胜，动辄就赶超前面的轿子，有时发展成斗殴，乃至酿成血案。因为王府势大，地方官员都不敢过问。恭亲王的轿夫心高气傲，看到前面有轿子就兴冲冲地赶超。按照旧时礼法，臣子不可盖过君王，弟弟不可超过兄长。奕訢发现前面的轿子是五哥奕誴的，就急忙对轿夫说："超不得，前面的是我五哥的轿子！"轿夫们骄纵惯了，不但加快了脚步，还说："奕誴是你哥哥，又不是我们的哥哥。"说罢腿上生风，大摇大摆地超过了奕誴的轿子。奕訢回到王府，气冲冲地责打了那些没规矩的轿夫。

次日，烧酒胡同的惇王府来恭王府传话说，奕誴想借恭王府的轿子一用，昨日抬轿的原班轿夫也要一起借用。轿夫们意识到自己闯祸了，但又不敢抗命，只好拖着带伤的身体抬着轿子去了烧酒胡同。奕誴见了众轿夫，既不责打也不开口骂人，只是让人在王爷轿子里塞满了白银。这些沉甸甸的白银足以赶上自己的体重，他对轿夫的体罚方式是前所未闻的，他让轿夫们抬着一轿银子沿着北京城墙绕圈，并命令手下人严加监督，不允许任何人偷懒。轿夫们本来已经挨过几十大板，又要抬这么重的轿子，还得走那么远的路，心里比挨了打骂还难过。但是他们不敢违抗奕誴，老老实实地抬着沉重的轿子绕着京城城墙根走了一圈，一直到了日落西山才筋疲力尽地来到奕誴面前复命。奕誴这时才慢吞吞地发话道："以后你们还敢超轿子吗？"轿夫们赶忙

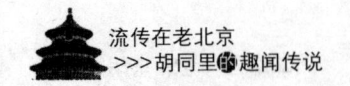

认罪，表示再也不敢了，奕谅这才作罢。

奕谅虽然教训过不守礼法的轿夫，然而他本人并非墨守成规之人，有时表现得非常直率。每年的元旦，六王爷、七王爷、八王爷、九王爷等几位兄弟都要携带福晋到烧酒胡同给奕谅拜年。依照旧时礼数，奕谅的儿媳妇们必须出来恭敬地给婶母们请安，之后还得在旁侧站立。长辈不离开，她们就一直陪着。古时女子头上饰满了沉甸甸的发饰，脚下踩着又硬又高的马蹄鞋，平时这些娇贵的少妇们走路都是让人搀扶的，突然这样长时间侍立，身体自然吃不消。奕谅理解女眷们的苦楚，每逢元旦，他都会直接地对各位福晋说："少奶奶体格弱，不宜久站，请福晋们早些回府吧。"惇王府的少奶奶们自然是对这位怪怪的长辈感激万分，奕谅简单的几句话就让她们少受了不少累。

奕谅的率真在当年是出了名的。咸丰帝驾崩后，慈禧与恭亲王奕䜣谋划铲除肃顺等八位朝中大臣。奕谅听闻后，居然在和肃顺一同用餐时，毫不避讳参与慈禧计划的奕䜣，当着他的面，揪住肃顺的发辫，扯开嗓子嚷道："人家密谋杀你哪！"肃顺无话可说，只得连声说了句："请杀，请杀。"奕䜣颇为尴尬，脸色忽白忽红。当年奕谅是在为肃顺通风报信呢，还是在责备弟弟奕䜣与慈禧同流合污呢？我们不得而知。这个故事只能让我们看到奕谅是个性情中人，即使做出一些啼笑皆非的举动来，也是为了表明个人立场。

当我们走进烧酒胡同的惇王府，不禁会想起有关奕谅的许多趣事。他虽然脾气怪异，但为人坦率，是个没有心机的性情中人。而今这条胡同传达给我们的启示是真性情的可贵，人生有如一张白纸，随着环境的改变难免会沾染各种色彩，如能守住心灵的那份本真和净土，不被外界所同化，是一件多么幸运的事。

奕谅后人挥霍无度败家业

1902年，慈禧传召端王及子孙归于惇亲王奕谅名下。于是"大阿哥"溥儁以奕谅孙子的名分回到了烧酒胡同惇王府生活，正式继承祖业，安定了下来。

溥儁这位清末的皇室子孙，凭借自己八旗子弟的身份，获得了不少实惠的收益。他窘迫过，但自从"认祖归宗"后，日子一天天好起来，因此出手变得阔绰起来，从来不为未来做任何打算。辛亥革命后，封建王朝虽然被推翻了，但前清的遗老遗少还是获得了优待。溥儁凭着"大阿哥"的身份获得了参议一职，每年都能得到一笔数目不小的津贴。他迎娶蒙古阿拉善旗罗王爷的女儿，获得了一笔可观的陪嫁和赠礼，父亲端王爷也留给了他一大笔钱，祖父把地租的收入也归于他的名下。溥儁坐拥着巨额财富，日子过得无比滋润。

身外之物得来容易，自然也不知珍惜，失去也就更容易。溥儁花钱如流水，十足一个纨绔子弟，经常逛戏园，出入酒肆，还花钱捧角，吸食鸦片。终于有一天把全部家产败光了，走投无路之时他卖掉了烧酒胡同的王爷府，又低三下四地向亲戚求助。在小舅子的帮助下，他和妻子住进了塔王府。小舅子待他们夫妻不薄，不但请他们住正房，还令仆人好生伺候。小舅子去世后，溥儁夫妇被赶进了马号旁的小屋，境况与马夫无异。从此溥儁抑郁地度过了人生最后的岁月。

溥儁人生大部分时间都在追求吃喝玩乐，没有做过什么大事，唯一值得称道的是他继承了祖父惇亲王的特点，也是个性情中人。溥儁的情感世界是非常丰富和细腻的，对于儿子的舐犊之情远远超越了他所处的时代。溥儁膝下有两子，长子性情愚钝，幼子聪

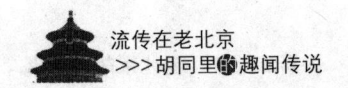

明好动，深得溥儁疼爱。怎奈命运无常，幼子5岁时就不幸夭亡。溥儁悲痛欲绝，水米不进地守在爱子身边，整日以泪洗面。5天过去了，他依然不忍让孩子下葬。亲友一再奉劝他节哀顺变，他才擦干眼泪，来到棺材铺精心挑选了一口上好的棺材。他让棺材铺打造了一口装殓成年人的大棺材，然后把儿子瘦小的身躯放到了里面，请和尚做了道场，将孩子风光大葬。此事一出，举世哗然，按照当时的习俗，小孩子夭亡，尸体往往会被随意地丢弃在乱葬岗，根本不值得厚待。溥儁不理会世俗的观念，隆重对待死去的幼子，可见他的父爱是多么深沉。

奕谅五个儿子当中有三个儿子由于"庚子肇祸诸臣"而被贬官发配边疆，家世自此一落千丈。不过瘦死的骆驼比马大，惇王府家大业大，子孙继续继承爵位，过着坐享其成的奢华生活，最后败光了产业，被迫将房产变卖。曾经富丽堂皇的王府最终落入外人之手，惇王府往日的荣光一去不返了。

秦能灭六国，是因为六国自毁，惇王府的落败不是外人造成的，而是奕谅的后世子孙一手促成的。如今烧酒胡同的惇王府只剩了几处青砖大瓦的屋舍，似乎在追忆它曾有过的繁华与辉煌。它带给我们的启示是，无论出身于怎样显赫的家庭都不能坐吃山空，个人的幸福应该建立在自己奋斗的基础上，与生俱来的财富并不能使人受用终身，唯有真正的本领才能伴随自己一生。

30. 魏染胡同

魏染胡同位于北京市宣武区东北部，南起骡马市大街中段，北到南柳巷。明朝时称为魏染胡同，清朝时称魏儿胡同、魏染胡同。从民国时期至今一直称为魏染胡同。关于胡同名字的由来有两种说法：一种说法是胡同内曾有一姓魏的人家开设的染坊；另一种说法来自《北平地名志》，据说明朝宦官魏忠贤曾在此胡同居住过，魏忠贤被诛杀后，此地被称为魏阉胡同，后人为了避讳魏忠贤的恶名，而将胡同改称为魏染胡同。明朝诗人吴梅村曾经居住此地，《京报》的创办人邵飘萍的住所以及《京报》旧址也坐落在此地，鲁迅曾经多次来到《京报》编辑部商讨稿件。而今编辑部办公场所和邵飘萍故居犹在，已经成为我国市级文物保护单位。

邵飘萍铁肩辣手创《京报》

《京报》报馆的旧址位于魏染胡同 30 号院。院落的整体格局犹在，办公楼是一座浅灰色欧式建筑风格的二层小楼。大门两侧的石柱颇具欧洲风情，楼门上方正中位置书有"京报馆"三个矫健秀逸的大字，相传这三个大字出自我国新闻界先驱人物邵飘萍之手。

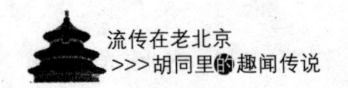

邵飘萍在北京的两年中，发现京城的报业完全处于各方政治集团的操控之下，失去了新闻的独立性。报纸不以客观事实为依据，而是成了各党派的喉舌，办报人为了私利在背后党派的支持下经常捕风捉影捏造新闻。报界如此混乱的状况让邵飘萍深感痛心，他下定决心一定要创办不依附于任何权势的独立报纸，要毫无保留地把事件的真相传达给广大民众。1918 年，邵飘萍离开了《申报》，在北京前门外三眼井胡同 38 号创办了《京报》，走上了独立办报生涯。后来《京报》迁址到琉璃厂小沙土园胡同。1920 年 9 月 17 日，邵飘萍几经努力，新的京报馆最终在魏染胡同 30 号院落成。报馆一楼为传达室和经营场所，二楼是编辑部和经理室，报馆附近设有印刷厂。邵飘萍亲手为报馆书写了报馆名称置于楼门上方，并写下了"铁肩辣手"四个苍劲有力的大字挂于编辑室的墙壁上。"铁肩辣手"来自明朝反抗强权的著名忠臣杨继盛在狱中题下的"铁肩担道义，辣手著文章"的诗句。邵飘萍把它当作办报宗旨，充分反映出他坚持真理、不惧邪恶和强暴的精神。

《京报》是邵飘萍出资创办的，在经济上是完全独立的，充分保证了新闻的言论自由。他不依附于任何党派，跟各路军阀也没有任何瓜葛，不以任何政治集团为后盾，办报的宗旨便是公正客观，讲事实，坚持言论自由。因此，《京报》创刊不久即成为广大民众发表意见的平台，深受读者喜爱，在报业轰动一时。邵飘萍的办报之路是异常艰辛的，在京城各大势力的裹挟下，他毅然坚持做独立于统治者和被统治者之外的第三者，旨在唤醒和教育中国民众。《京报》以新闻报道为主，以实事求是为基本信条，任何一则新闻力求揭露事实真相。邵飘萍既担任报社的社长，又继续作为一名记者从事采访工作。他被誉为"新闻全才"，京城官员大多不喜欢跟记者打交道，但邵飘萍却能采访到他们，并旁敲侧击地从这些要员口中得到最具新闻价值的信息。邵飘萍个性豪爽，与社会各界人士广泛交往，上至高官政要，下至黎民百姓，都是他结交的对象，他能以敏锐的知觉从不同的人谈话中捕捉到新闻信息。

1919年，《京报》因为宣传支持五四运动而被查封，邵飘萍被迫离京前往日本避难。一年之后，段祺瑞垮台，邵飘萍立即回国重办《京报》。《京报》依然不改往日的作风，不为任何势力所左右，痛斥北洋政府祸国殃民的腐朽统治和各路军阀残暴不仁的罪恶行径。"二七"惨案后，《京报》立即发表文章声援工人罢工，邵飘萍亲自捉笔抨击军阀横暴的野蛮行为。吴佩孚怒不可遏，从此将邵飘萍视为眼中钉。"五卅"惨案后，《京报》不再刊登日本和英国的广告，改为免费刊登宣传爱国主义的广告，表明反对帝国主义的明确立场。1925年年底，邵飘萍在报刊上列举了不少反动军阀张作霖的斑斑劣迹。张作霖开出30万巨款的价格，希望邵飘萍停止对自己的声讨，并多写些赞美他政绩的文章。邵飘萍收到贿赂款项后，对家人说："张作霖想用30万收买我，这种肮脏的交易我是不会做的，钱我不会收，就算被枪毙我也不收！"于是，他将30万巨款原封不动地退了回去，继续在报刊上批判张作霖。张作霖对邵飘萍这种不识时务的做法大为光火，发誓一旦攻进北京城就会将他逮捕。1926年，邵飘萍强烈斥责军阀酿造"三·一八"惨案的罪行，并开创特刊细数军阀们亲日、镇压民众等劣迹。《京报》犀利的报道大快人心，却遭到反动军阀的敌视。当年，邵飘萍一改报业谈论花边新闻和追捧女星的庸俗格调，开辟出了包括《京报·副刊》和《莽原》等几个进步周刊，颇受读者欢迎。鲁迅曾多次到京报馆商讨文稿，还主编了《莽原》周刊。

1926年4月18日，张作霖悬赏捕杀邵飘萍，邵飘萍暂住东交民巷六国饭店避祸。4月22日，他写下了人生最后一篇文章《飘萍启示》，全篇短短422字，可以视作他的绝笔。4月26日，邵飘萍接到

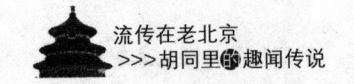

来电，被告知报馆和家中出了状况。邵飘萍在情急之下，不顾个人安危，决定回去看看情况。出发前，他给北京《大陆报》社长张翰举打了电话。张翰举谎称外面形势已经缓和，让他放心回去。邵飘萍信以为真，于下午5时匆匆乘车赶赴报馆。一到报馆，邵飘萍就把《飘萍启示》交给了妻子，准备刊登在《京报》上。在这篇短小精悍的启事中，他再次谴责了军阀以讨赤为由践踏人民群众生命尊严的罪恶。他又与同事讨论了有关维持报馆经营的办法，一个小时后，他乘车离开了报馆，一名奸细却将他的行踪透露给了军阀张作霖，报馆早已被军警监视了起来。邵飘萍乘车到达魏染胡同南口时，侦缉队拦住了他，全副武装的警察对他实施了抓捕。

晚上8时，侦缉队重重围住了京报馆，并闯进报馆大肆搜查，将邵飘萍所著的《新俄国之研究》搜走，查封了京报馆。4月25日，邵飘萍的夫人得知丈夫被捕的消息后，立即请求各界人士营救。新闻界派了13位代表恳请张学良帮忙，张学良表示张作霖早已决定处死邵飘萍，是不可能改变主意的。代表们谈判无果，含泪离开。4月26日，警察厅严刑审问了邵飘萍，并以宣传赤化罪判处他枪决。4时30分，邵飘萍被押送到天桥东刑场，就义前，他还对监刑官拱手施礼说："诸位免送！"而后望着黎明前暗沉沉的天空大笑起来。枪声响了，邵飘萍用鲜血和生命捍卫了自己的理想，时年40岁。

邵飘萍以报纸为利器，宣扬真理，抨击世间邪恶，他坚持如实报道，不畏强权，成为新闻事业的殉难者。后人称他为"乱世飘萍"、"肩辣手，快笔如刀"，并以"飘萍一支笔，抵过千万军"高度赞扬了他对新闻业的贡献。当我们走进魏染胡同，徘徊在京报馆旧址附近时，不免对这位坚贞不屈、铁骨辣手的记者由衷产生崇敬之情。如今这条胡同带给我们的理念是，做人要心中拥有信念、坚持真理，勇敢地与恶势力作斗争，真相是不会被历史掩盖的，正义的光芒也不会被暴力铲灭，而会一直传承下去，终有一天会照彻整个人间。

一代佞臣魏忠贤的宦海生涯

魏染胡同的名称极有可能是源于魏忠贤这位骄横跋扈的大宦官，虽然人们因为厌恶此人而将魏阉胡同改成魏染胡同，但魏忠贤在此地留下的历史却不应被抹去。

魏忠贤本名李进忠，系北直隶肃宁人，出身寒微，父母是街头杂耍艺人或地位低下的手艺人。他有过家室，但嗜赌成性，不务正业，曾卖掉亲生女儿还赌债。他家境贫寒，却戒不了赌，由于手气太差经常遭到羞辱。后因认魏朝当"干父"而改名换姓。由于债台高筑，他为情势所逼，自阉入宫当了太监。在宫里他结识了颇有权势的太子宫太监王安，得到了庇佑。后来他又处心积虑地讨好皇长孙朱由校乳母，以此作为接近皇长孙朱由校的途径。对于朱由校，魏忠贤投其所好、一味谄媚，还引诱其沉溺于游玩欢宴，甚得朱由校喜欢。1621年，朱由校登上帝位，魏忠贤被提升为司礼秉笔太监。

朱由校酷爱木工，是位出色的木匠，整日沉迷于刀锯斧凿，从早到晚忙于制作木器，每每造出得意之作，高兴得连膳食都忘记吃了，甚至对天气冷热的变化也毫无察觉。他曾动手在庭院里仿造了一座乾清宫的小宫殿，宫殿只有三四尺高，却造得精细微妙，有如鬼斧神工。魏忠贤充分利用他的弱点，经常趁他专心致志地做木工时捧着奏章让他审阅。朱由校本来就对朝政没兴趣，正全身心地投入斧凿工作中，所以每次都不耐烦地说："朕已经知道了，你看着办吧。"这样魏忠贤就逐渐把持了朝政。自此结党营私，打击反对势力，成为权倾朝野的大宦官。

1623年，魏忠贤接管明朝的特务机关东厂，开始大肆报复陷害异

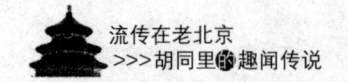

己，屡屡制造冤案。魏忠贤的行为引起东林党人的强烈抗议，1624年，杨琏弹劾魏忠贤，指出他犯下迫害大臣、太监、后宫妃嫔，私自蓄兵，制造冤案等24条罪状。其他朝臣也加入弹劾阵营，列举的罪状不下百条，以魏忠贤为首的阉党和东林党人的斗争由此彻底公开化了。因为朱由校不理朝政，魏忠贤又重权在握，弹劾并未使他的利益损失分毫，从此他对东林党人怀恨在心，开始大举迫害东林党人士。他把反对自己的朝臣列在一张名单中，榜上有名的有100多人，还命人开列《点将录》，以小说《水浒传》梁山领袖的名号对应东林党人，比如托塔天王对应的是李三才，及时雨对应的是叶向高，大刀对应的是杨琏，智多星对应的是缪昌期等。1625年，魏忠贤诬告左光斗、杨琏、周起元、周顺昌、缪昌期等六人贪赃枉法，将他们押入大狱，施用种种令人发指的酷刑，将他们折磨致死。1626年，魏忠贤大规模镇压东林党，残杀了高攀龙、周宗建、黄尊素、李应升等人，拆毁东林书院，终止东林党讲学，罢黜与东林党有牵连的正直官员。当时满朝文武都处于魏忠贤的恐怖统治之下，凡与东林党有关联的人，都会被陆续诛杀。最终东林党被赶尽杀绝。

魏忠贤深受朱由校乳母的宠信，竟然有了"九千岁"的名号。他供养了许多义子作为自己的爪牙，有"五虎"、"五彪"、"十孩"、"四十孙"等。魏忠贤最为春风得意时，地方官员纷纷对他溜须拍马，殷勤地为他建立生祠，对其歌功颂德。魏忠贤一人得势，族人和姻亲也跟着官至高位，他的一个侄子被封为当朝的宁国公和太师，另一个侄子被册封为东安侯和太子太保，侄孙被封为安平伯和少师。魏忠贤在朝中几乎一手遮天，享受着一人之下万人之上的"九千岁"的待遇，阿谀奉承的官员甚至对他的雕像行五拜三稽首的大礼。魏忠贤有次到涿州进香，前呼后拥，羽幢华盖，夹护双遮，排场盛大，成为轰动一时的事件。

1627年，朱由校驾崩，其弟朱由检也就是崇祯帝即位。魏忠贤为了巩固自己的权势，想方设法控制崇祯帝。相传魏忠贤曾进献四名绝色的美女给崇祯帝，美女身上携带迷魂香，可使人意乱情迷。后来奸计被崇祯帝识破，因此恼恨在心，下定决心要铲除以魏忠贤为首的阉党。崇祯帝步步为营，九月把朱由校乳母逐出宫，十月朝中出现了弹劾魏忠贤的奏折，十一月魏忠贤被迫交出司礼监和东厂的大权，被发配到凤阳守祖陵。崇祯帝惩办魏忠贤并没有引起太大的震动，可见魏忠贤大势已去，于是下令捉拿魏忠贤，对其严惩不贷。魏忠贤在发配途中，收到皇帝治罪的密报，顿时心慌意乱，当夜又听到有人唱歌，歌中唱道："随行的是寒月影，呛喝的是马声嘶。似这般荒凉也，真个不如死。"魏忠贤触景生情，想起昔日的权势和富贵，如今落得这般下场，真是生不如死，于是寻了短见。

魏忠贤一生最大的罪过就是对待异己的态度上，他屡次残杀异党，制造骇人听闻的血案，虽然在当时的历史时期这只是朝中内部的权力之争，但他使用的手段和伎俩都是极其卑劣的。从客观的角度来讲，魏忠贤也并非十恶不赦，他在国家民族存亡的大事上，也能做到不计私利，为了边防安全，还起用过与自己作对的能臣，如兵部尚书赵南星、孙承宗及兵部左侍郎袁可立等。所以崇祯帝虽然痛恨魏忠贤，但并未对此人全盘否定，后来又下密旨安葬了他的遗骸。

当我们走进魏染胡同，追溯这条胡同名称的由来，不由会联想到明朝臭名昭著的宦官魏忠贤，因为他声名狼藉，魏阉胡同改称为魏染胡同。如今这条胡同带给我们的理念是，不要被权力和野心扭曲了人性和心灵，一个人无论多么位高权重，无论享受过多少荣华富贵，一旦心灵蒙尘、人格变异，就会给别人和自己制造无尽的痛苦和灾难。所以人在追求功名利禄时，要时刻注意自己的道德修养，只有这样才能对社会起到正面的建设作用，而非负面的破坏作用。

流传在老北京
>>> 胡同里的趣闻传说

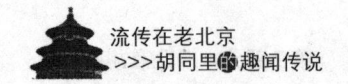

31. 海柏胡同

海柏胡同位于原宣武区东北部，东起北极巷，西到西茶食胡同，因为辽金时代建有海波寺而得名，如今这座古寺荒废已久。后来改称为海柏胡同是源于古寺内种植着许多郁郁葱葱的古柏，故人们将海波寺称作海柏寺，胡同也随之有了海柏胡同的名称。清朝时期曾有不少文人在此居住过，所以胡同两侧的院落植有紫藤，古柏、紫藤、四合院融为胡同一景，风雅别致，颇有几分韵味。20世纪90年代海波寺尚存，海柏胡同变成了民居大杂院，但从古老的红墙和古朴的建筑风格上，依然可以窥视它当年的风华。海柏胡同存有广西颍州、沣州、潮州、顺德等会馆，据说清代著名文学家朱彝尊曾经在顺德会馆居住过，他的书房即古藤书屋已被列为市级文物保护单位。孔子的后人、《桃花扇》的作者孔尚任也在海柏胡同居住过，当年他就在这条胡同里构思并写下了李香君和侯方域的传奇故事。

孔尚任成败桃花扇

康熙二十九年（1690），孔尚任从扬州回到京城，继续担任国子监博士一职。然而他并未受到朝廷重用，国子监祭酒也没把他放在眼里。当时他不过是当个闲官罢了，每月只需六次到国子监做事，大部分时日都赋闲在海柏胡同里，过着无比闲适的生活。

他曾写过一支叫作《博古闲情》的曲子，来描述当时的生活状态。他整日深居在海柏胡同里，将堂屋打扫得窗明几净，室内摆放着藤床木椅，窗外竹影倾斜，满目苍翠。细雨初歇后，卷起窗帘，徐徐的清风吹来，带来些许凉意和阵阵花香。可见孔尚任当年没有因为仕途之路的不顺而牢骚满腹，而是充分享受着那段闲暇时光。

孔尚任闲来无事，开始研究起古董文物来。他热衷于到琉璃厂和崇仁寺淘古书和古玩，为了维持这个爱好和雅趣，他几乎花光了自己的全部薪俸。那段时日他收藏了不少古物。后来他结识了大诗人王士禛，两人感情甚好。王士禛和孔尚任是同乡，两个人在诗坛上都有些名气，自然十分投缘。在王士禛的引荐下，孔尚任结交了很多朋友。他们经常聚在一起饮宴、听戏、吟咏诗歌，过着一种非常惬意的生活。

这段时间，孔尚任对戏剧产生了浓厚的兴趣，他经常出入梨园听曲看戏，对戏曲越发痴迷。之后他与精通音律的顾彩结为好友，开始尝试戏剧创作。孔尚任收集了一件唐代的古乐器"小忽雷"，看着这件历经岁月沧桑的古物，心中大发感慨，它见证了朝代的兴衰，寄托了数代人的兴亡感慨。于是，他便构思并撰写了《小忽雷》传奇，顾彩为该剧填写了曲文。这部剧在当时没有引起太大反响，那时孔尚任在创作上还不成熟，但他却通过首次的创作掌握了戏剧的基本技法，熟悉了音律的一般规律，为日后写下旷世传奇历史剧《桃花扇》奠定了基础。

1699年，孔尚任耗尽心血，历经三次易稿，终于完成了《桃花扇》传奇的创作。《桃花扇》是一部明末的历史剧，以李香君和侯方域这对才子佳人悲欢离合的爱情故事，展现南明覆亡的历史始末。孔尚

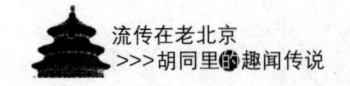

任创作这部剧是为了让人们知道大明300年的基业是怎样倾覆和败落的，他站在爱国主义的立场高度赞扬了忠心报国的爱国者，贬斥和抨击了误国误民的昏君和佞臣。《桃花扇》并非简单地再现大明亡国历史，而是通过刻画那些可敬和可恨的鲜明人物，抒发强烈的爱国主义情怀。

因为《桃花扇》取材的历史背景离当朝很近，引起了许多文人的热议，不少人对明末清初的历史大感兴趣。加之剧本结构紧凑，人物形象真实鲜明，文辞优美，富有韵律。所以《桃花扇》一经脱稿，引来无数文人借阅、传抄。大年除夕，孔尚任收到了上级户部左侍郎李柟的"岁金"，来人索要了《桃花扇》剧本供李柟消遣阅读。李柟对父辈经历的弘光王朝的旧事颇有兴趣，读完《桃花扇》后心中连连叫好，不但请京城有名的戏班排演该剧，元宵节当天，还亲自上阵表演。此后，《桃花扇》成为京城的流行剧，几乎每天都有人演，参演的艺人囊括了好几个戏班。其中以户部尚书、保和殿大学士李霨的别墅寄园中的表演最为出彩，每场演出台下座无虚席，李霨的孙子一掷千金，请了两个最出色的戏班表演，购买了多套服装和道具。演员们也都倾情演绎，常有观众感动得热泪盈眶，尤其是前朝的故臣遗老，完全感同身受，每有动情处都泪湿满襟。《桃花扇》的盛演，使孔尚任一跃成为备受瞩目的人物。

1700年3月，享誉京城的传奇剧《桃花扇》依然处于火热的排演中。孔尚任每次在台下观看自己的剧目时，观众都恭敬地请他上座，要求演员敬酒，还纷纷请他题诗、签字。人们崇拜他、仰慕他，孔尚任颇感荣幸，心情无比舒畅，此时他又被提拔为户部广东清吏司员外郎，真是功成名就、好事成双，在他的脚下展开了一条前途无量的康庄大道。孰料，世事变化无常，他刚刚赴任十几天，人们的贺喜声犹在耳边，他就莫名其妙地被免了官。

康熙弃用孔尚任与他创作的《桃花扇》有关。早在上年秋天，康熙帝就注意到了名扬京华的《桃花扇》传奇，遂命人向孔尚任索要剧本。阅读之后，他心中很不痛快。虽然剧本描写的是弘光王朝的历史，颂扬了忠贞的爱国者，宣扬忠孝精神，但对南明覆亡流露出痛惜之情，还表彰了那些不愿为清朝效力的前朝臣子，这多少会引发南明遗老遗少的亡国之痛，使其对大清产生隔阂。孔尚任这样设置剧情表明他并非真心效忠清廷，但毕竟《桃花扇》没有发表反清的言论，他也找不到治罪的理由，考虑再三后，他于次年春季罢免了孔尚任的官职。

孔尚任虽然对罢官一事感到意外，但是仍对仕途抱有幻想，继续留在海柏胡同里等候消息，以期弄清事情真相，再度出仕。可见孔尚任为官18载，因为长期做闲官，对官场不甚了解。1701年，孔尚任在海柏胡同的居所宴请了好友李塨、万季野，两人阅历较深，看待问题也比较透彻，他们深知政治的微妙之处，都奉劝孔尚任放弃复官幻想，早些离京做打算。孔尚任却迟迟不愿离开北京，一直期望着真相大白、官复原职。他在海柏胡同又闲居了两年多时间，才满怀着眷恋和愤慨的心情默默离开了京城。

当我们走进海柏胡同，已经难觅孔尚任当年所居住的寓所，然而他所著的《桃花扇》却流传了下来。孔尚任或许不懂得为官之道，但在戏剧艺术领域取得了世人瞩目的成就。如今这条胡同传达给我们的理念是，当命运关闭一扇门的时候，也会开启一扇窗，适时地把握机会，就会发现另一片广阔的天地。孔尚任多年为闲官的生活并没有使他变得颓唐，反而使他写下了轰动京城的《桃花扇》传奇。因此，当我们身处困境中时，不妨换一种思路和追求，同样可以抵达人人向往的罗马。

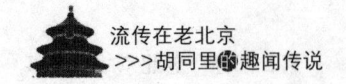

32. 东不压桥胡同

东不压桥胡同位于北京市东城区,南起地安门东大街,北至帽儿胡同,东连雨儿胡同和福祥胡同,西通拐棒胡同。东不压桥胡同原名为马尾巴斜街,是一条沿马尾状的水道建成的斜巷,清乾隆时被称为马尾胡同。1947年,胡同因东不压桥而被命名为东不压桥东胡同。东不压桥是一座修建于明代的石桥,在明人所著的《京师五城坊巷胡同集》中被称作步粮桥,相传附近有布匹和粮食贸易的集市。以前,积水潭的流水就是经过这座桥默默地注入皇城的。20世纪50年代,玉河河道被改做暗沟,东不压桥遭到拆除,桥拱得以留存,掩埋于地下,河道南北方向一段并入此胡同。1965年,河沿和口袋胡同并入此胡同,胡同改称为东不压桥胡同。90年代修建平安大道时桥拱被挖掘出来,没过多久又遭掩埋,复建玉河时,再次重见天日。东不压桥的名称与皇城北海后门的西压桥有直接关联。西压桥得名是因为皇城城墙压桥而过,而东不压桥一带皇城和石桥保持着一段距离,所以是为"不压",两桥一东一西,故而取名为"东不压桥"和"西压桥"。

詹天佑披荆斩棘铸就中国第一铁路

东不压桥胡同 28 号院是京张铁路的总设计师詹天佑先生的故居。宅院面积很大,内有垂花门和亭廊,现已成为普通民居,但从门墩的纹理和垂花门斑驳的印迹当中,我们仍然可以感受到它们伴随詹天佑一起度过的岁月。

京张铁路是我国自主建成的第一条铁路,铁路从北京抵达张家口,全长 200 公里,是贯通华北和西北的重要交通命脉。清政府刚公布修筑计划,帝国主义列强就百般干涉,他们认为谁能主持修筑这条铁路,谁就能加强对中国北部的操控,在华利益也会随之进一步扩大。帝国主义国家把京张铁路的修筑权当成一块诱人的肥肉抢来抢去,僵持了很久都不能达成共识,最后发话说假如清政府能独立修筑铁路,他们就放弃修筑权。他们以为这样一说,修建铁路的计划就会被搁置,中国一定会求他们帮忙。其实他们完全打错了如意算盘,当时中国已经有了有胆识、有技术的工程师,他就是詹天佑。

1905 年,清政府任命詹天佑担任京张铁路的总工程师。由于京张铁路是中国有史以来首次自建的铁路工程,消息一经传出,举国轰动。一时间人们议论纷纷,有些国人拍手叫好,认为中国人终于有了扬眉吐气的机会,有些国人则对清廷没有信心。外国人对此更是嗤之以鼻,有人说詹天佑自不量力,简直是痴心妄想,英国人讽刺说能修建这种技术难度铁路的中国工程师还不曾出世呢。原来铁路经过居庸关到八达岭一带,几乎全程都是崇山峻岭、悬崖陡壁,这样的铁路工程对世界级一流的工程师都是一种挑战,连外国顶尖的工程师都毫无把握,中国人想要不依赖外国人的技术指导,凭借自己的实力修筑铁路,至少还得等上半个世纪。

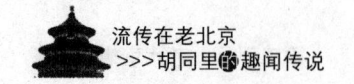

詹天佑不在乎国人的不解，也不理会外国人的挖苦和嘲笑，他偏要把不可能变成可能，让自卑的中国人一雪前耻，也让世界对中国这个有着五千年灿烂文明的古老国度刮目相看。在东不压桥胡同28号院的寓所里居住的那段时光，他满脑子都是修建铁路的事。他并非是位无知的无畏者，京张铁路工程的艰巨他心里是非常清楚的，然而他认为作为一名有骨气的中国人，一定要为这个国家争一口气。那时中国工程师奇缺，詹天佑已将个人荣辱置之度外，顶着外界的舆论压力，毅然接过了修建京张铁路的重担。

詹天佑不畏艰险，也不怕世人讥笑，出任铁路总工程师后，立刻动身勘测线路。修筑这条铁路必须要开山、架桥、铲平较陡的地势，还得改变坡路的弯度，这些工作需要经过细致的勘测和周密的计算。詹天佑严格要求工作人员，教导大家做工作必须要准确无误，不可以有半点懈怠和马虎。他亲自背着标杆和经纬仪，和学生及工人奔忙在第一线，整日在塞外的悬崖峭壁上勘探测量。户外环境十分恶劣，经常遇上大风呼啸、尘沙漫天的天气，稍微不慎就有可能跌入深渊，粉身碎骨。然而詹天佑一路咬牙坚持了下来。白天，他跋山涉水，定点测绘；到了晚上，他又拖着疲惫的身体在光线微弱的油灯下不停地绘制图纸、计算线路。为了找到最佳的修建线路，他经常虚心向当地农民求教。每次遇到常人难以想象的困难，他总是勉励自己坚持下去。他深知如果自己失败，外国人会更加轻视中国，中国的工程师也会丧失所有的斗志和信心。

1905年4月，京张铁路正式动工。因为工程工期很紧，任务艰巨，詹天佑把铁路分为三段施工，以加快修筑速度。年底，他亲自在第一段铁路的铁轨现场凿下了第一枚道钉。同日，工程队列车脱轨，经查实是由于其中一节列车车钩链断裂造成的。外国人趁机发表攻击中国工程队的言论，说詹天佑铺轨的第一天就出现事故，说明中国的技术还不过关，没有外国人的参与铁路是修不成的。詹天佑对这些闲言闲语毫不在意，他绞尽脑汁地寻找改进车钩的方法。他首先想到的是美国人发明的詹尼车钩，这种车钩弹性良好，无须人工连接，装有弹簧，两个钩舌很容易咬合，可使车厢紧密联合，火车爬坡时安全性很高。詹天佑还建议清政府在全国范围内普及这种自动车钩，为了避免让人误以为自己是这种先进车钩的发明者，他把詹尼车钩改称为郑氏车钩，詹天佑的诚实品格由此可见一斑。1906年9月，京张铁路的第一段工程全线通车。

开凿隧道的工作，居庸关和八达岭的工程难度最大。居庸关海拔非常高，岩石厚度大、硬度高，詹天佑指挥工程队采用从山体两端同时向中部开凿的方法。山巅的泉水渗进了隧道，施工现场一片狼藉，到处都是泥水。没有排水的抽水机，詹天佑就带领大家用水桶一桶一桶地把水排出去。他与工友们同甘共苦，食宿都在一起。八达岭隧道超过1100米，长度是居庸关隧道的三倍，他采用的施工方法正好与开凿居庸关的方法相反，具体做法是由中部打井分别凿向两端，同时两端也一起施工，大大节省了时间。

工程接近青龙桥时，因为附近的坡太陡，不得不重新设计线路。用什么方法才能使火车顺利通过这种陡坡呢？詹天佑经过认真研究，依据山势走向，拟定了"人"字线路。向北行进的火车到达南口时就采用两个火车头，前面的火车头向上拉，后面的火车头向前推。通过青龙桥后，火车往东北方向行驶，经过"人"字形线路的岔道口后，之前负责推的火车头开始拉，而之前负责拉的火车头开始推，使火车驶向西北方向，如此一来列车就爬上了陡坡。

京张铁路不足4年就顺利竣工了，提前两年完成了任务。这条铁路的全线通车给了轻视中国的帝国主义者一个有力的反击。当我们走进东不压桥胡同时，首先想到的是詹天佑的故事和他主持

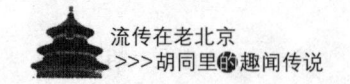

修建的伟大工程。如今这条胡同传达给我们的理念是，做人要不卑不亢，认真严谨地完成工作，要对自己有信心，对国家、民族有信心，其他民族能做到的事情，中国人经过不懈地努力也一定能做到。正所谓"精诚所至，金石为开"，只要坚定地前行，就一定会有美好的收获。

33. 细管胡同

细管胡同位于北京市东城区西北部，东起东四北大街，西至北剪子巷，全长约为 400 米。细管胡同南面有三条支巷连通百米仓胡同，北面与大兴胡同相连。明朝时期，叫作水塘胡同，清朝时叫作水胡同，《顺天府志》称之为油罐胡同，《燕都丛考·第二编》称之为细管胡同。1947年，胡同西段称为水獭胡同，东段称为细管胡同。1965年，水獭胡同和元善里在整顿时一起并入细管胡同。

国歌歌词作者田汉的戏剧魂

细管胡同9号是我国著名剧作家田汉的故居。1956年，他偕夫人一起迁入此寓所,后来又把母亲从家乡接来侍奉,一家人在此颐养天年。这是一座标准的二进院落,屋舍皆为灰瓦白墙,古朴素雅,落落大方。宅院里的建筑与布局大体保持完好,外院的西厢房被改建过,内院的北房走廊已经扩入房屋内。内院面积为108平方米,植有葱郁的树木和各种花草。

相传田汉当年曾亲手在院子里种下一株梨树。田汉非常喜欢吃水果,但对树苗的选购一窍不通,刚刚迁居新家时,他高兴地买回了一棵梨树苗。卖方再三保证是棵上好的树苗,他信心满满地栽上。到了金秋时节,所结的梨子确实很大,但尝起来却味同嚼蜡,他这才知自己买的是棵木梨。田汉买树的经历在当时成了一大笑料。

田汉出身于普通农民家庭,热爱质朴的田园生活。他曾在书房下种过葡萄、丝瓜和扁豆等爬藤植物。每逢夏季,绿荫遮日,无比清爽;到了秋天,满架硕果,香气诱人。写作间隙,他在院子里除草施肥,享受农家乐趣,充分体验陶渊明笔下那种桃花源般的诗意,好不惬意。其实田汉的名字本来就有庄稼汉的意思,他喜欢归园田居的生活也印证了人如其名的说法。

田汉的老母亲也十分喜欢花花草草,在宅院里栽种了不少品种的植物。她乐于在花丛掩映的环境中舒服地晒太阳或是悠然地做些针线活。田汉在闲暇时间经常在院子里陪母亲聊天,庭院里满是温馨和安宁。当年就是在这狭窄的小院里,田汉改编了京剧《白蛇传》、《谢瑶环》等戏剧佳作,还创作了优秀的历史剧作《关汉卿》,其中那句"将碧血,写忠烈,作厉鬼,除逆贼,这血儿啊,比作黄河扬子浪千迭,长与英雄共魂魄"成为广为传颂的金句,其实这也是他人格的真实写照。田汉一生写下的话剧、歌剧有60多部,电影剧本20多部,戏剧剧本24部,新旧体诗歌和歌词约为2000首。由他作词、聂耳谱曲的《义勇军进行曲》成为中

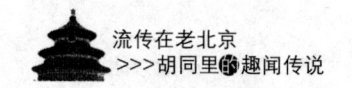

华人民共和国国歌，那鼓舞人心的歌词和昂扬的旋律，激荡着一股热血豪情，至今激励着每一位中华儿女。

田汉的书房、客厅和卧室是相连通的，书房里的书籍种类繁多，读本近10万册。书房内还珍藏着很多有特殊意义的照片、信件、手稿和字画，有徐悲鸿赠给他的《奔马》和梅兰芳赠给他的《梅花》等。细管胡同的故居伴随着田汉度过了十几年的光阴，数千个日夜，田汉在这处居所里将满怀的热情融于笔墨，创作出了多部感人肺腑的传世之作，为我国戏剧界留下了宝贵的文化财富。

1958年，田汉创作了11场《关汉卿》话剧，全剧以元曲艺术家关汉卿写作《窦娥冤》为基本线索，刻画出他刚强不屈、响当当的铜豌豆形象。由于关于关汉卿的历史资料非常少，田汉只能从元代社会生活风貌入手来了解关汉卿的思想品格，从而把握他与普通民众的情感，塑造出他疾恶如仇、傲视权贵、洒脱不羁的个性。剧本切合历史，但又不局限于历史，关汉卿的戏剧生涯与阶级矛盾和斗争及民族矛盾和斗争息息相关，他是位富有正义感和斗争精神的进步文人。田汉将想象与诗情融于戏剧，描绘出历史的沧桑感和正义感。该剧结构巧妙，语言练达纯熟，是田汉戏剧创作的一座里程碑，在北京人民艺术剧院首次公演后，好评如潮。

田汉一向比较喜爱传统艺术曲目，之前曾把传统神话剧《白蛇传》改编成了京剧，1958年，他再次改写了剧本，着重表现反封建的社会主题。语言华美，剧情传奇，神话色彩浓郁，升华到了一种崭新的艺术境界。

1960年，为了歌颂中华民族大团结，田汉创作了《文成公主》。全剧以松赞干布和文成公主成婚为背景，故事情节在充满戏剧张力的矛盾冲突中展开。公元7世纪，唐太宗为了促进唐蕃友好，答应了松赞干布和亲的请求，将文成公主许配给他。文成公主离开长安城，跋涉至苦寒之地，挫败了吐蕃奸臣破坏和亲的阴谋，终于与松赞干布完婚，完成了民族使命。该剧以细腻的笔墨描画了文成公主性格和心理的成熟过程，体现出了汉族人民谋求民族友好的愿望，而松赞干布雄韬伟略，处世稳重，不被内部奸臣迷惑，坚持与大唐联姻，促成民族友好的和平局面。全剧情节曲折传奇，人物形象饱满生动，同年由中国青年艺术剧院在北京首演。该剧与《关汉卿》被并称为田汉晚年文学艺术创作的双璧。

1961年，田汉以《女巡按》的剧本为素材，编写了京剧《谢瑶环》。这部剧历史背景设在一代女皇武则天执政的大唐时期，讲的是谢瑶环奉朝廷之命到江南一带微服私访，与地方豪绅及各种恶势力斗争的故事，揭露了人民的疾苦以及与地方恶霸不屈不挠的抗争。这部富有美感的历史悲剧与话剧《关汉卿》殊途同归，都属于田汉创作的高峰之作。

田汉搬入细管胡同时已年近花甲，然而他的创作激情不减当年。当我们走进细管胡同时，首先想到的是这位谱写过中华人民共和国国歌的杰出剧作家，而今它传达给我们的理念是，任何时候都不应给自己设限，古语云："老骥伏枥，志在千里。烈士暮年，壮心不已。"年华和岁月不应夺走我们的激情，当我们不再青春时，依然能让我们的生命多姿多彩。

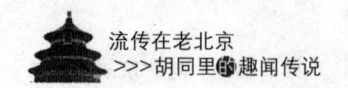

34. 文昌胡同

文昌胡同位于北京市西城区。清初时属镶蓝旗,是铁匠胡同的一部分,因为处于胡同中段位置,所以改称为中铁匠胡同。1911年被改称为文昌胡同,名称沿用至今。文昌胡同15号院原是张学良将军的宅第。胡同的西北部与繁华的商业街和林立的大厦相邻,到处氤氲着躁动的时代气息。胡同中的前尘过往有如古旧砖墙上的青苔一般,沉淀着迷离的幻梦感。

张学良与赵四小姐的一世情缘

文昌胡同15号是张学良曾经居住过的寓所,当年他与赵四小姐栖居于此,演绎了一段浪漫缠绵的爱情故事。而今这座镌刻了历史印迹的老宅子在一片翠荫中讲述着那段红尘往事,胡同里的居民对这座四合院的故事耳熟能详,15号院作为张学良在京的宅第,对整条胡同来说具有非同一般的意义。这位发动西安事变,前半生叱咤风云,后半生在软禁中度过的传奇将帅,在中国近代史上具有重要的地位。他的一生耐人寻味,感情生活也颇为曲折,一直为民间津津乐道。

张学良与赵四小姐相爱70余载,堪称是中国史上的爱情神话。如果没有遇上风流倜傥的张学良,赵四小姐的人生会有什么不同?如果没有赵四小姐不离不弃地陪伴在张学良身边，他又将如何度过漫长苦闷的幽禁岁月？幸运的是他们相识了、相知了、相爱了，并且共谱了一段惊世骇俗的爱情绝唱。

赵四小姐，原名赵一荻，出身于官宦之家，父亲是北洋政府交通部次长，在家中排行第四。她不是唯一爱上张学良的女人，但却是唯一一个不计名分陪伴张学良数十载幽禁生活的女人。赵四小姐与张学良相识于天津，那时的赵四小姐正当妙龄，是活跃于社交场合的名媛，那时的张学良也英姿勃发，颇有将帅风度，两个人一见倾心，感情一发而不可收。赵四小姐的父亲得知自己的小女儿和有妇之夫张学良相恋，气得面色惨白，不由分说将她软禁在家中。然而一心恋慕张学良的赵四小姐不愿放弃这段恋情，在六哥的帮助下毅然离家出走，追随张学良到了沈阳。其父勃然大怒，登报宣布与她断绝父女关系。从此父女二人形同陌路。张学良的发妻于凤至担心丈夫与赵四小姐的婚外恋影响张家名誉，所以没有给赵四小姐任何名分，只让她做张学良的秘书。赵四小姐对张学良一片痴心，对此毫不计较，死心塌地地陪伴在张学良身边。温良贤淑、宽容大度的于凤至感念她用情之深，敞开心胸包容了他们的交往。

后来，赵四小姐随张学良夫妇来到北京。张学良在文昌胡同15号院暂住，赵四小姐也迁入居住。在北京生活的那些日子，赵四小姐也懂分寸、识大体，无论张学良送给她什么昂贵的礼物，她都送至于凤至那里。三个人的生活十分平静安稳，甚至波澜不兴。然而聪明伶俐、爱好广泛的赵四小姐不甘于只扮演深宅大院里的秘书角色，她要做张学良的情感和生活伴侣，大大方方地走进他的人生。在文昌胡同15号，她和张学良度过了一段甜蜜的时光，这里或许也曾是张学良与京城各界名流交际的场所，举止得体、谈吐不俗、懂英语、会跳舞的赵四小姐想必当年协助张学良应酬了不少客人，他们在这里一定有过许

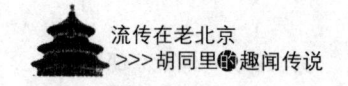

多难以忘怀的日日夜夜。

张学良是一个拥有报国情怀又具备英雄情结的人，优越的成长背景让他对先进的西方文明心生向往，而赵四小姐在天津长大，亦深受租界文化的影响。然而两个人都不忘民族大义，在接受西方文明熏陶的同时，心中始终存有家国观念。1936年，张学良发动了西安事变，逼迫蒋介石联共抗日，他的这一举措为中国建立统一战线奠定了基础，但也使他本人付出了巨大代价。那时他有两件事放心不下，一是东北军，一是赵四小姐。他本来已经吩咐参谋长将赵四小姐安置在香港。但赵四小姐无论如何都不愿与张学良分开，直到于凤至闻讯匆忙从国外赶来，她才被迫到香港生活，可她的心一刻也不曾离开过张学良。1940年，于凤至身患重病，不得不漂洋过海到美国就医。赵四小姐担心张学良一人孤苦寂寞，又以秘书的身份回到了他的身边。面对这个苦闷、失意，为了国家民族而牺牲了个人自由的男人，赵四小姐心生怜惜，对他的爱不曾有过半分动摇。无论他是威震东三省的堂堂少帅，还是丧失了一切的阶下囚，他在她眼里始终是最完美的英雄。1964年，于凤至主动与张学良离婚，成全了几十年如一日无微不至地照顾张学良的赵四小姐。那时的赵四小姐已经年过半百，整整守候了36载春秋的爱情后，她终于成为了张学良的新娘。张学良曾用浓重的东北口音称她为"我的姑娘"。可见两个人的感情多么牢固和真挚。

张学良与赵四小姐携手70余载，张学良为了国家而舍己，赵四小姐为了爱情而舍己，这对"牢狱鸳鸯"留给历史和后人以无尽的思考。家国之爱能述之于史书，红尘之恋则会化之为民间传奇。两个人刻骨铭心的爱情在文昌胡同的建筑里留下了难以抹去的印迹。建筑是历史的载体，是凝固的过往。如今文昌胡同15号院已不复往昔的豪华和气派，当我们的眼球被院落里的杂乱和衰败而震憾时，似乎难以想象当年风华正茂的张学良和巧笑倩兮的赵四小姐曾在这里共筑爱巢。而今这条胡同带给我们的启示是，爱是坚守和无怨无悔地付出，它无关权势、无关利益，真爱可以让人舍己，而痴守可以让铁树开花，它存在于美好的人间。

35. 东安福胡同

东安福胡同位于北京市新华门南侧，东西走向，东起石碑胡同，西至北新华街，明代时称为"安福胡同"或"安富胡同"。清代乾隆时期在此建宝月楼（今新华门）。1912年，袁世凯将总统府设在中南海以后，把宝月楼改建成新华门，当作总统府的大门。袁世凯死后，各路军阀争斗不休，段祺瑞在东安福胡同建立了"安福俱乐部"，在此地与党羽秘密商谈各种政治阴谋和计划。

袁世凯的荒诞政史

民国初年，袁世凯就任大总统后，把中南海设为总统府。为了使总统府邸正门朝南，他下令将乾隆时期建造的宝月楼拆改。宝月楼下层三间被打通成为大门，门前的皇城红墙被豁开缺口，砌成八字墙连通大门和缺口，门内又建了一座大影壁。宝月楼自此称之为新华门，

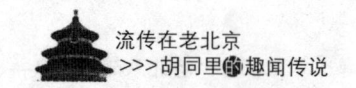

成为总统府的大门。之所以叫作"新华门",是取自"新中华民国"之意。由于相信风水学说,袁世凯下令在新华门内修建了一座厕所,还在新华街对面砌筑了西洋花墙,以阻挡杂乱破旧的贫民住宅。

袁世凯是我国历史上的重要政治人物,他于清末新政时期大力推行近代化改革,逼末代皇帝溥仪退位,辛亥革命后,窃取革命果实,于1912年2月15日正式成为中华民国临时大总统。根据《中华民国临时约法》,总统制改为内阁制,当时的内阁人员包括司法总长梁启超、农商总长张謇、交通总长周自齐,可谓名流云集,因此被称为名流内阁。其实名流内阁不过是袁世凯的政治秀,袁世凯所下的指令内阁多数照办,较少出现反对情况。

袁世凯是一个权欲野心较重的人,他妄图将所有大权都执掌于自己手中,处心积虑地谋划成为正式大总统。《中华民国临时约法》规定,总统的选举程序为:先由国会制定国家宪法,而后依据宪法选举出正式大总统。当年,国民党在国会中占据多数席位,为了正式当选,袁世凯想方设法拉拢国民党,用尽了各种威逼利诱的手段。一大批国民党员因此脱离了自己的党派,部分转投进步党,少量议员顶不住压力逃离京城,大部分议员均被袁世凯花高价收买,有的还说:"无论怎样袁世凯都是要当选为正式大总统的,收下这笔钱总比当亡命费强。"为了成全袁世凯的总统梦,议员们还建议他不必拘泥于《中华民国临时约法》的设定,可以把选举程序颠倒一下,先选大总统后制定国家宪法,并美其名曰美国遵照的也是这么一套程序。于是国会草拟了一份《总统选举法》,公布两天之后就开始正式选举。

为了做足样子,国会特地安排"共和元勋"黎元洪参加竞选,以此衬托选举的民主性。竞选当日,与会议员共有759人,总统候选人必须得到超过3/4的票数即570票才能当选为正式大总统。因为当时投票是不记名的,所以对袁世凯不满的议员坚持不给他投票。第一轮投票活动结束后，袁世凯只获得了471票，远远低于法定票数。第二轮投票结束后，袁世凯得票增加到497票，仍没有达到法定票数。依据《总统选举法》，两轮投票都没选出合法的大总统，应于次日再次投票选举。袁世凯的手下似乎早知道会是这样的结果，组织了3000多人的武装围住了国会，大呼"选不出总统谁也别想离开"、"袁世凯必须当选为大总统"等各种口号。

议员们一整天没有吃东西，早已饥肠辘辘，大家又累又饿，又得被迫接着投票。依据规定，总统候选人第三轮所得的选票只要超过一半就可以就任。议员们愁眉苦脸，勉强振作精神，只好被迫给袁世凯投票。袁世凯最终赢得507票，好不容易有了当选的资格。滑稽的选举程序之后，国会外的武装分子大声为袁世凯欢呼，然后欢天喜地地去拿赏钱去了。那些可怜的议员们一直等到晚上10点才被允许离场。

袁世凯被选举为临时大总统时，获得参议院全票支持，可谓是春风得意。而选举正式大总统时，三轮选票才勉强正式入选，他越想越气，下定决心解散国民党。以前他需要国民党议员为其办理一些法律上的手续，而今他已经成为大权在握的正式大总统了，国民党对他来说不再是铺路石，而变成了绊脚石，他恨不得除之而后快。袁世凯原以为国民党不过是毫无凝聚力的一盘散沙，解散他们不费吹灰之力，不料却遭到了一向与国民党政见不合的进步党的反对。虽然进步党素来不喜欢国民党，但是他们都是共和制的坚定拥护者。假如国民党被宣布为非法政党被强制解散，国会就会因为人员太少而走向垮台，那么进步党也会随之丧失生存的政治空间。梁启超曾亲自到总统府劝说袁世凯不要解散国民党，遭侍卫阻拦后，梁启超怒道："我找总统有要事相商。"袁世凯见了梁启超后，宣布道："你来迟了，解散国民党的命令我已经发下去了。"梁启超无可奈何，只好失望而归。

袁世凯以"乱党首魁与乱党议员潜相构煽"为由勒令解散国民党，

177

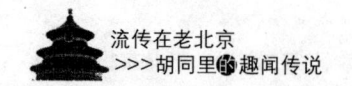

免除了 438 名国民党议员的职位，辛亥革命后中国政坛最大的一支政党分崩离析。由于国会人数少于法定人数，袁世凯又解散了国会，梁启超等进步党组成的名流内阁也随之土崩瓦解。

  1914 年，袁世凯为了声誉考虑，聚集了一些社会名流和政客组成"约法会议"，起草并颁布了《中华民国约法》。关于这部法律，史学界认为它已经完全背离了共和制的主张，处处都体现出独裁的特点。

  1915 年 12 月，袁世凯称帝，改年号为洪宪。他把总统府改为新华宫，命人布置故宫三大殿，筹办登基大典。当时湖南名士王闿运曾故意在新华门前对袁世凯部下说："老朽眼拙，那匾额上写的可是'新莽门'那不吉利的名称？"原来繁体"华"字酷似"莽"字，"新莽"就是指谋朝篡位的王莽，他这席话暗指袁世凯是王莽之流。袁世凯称帝的倒行逆施遭到孙中山和梁启超等人的坚决抵制，段祺瑞和冯国璋也反对他的这一举措，帝国主义列强也干涉他称帝，蔡锷、唐继尧等发动讨袁的护国战争。袁世凯在各种压力下和一片声讨声中被迫取消帝制，恢复了中华民国年号。帝王梦碎之后，袁世凯四面楚歌，抑郁成疾，于 57 岁那年忧郁而死。

  当我们走进东安福胡同，看到残存的历史遗迹，不禁会想到当年袁世凯对它们的一番粗暴的人为破坏。袁世凯不仅是一名摧毁古建筑的政客，他还以"独夫民贼"和"窃国大盗"的身份活跃于中国近代的政治舞台。如今这条胡同传达给我们的理念是，任何逆历史潮流而动的行为都将以失败告终，在大势所趋的情况下执意违犯历史规律，必将被时代和社会所抛弃。

36. 驴肉胡同

驴肉胡同位于北京市西城区赵登禹路东侧，与六和三条、姚家胡同和大兴隆胡同相交会，全长600米。明代时因此地养驴而得名，清朝时沿用此名称。和珅家族的宅址位于驴肉胡同，和珅之父于乾隆年间购得胡同内房产，此后和珅兄弟和和珅次孙福恩、六世孙恪仁都在和家宅第居住过。此外僧格林沁亲王在此地拥有过物业，僧格林沁阵亡后房产重新归于和家。直到清末义和团运动爆发、八国联军侵华入京，孙恪仁为避乱逃亡东三省，驴肉胡同才逐渐被民宅所占据。1911后，胡同改称为礼路胡同。1965年被并入南井儿胡同。因为它是位于西四北大街西侧由南至北数的第一条胡同，故改称为西四北头条。

一朝宠臣和珅的盗墓趣闻

和珅在发迹之前，家资并不殷实，宅址位于驴肉胡同。胡同两侧皆为华美气派的金柱大门和广亮大门。在我国古代，四合院门的设置有着极为严格的等级规定，只有高级官员家可使用广亮大门，这种大

179

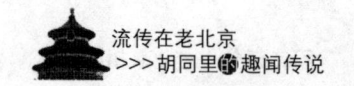

门在等级上仅次于王府大门。中级官员家使用的宅门是金柱大门，门洞小于广亮大门，但大门的构造、屋顶和雕饰与广亮大门并无差别。广亮大门和金柱大门的院落都属于官宦之家。这说明和珅的家境虽然并不太富有，但住宅看起来还算是体面的。胡同内现已砌满砖房，但从存留的旧宅依稀可辨它曾有过的严整和辉煌。

和珅作为乾隆帝的第一宠臣，大半生享尽荣华富贵。他之所以能博得乾隆帝的喜爱，是因为他不但八面玲珑，还喜欢为帝王歌功颂德，民间流传下来的很多故事都与他谄媚讨好乾隆帝有关。

相传，有一日，乾隆帝去明代的十三陵游历，双脚刚踏入享殿，一股摄人心魄的奇香就扑鼻而来，令乾隆帝心醉神迷。乾隆帝以为香气是名贵的奇花异草散发出来的，就在大殿里四处查看，可是找来找去始终一无所获。那么这股好闻的香味是从哪里发出来的呢？

乾隆帝有些困惑，就问随行的宠臣和珅道："爱卿，朕闻到大殿里有一股奇香，却没有发现什么奇花美草，你认为这股香气从何而来？"

和珅见多识广，对这种奇香也有所了解，于是信心十足地答道："以奴才之见，这座大殿是由芳香宜人的金丝楠木所建，奇香便是从金丝楠木的木材里散发出来的。此木质坚耐腐，光鲜亮泽，香气逼人，令人心旷神怡，蚊虫避之，无须上色，色泽自然光亮，不假雕刻，纹理天然，无比精美，十分珍惜和名贵。"

乾隆帝听完和珅绘声绘色的介绍，心里颇为不快。他贵为大清王朝的堂堂天子，居然从未见过这么名贵的木材，而明朝国君却用它们来修筑陵墓，于是妒意大发，恼恨地想：朕乃一国的九五之尊，什么奇珍异宝没享用过，金丝楠木朕非要用用不可！于是他便吩咐和珅寻些金丝楠木来建造圆明园的宫殿。

和珅听到皇帝的旨意，心里全无把握。这种金丝楠木实属珍稀之物，世间罕见，而在圆明园动工建造宫殿，耗材量大，在短期内到哪里去找那么多金丝楠木呢？他不敢扫了皇帝的雅兴，但也不得不以实情相告："皇上，此种木材确实十分稀有，即便倾全国之力恐怕也凑不齐修建宫殿的木料。"

乾隆帝一听，大为不悦，回宫后对名贵又生异香的金丝楠木念念不忘，后来他忍不住让纪晓岚出主意："朕想在圆明园建造一座宫殿，金丝楠木是上佳的木材，但这种木材过于稀有，朕遍寻不得。前几日，朕发觉明陵享殿有此木，朕就想取些来建造宫殿，爱卿怎么看？"

纪晓岚非常不赞同皇帝的想法，言辞激烈地援引《大清律》说："按《大清律》规定，挖坟是死罪，皇上您断不可有此想法。此事关系重大，还望皇上以律法为重，万万不可草率行事。"

乾隆帝满怀期待的脸立即变色，但纪晓岚的话也在理，他作为大清王朝的一代帝王，怎能做盗墓的下作之事，于是放弃了盗取金丝楠木的打算。但是得不到金丝楠木，他心有不甘。和珅知道皇帝整日为金丝楠木而苦恼，也一直在琢磨怎样为乾隆排忧解难，后来终于想出了一个既不损害皇帝威名又能让其如愿以偿的好计策。乾隆帝听说和珅有办法，急忙问他有何良策。

和珅不无得意地说："皇上您何不下诏修缮明陵，然后密令亲信的工匠将明陵享殿的金丝楠木撤换下来，这样您既能得到修建圆明园宫殿的木料，又能获得修缮明陵的好名声，岂不是两全其美？"

乾隆一听，龙颜大悦，拍着和珅的肩膀高兴地说："满朝之中，能为朕排忧解难，知朕心意者，无人可与爱卿相比。"

乾隆把偷梁换柱之事全权交给了和珅处理。有了皇帝亲自下达的旨意，和珅没有什么可忌惮的，他广招天下能工巧匠全力修缮明陵，而后传密旨给亲信的工匠神不知鬼不觉地撤换了享殿的金丝楠木。和珅没费多大工夫就为乾隆建好了圆明园的金丝楠木大殿，乾隆帝很是开心，重重奖赏了他。

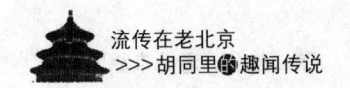

可是乾隆帝盗取明陵木材的事还是走漏了风声，刘墉等众臣得知后在朝堂启奏说："臣私访得知有人胆大包天居然私自盗取明陵享殿木材，不知陛下该如何发落？"

乾隆一听，佯装不知情，大怒道："何人胆敢盗取明陵，朕知道后定不饶恕，非斩了他不可。"

刘墉说道："启禀皇上，假意修缮享殿实为盗取金丝楠木的人不是别人，正是和珅大人。"

和珅赶紧下跪为自己喊冤。乾隆帝自然不想治和珅的罪，心想他作为一国之君本该遵守律法，让和珅代为受过实属不应该，于是走下龙椅，躬身道："众爱卿，盗取金丝楠木是朕的旨意，和爱卿不过是奉旨行事，要论罪也是朕一个人有罪。朕虽贵为天子，但愿意与庶民同罪，一人承担罪责。"

当然谁也不会建议皇帝按照《大清律》判处自己死刑，于是几日后乾隆下诏把自己发配至江南服役。所谓的服役不过是个幌子，他其实是到江南游玩去了。从此乾隆对和珅更加宠爱了，因为朝廷之中，能够不计后果满足自己各种愿望的只有和珅一人。和珅自此平步青云，成为乾隆年间官场上最活跃的人物。正所谓一朝天子一朝臣，嘉庆帝不同于乾隆，和珅使出浑身解数也没能博得这位新皇帝的好感。嘉庆四年（1799），这位位高权重的宠臣最终被一条六尺白练索了性命。

当我们走进驴肉胡同，脑海里浮现出有关一代宠臣和珅的种种传说。他之所以能蒙蔽乾隆帝，主要原因是他懂得投其所好，这样的做法当然是不足取的。而今这条胡同传达给我们的理念是，我们应该时刻警惕人性的弱点，正所谓"忠言逆耳"，人都有喜欢被追捧、被歌颂的倾向，而且乐于接近满足自己各种欲望的人，如此就可能酿成大错，就像过分宠信和珅的乾隆帝一样，做出错误的决定和事情，因此我们应该更加理性地对待自己的欲求。

僧格林沁驰骋沙场化传奇

僧格林沁曾在驴肉胡同购置过产业。他是我国近代史上显赫一时的武将,他曾英勇抗击欧洲列强,为保卫国家立下汗马功劳,也曾出兵镇压太平天国农民起义军和捻军,所以说他既是一位抵抗外侮的民族英雄,也具有无情镇压农民起义的鹰犬本性。僧格林沁戎马一生,军功卓著,于同治四年(1865)和捻军作战时阵亡。在他50多岁的人生岁月中,约有1/3的时间是在沙场上度过的。他死后,在驴肉胡同的房产重新归为和家所有。

僧格林沁出身于骁勇善战的蒙古族,生于科尔沁左翼后旗哈日额格苏木百兴图嘎查,其父是吉尔嘎朗镇巴彦哈嘎屯人,家境贫寒。道光五年(1825),哲里木盟科尔沁左翼后旗第九代索特纳木多布斋郡王溘然离世,由于索王膝下只有两个女儿,没有儿子,所以道光帝下旨从索王近亲家族中选定子嗣继承王位。府内有不少人觊觎王位,也有不少人持观望的态度。僧格林沁的亲戚布和特木尔得知皇上要从近亲家族中选择子嗣,而侄儿又是索王远房亲族,在血缘上并非索王近支,就让老太监在皇太后面前美言几句,多多关照一下。老太监对皇太后说僧格林沁因为不属于索王近支家族,没能入选,希望她把情况对皇帝说一下。次日,道光帝照例给皇太后请安,皇太后谈起了科尔沁选嗣继承王位的事,她说:"皇帝,我并非干预朝纲,科尔沁索王是你的三姐夫,选嗣就是在为自己选外甥,选择的范围大些才能找到最合适的人选。"道光帝听从母亲的意见,扩大了选嗣范围,僧格林沁才正式成为候选人。

道光五年(1825),科尔沁选嗣入围的16位候选人奉旨来京。管

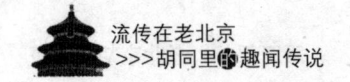

旗章京金宝善带着僧格林沁拜见了伯父达喇嘛。布和特木尔特地教了他一些基本的觐见礼节。选嗣期间，皇太后做了一个非常奇怪的梦：在梦中她在宫门外漫步，忽然东南方飘来一片黑压压的阴云，整个皇城笼罩在黑云之中，景象极为可怕。这时东北方闪现出一道灼人的光芒，瞬间将黑云全部驱散了。她欣喜地追着光亮走去，一只玉石绵羊从天而降，掉落在她面前。她一惊，把玉石绵羊捧起来仔细观看的时候，突然吓醒了。皇太后有些不安，把梦境详细地跟皇帝说了。道光帝立即命人为其解梦，圆梦者说这并非噩梦而是吉梦，东南方有乌云压顶指的是东南方有人谋反，东北方出现驱逐黑云的亮光指的是东北方会有一位贵人相助，保卫皇家天下。皇太后拾到白玉石绵羊，指的是贵人生于辛未年，生肖为羊。大臣们议论纷纷，理藩院大臣说现在正值索王选嗣，入围的必定会有属羊的贵人，众大臣也说科尔沁正处于京城的东北方，而皇太后做的是保天下的吉梦。道光帝觉得朝臣们言之有理，更加重视选嗣一事，于是决定亲自挑选。选嗣当日，道光帝亲自坐在朝堂之上，对入选人一一过目，由理藩院的一位蒙古王爷翻译问话，所提的问题无非是年方几何和读过什么书之类的。其中僧格林沁的回答给道光帝留下了深刻的印象，他年满15岁，属羊，读过两年多的书，非常符合贵人的条件，道光帝于是就钦点他为继承人。这样，僧格林沁就成为了索特纳木多布斋子嗣，继承了蒙古亲王位。

僧格林沁承袭王位后，大部分时间都征战沙场，在抗击外国侵略和剿灭国内农民起义方面屡立战功。咸丰九年（1859），英法联军从上海北上，向白河口进发。他们不理会中国军方劝告，数次蛮横地闯进拦江沙内，引起中国军队的高度注意。中国军队多次派人劝阻，英法联军无比傲慢，完全无视中国的态度，公然以挑衅的姿态闯进中国军队设防的大沽口，中国官兵被彻底激怒了。僧格林沁对侵略者忍无可忍，下令坚决予以回击。清军接连用大炮攻击洋人，把他们打得落花流水。当时英法联军共有一艘大战舰和13只炮艇，交战一天一夜后，4只炮艇被击沉，2只炮艇受到重创，死伤434人，连英国海军总司令也在激烈的战斗中负伤。此次大沽口之战是西方列强自1840年侵略中国以后，中国军方第一次获得决定性的胜利，大大增强了国人的自信心，鼓舞了中方官兵的士气。僧格林沁为维护我国的国防、抵抗外族侵略立下了赫赫功勋。

僧格林沁率领的蒙古大军曾被视为大清王朝牢不可破的长城，他在第二次鸦片战争中指挥清军和蒙古铁骑一举反击英法联军，为维护中国国家主权领土和民族尊严做出了重大贡献。道光十五年（1835），僧格林沁继承科尔沁索特纳木多布斋郡王的王位后，出任过御前大臣和多种军事要职，是深得道光帝重用的一员武将。咸丰年间，僧格林沁掌管御前大臣署管銮仪卫掌卫事职务，颇受倚重和信任。在第二次大沽口之战中，蒙古骑兵奋起抗战，他们置个人生死于度外，与外国侵略者进行了殊死较量。当英法联军的舰队挺进大沽海口时，驻守在双港的扎赉特旗的数百名蒙古骑兵，冒死驰往大沽海口。双方发生恶战后，蒙古骑兵在漫天的炮火中坚决扼守海岸，与攻上岸的侵略者进行了英勇的搏斗，以前驻扎在新城哲里木盟、昭乌达盟上千名蒙古骑兵，火速赶往大沽，由僧格林沁统率。面对扑向中国营垒的英法联军，僧格林沁率领蒙古骑兵予以强有力的回击。蒙古骑兵在敌军密集的炮火夹击下，负伤和殉国者众多。英法联军的攻势太猛，僧格林沁只好调遣蒙古步兵在南岸的炮台壕沟外阻截侵略军，这支勇敢的蒙古步队一往无前，作战奋勇，终于打退了敌军，保住了国家的营垒和地盘。

僧格林沁对外阻击帝国主义列强，对内镇压和绞杀过太平天国义军和捻军。咸丰十年（1860），直隶、山东和河间府地区反抗清政府统治的捻军兴起。朝廷派僧格林沁率领一万多大军平定捻军。同治元年（1862），僧格林沁带领直、鲁、豫、鄂、皖五省兵马再次讨伐捻军，

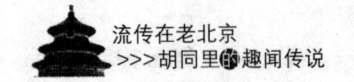

收降十多万人，驱散十多万人。同治四年（1865），僧格林沁在山东曹州高楼寨陷入捻军部下的包围圈，战死沙场。

僧格林沁是一个具有双重色彩的历史人物，他大半生的足迹都印在了广阔的沙场上，驴肉胡同也曾留下过他的印迹。遥想当年，他从一介贫寒之士一夜成为蒙古亲王的继承人，随后跻身武将之列，直到有足够的财力在京城的驴肉胡同购得地产，受到朝廷重用，享有兵权和官位，颇有几分励志色彩。毫无疑问他曾被当作民族英雄祭奠，也曾被视为剿杀农民起义军的冷血悍将，是非功过只能交给后人评说。当我们走进驴肉胡同，想到这位诞生于马背民族的蒙古亲王，胸中不免有一股热血激荡。而今这条胡同带给我们的启示是，真实的人是具有多个侧面和多重色彩的，我们看待人或事物的时候不能过于单一化和平面化，每个人都会受到成长环境和所处时代的制约，僧格林沁的复杂性和两面性正是说明了这一观点。

37. 无量大人胡同

无量大人胡同位于北京市东城区东南部，东起朝阳门南小街，西到东单北大街，南抵东堂子胡同，北有二支巷连通遂安伯胡同，为东西走向，全长700余米，明朝时称"吴良大人胡同"，到了清朝，由于有一座无量庵坐落此地，改称为"无量大人胡同。"1965年，京城整顿地名时被改称为"红星胡同"，名称沿用至

今。这座胡同中,曾居住过不少文化名人,比如京剧大师梅兰芳,外交家黄华、乔冠华、章文晋等,还是中国摄影家协会和摄影媒体的所在地,被视为我国官方摄影的代名词。

无量大人胡同由来的传说

无量大人胡同为什么叫这个名称呢?关于它的由来有两个传说。

据说无量大人胡同的得名与一个叫吴良的人有关,因为无量是吴良的谐音,而无量大人胡同里至今都流传着吴良的故事,所以这种说法成为传播最广的一个版本。相传,当年明朝准备发兵攻打元大都时,朱元璋令吴良先到京城视察一下,以便更好地了解敌方,做到知己知彼。吴良完成了侦察任务,正欲离京,却找不到返回的路线了。由于他平生第一次来到北京,对京城的地理环境感到分外陌生,加之京都的胡同街巷多如牛毛,曲折回环,他走着走着就迷路了。正所谓祸不单行,找不到回去的路他已经够懊恼了,偏偏又被元军发现了。他一路逃亡,元军穷追不舍。直到进了无量大人胡同,吴良才得以脱身。元军亲见吴良跑进了胡同,眨眼之间他就在大军眼下消失得无影无踪,这真是一件奇事。元军不肯就此作罢,把无量大人胡同围了个水泄不通,整整搜查了十天十夜,还是没有找到吴良。吴良当然不可能人间蒸发,他是在一位仙风鹤骨的白须仙人的帮助下逃脱追捕返回明军军营的。明军掌握了元大都的基本情况,没过多久就攻克了京城,吴良为大明立下了大功,得到了朱元璋的犒赏。吴良为了答谢白须仙人的救命之恩,遂再次走进无量大人胡同,并在胡同内修建了一座庙宇供奉,自此,胡同就被命名为吴良大人胡同。

吴良不是一个传说人物,而是历史上曾经出现过的一位真实人物。他是明初时期的杰出军事将领,他早年追随朱元璋在濠梁起兵,擅长水战和侦察，领兵一举攻下太平、溧水、溧阳、集庆，后又追随大将徐达接连攻克镇江、常州、丹阳，和赵继祖夺下江阴。当年张士诚守据在吴地，兵强马壮，由于江阴战略地理位置极为重要，是兵家必争之地，朱元璋对其十分重视，命吴良严加约束士兵行为，保境安民，江阴断不能失守。吴良领命，在江阴一带修筑起完备的防御设施。张士诚领兵攻打明军时，吴良有备而战，巧妙部兵，大获全胜。吴良在江阴的部署可谓是固若金汤，当年朱元璋身在楚地，金陵兵力严重不足，然而张士诚因为吴良筑起的坚固屏障，而放弃了北上进攻金陵的计划。朱元璋曾赞他是当今的吴起。吴良一生南征北战，但从众多史料上看他从未踏足过京城。所以无量大人胡同取自吴良大人胡同谐音的说法是不成立的。胡同里之所以盛传吴良的故事，也许是后人因为吴良与无量同音而妄加推断而来的，也可能是为了纪念这位大明开国功臣而杜撰的。

那么无量大人胡同的名称是怎么来的呢？这便与第二个传说有关。相传在元代有个名叫屠文正的大孝子，他是山阳人，十分挂念在南方的老母亲。时值蒙古大军和南宋在南方热战，他无法回到南方尽孝，时常朝南远眺，望眼欲穿，悲伤饮泣。为了给老母亲祈福，他入庙礼佛，日日祈求佛祖护佑母亲福寿安康。后来南宋归降，南方战局趋于平稳，屠文正立刻寄信打探母亲的现状，几日后，却得到母亲早已不在人世的噩耗，他顿时泪如泉涌，面南跪地大哭，悲不自胜。为了纪念老母亲，屠文正购置了十几亩地产，修筑了一座无量寿庵，他每日早晚两次入庵祭奠母亲。以后，此地有了人家和巷陌，形成了胡同，人们便直接以庵名给胡同命名，所以就有了无量大人胡同的名称。

当我们走进无量大人胡同，不禁会想起有关胡同名由来的传说，民间传说反映了老百姓对开国功臣的爱戴以及对孝悌文化的认同。对家国的感情和孝道在任何历史时期都不会过时。如今这条胡同传达给我们的理念是，家国之爱和孝道是我国的传统美德，它们应当被发扬光大，热爱祖国、以孝持家仍然是我们现代人应该持有的正确观念。

梅兰芳三改《霸王别姬》

无量大人胡同 24 号是我国享誉世界的京剧表演大师梅兰芳的宅第。1920 年，他为了让年迈的祖母安度晚年，在京城的无量大人胡同购置了此宅。宅院由 7 个连通的院落组成，筑有美不胜收的莲花池、别致的假山花园，还有一座西洋风格的双层建筑。这里记录了梅兰芳太多的人生轨迹，当年他就是在这所宅院里迎娶福芝芳，他们的四个孩子也都在这里降生，祖母和王夫人也都是在这里过世的。在抗战爆发前，梅兰芳一直居住此地，他在这所大宅里编排过《霸王别姬》、《洛神》、《西施》和《春灯谜》等经典剧目，还招待过不少国内文化名人和瑞典王储夫妇、美国前总统威尔逊夫人、日本歌舞伎艺术家守田勘弥和画家渡边、美国好莱坞影帝范朋克、意大利女歌唱家嘉利·古契、印度大诗人泰戈尔等国际友人。直到 1932 年迁居上海，梅兰芳才离开此宅。

梅兰芳是我国近代杰出的京剧表演艺术家，居于"四大名旦"之首，是"梅派"创始人，代表剧目为《贵妃醉酒》和《霸王别姬》等。京剧是我国的传统艺术，也是老北京人喜闻乐见的一种艺术表演形式，它又叫作国剧，被誉为中国的国粹。它融传统文学、古典音乐、优美舞姿于一体，形成了唱念做打完美结合的艺术体系，全面展现了华夏民族博大精深的历史文化，也对世界艺术的发展起到了推动作用。梅兰芳是把中国京剧搬上世界艺术舞台的著名京戏艺术大师，在西方人眼中，他便是京剧的代名词。

在梅派戏剧诸多经典曲目中，《霸王别姬》无疑是最具影响力的作

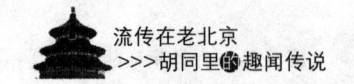

品，它是梅兰芳大师在戏剧舞台上倾情表演的最为动人的艺术形象。《霸王别姬》原名《楚汉争》，由武生泰斗杨小楼饰西楚霸王项羽，梅兰芳饰虞姬，经过梅兰芳不断修改创新之后，成为国内外观众最为喜爱的剧目之一。当年梅兰芳在无量大人胡同24号宅院里为这一新剧煞费苦心，在唱腔、舞蹈、服装道具和舞台灯光等方面的设计耗尽了大量时间和心血。

《楚汉争》最初是由杨小楼和尚小云联合主演的。梅兰芳前往戏院观看的时候，听到有观众说："《楚汉争》没有什么尖锐的矛盾冲突和激烈的争斗，真是名不副实。引人注意的倒是那个可怜的虞姬，她死得好冤啊！"梅兰芳把观众的一番见解牢牢地记在了心上，决心把《楚汉争》改编成《霸王别姬》，使戏剧更富张力，矛盾冲突更加明显，增强该剧目的吸引力。当时中国正处于混乱的军阀混战时期，梅兰芳改编此剧目意在反战。他很快与齐如山初部创作了《霸王别姬》的剧本，原为配角的三号人物虞姬一举上升为主角，加了许多重头戏，连续两场演完。梅兰芳在家中辛苦排练，对虞姬的个性以及与项羽的关系进行过深度剖析，他认为虞姬既是辅佐项羽的谋臣，又是他的红颜知己。面对项羽时她强装笑脸，欢颜透出忧郁；当她背向项羽时，则是愁容满面，表情凄苦。梅兰芳为了将人物复杂的内心感受表演得具有真实的层次感，频频练习虞姬的动作和脸上的细微表情。

1922年2月，《霸王别姬》在北京第一舞台首次公演，梅兰芳和杨小楼珠联璧合，共同演绎了这段英雄美人的千古传奇。观众都觉得演出非常成功，对两人的表演评价很高。正当梅兰芳备感欣慰之时，从观众席传来一位老者倒吸凉气的声音，梅兰芳不知他有何不满，便走过来询问。老者回答说："这部戏好是好，就是太长了，连看两场真累得人透不过气来呀！"梅兰芳认真听取了这位观众的意见，于是决定将《霸王别姬》浓缩成一场的新版本。回到家中，梅兰芳花了些时日认真改写了新版《霸王别姬》，全新的剧目公演后，获得了满堂喝彩，梅兰芳也很满意。可是没多久他又遇到了另一名不欣赏此剧的老者，那名坐在第一排的老者看完戏后竟然连连摇头，一副不敢苟同的样子。

《霸王别姬》谢幕后，梅兰芳立即派人打听老者的来历，想问他有何意见。可惜老者早已离场，好在他下次又来看梅兰芳演戏了。梅兰芳这次没有错过他，派人安顿了老者，还说要亲自登门拜访。老者没想到堂堂的京剧大师居然如此重视自己这个无名之辈，觉得有些不可思议。几日之后，梅兰芳没有食言，亲自到老者家里拜访他。说了几句客套话之后，梅兰芳开门见山地问老者摇头的原因。老者对剑术有一番研究，他说："你舞剑的套路和尚小云完全相同，但尚小云有武生的功底，舞起来力道十足，这方面你是比不了的。何况虞姬是位温柔贤淑的女子，舞剑的姿态应该是偏柔的，所以这段剑舞应该改改。"梅兰芳觉得老者分析得很是在理，于是称谢告辞。回到无量大人胡同，他又开始修改《霸王别姬》的动作设计，还专门请教了一些擅长剑术的高人。历经一番精心的改编后，虞姬的舞剑套路才演变成今天这样的版本。

《霸王别姬》的艺术成就至今无人超越，虞姬的服饰设计、身段舞姿、唱念做打等皆是梅兰芳依据人物的性格特征和内心情感精心设计的，不但表现出了虞姬的果敢、善良和反战的特点，还体现出了她雍容尔雅、祥和英武的独特韵致。其中那段精彩绝伦的剑舞是剧中的一段重头戏，梅兰芳舞剑不是刚劲狂舞，也不是炫耀武艺，而是充分根据虞姬的艺术形象设计出来的舞姿动作，使人物感情的宣泄和故事情节的发展恰到好处地结合，直到挥剑自刎，全剧达到高潮。梅兰芳悉心听取观众意见，使虞姬的剑舞成为全剧最为精彩的一段，每次演出都受到观众热捧。除杨小楼外，他还和其他六位演员有过合作，《霸王别姬》成为久演不衰的经典曲目。

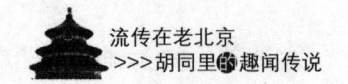

当我们走进无量大人胡同,不由想到梅兰芳苦心孤诣地在胡同内的深宅大院里反复修改《霸王别姬》的故事,他曾在此地改写剧本,排演剧目,练习动作和表情,可以说这里很好地记录了他刻苦钻研戏剧艺术的岁月。而今这条胡同传达给我们的理念是谦虚的重要性,正所谓"满招损,谦受益",无论是追求艺术还是对待工作,只有永不自满、虚心认知自己的不足才能不断进步,迎来自己事业的高峰。

38. 丰收胡同

丰收胡同原名豆腐巷,位于北京市建国门内,据《胡同集》记载,400多年前因此地设有豆腐房而得名。胡同名称沿用至20世纪60年代,被改称为丰收胡同。丰收胡同东起大羊毛胡同,南到老钱局胡同。著名诗人艾青曾经在此胡同里的一座古色古香的四合院里居住过,而今这里已经被拆建成现代化高楼大厦,艾青的故居踪迹全无,这不能不说是件遗憾的事。但是当人们经过或是刻意走访丰收胡同,仍然能想起有关艾青的各种京城旧事。

艾青浴火重生的激情

艾青原名蒋海澄,他的一生跌宕起伏。刚刚出生就因为难产被迷信的父母抛弃,送给一名名叫大堰河的贫苦农妇收养。艾青在大堰河家里足足生活了5年。他的童年虽然无比贫困,但是善良淳朴的大堰河将他视为己出,无私地疼爱和照顾他,弥补了他心灵上亲情的缺失,也为他日后走上诗歌创作道路埋下了伏笔,那篇著名的诗篇《大堰河——我的保姆》就是艾青为他的养母创作的。艾青回到亲生父母家里后,依然不被家人所接受,只能以叔叔、婶婶来称呼父母。这种冷漠的家庭环境造就了他敏感的性格,这种敏感的烙印之后像涓涓的清泉一样顺着他的笔杆流出,流淌在诗歌的字里行间。长大后,艾青曾前往巴黎勤工俭学研习绘画,在异国他乡他接触了大量的欧洲现代诗歌。

1933年,他首次使用艾青的笔名发表了赞美养母的长诗《大堰河——我的保姆》。这首诗歌是他在狱中写成的,诗文以真挚深沉的感情、清新独到的诗风而名躁诗坛,从此艾青的才华一发而不可收,先后出版了诗集《北风》、《大堰河》、《火把》、《向太阳》、《黎明的通知》、《欢呼集》等,笔触热烈浑厚,感情炽热,体现了对国家和人民的深厚情感。中华人民共和国成立后艾青出任《人民文学》副主编,写下了《宝石的红星》、《春天》、《黑鳗》、《海岬上》等诗集。

艾青大半生辗转飘零,直到1956年和高瑛结婚之前才购下了丰收胡同21号宅院作为北京的居所。可惜命运弄人,他只在新居里居住不到两年的时间又匆匆离京,重新过起了动荡不安的生活。十一届三中全会后,他和妻子重新回到了丰收胡同21号院,可见他对老宅的感情之深。直到1990年迁入东四十三条97号,夫妇二人一直在当年新婚的旧宅里居住。这段时光对大诗人艾青来说是较为惬意和舒适的。当年作协不惜花费高价为他租豪华的高级公寓,他都坚持不肯住,因为他心里还是惦记自家老宅,用他自己的话说就是"踩着自己的地,踏实;仰看自己的天,舒畅"。自从搬回这座宅院,艾青在闹市中找到了人间的世外桃源,它的宁静、温馨和恬适给晚年的艾青带来了真正意义上的心灵平静。宅院里花木繁茂,还有一架成荫的葡萄,富有自然和生活气息。艾青对这所旧宅的感情是难以言喻的,如果一定要用语

193

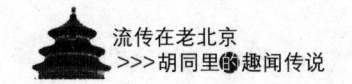

言来形容，莫过于他自己的诗句："为什么我的眼里常含泪水，因为我对这土地爱得深沉。"艾青对旧所的爱无疑是深沉的，否则他也不会坚决回绝作协的好意，放弃更豪华的居所，宁愿在这所小院里安度晚年。

四合院窗明几净，茶几上摆满了各类杂志、书籍，艾青在写作之余喜欢阅读港台地区和欧美的书刊，时而品茗或者抽555牌香烟，有时远眺窗外的田园景色。1985年5月25日，郭应文、岩石等文化名人到丰收胡同拜访了艾青。那时的艾青已是73岁高龄，他身着一袭中规中矩的深色中山装，目光随和，谈吐诙谐。郭应文和伍权朗读了自己的诗作，希望艾青能指教一二。艾青告诉他们说作诗必须深入了解各种生活现象，然后像大浪淘沙一样提炼出金子般闪光的东西。这句话一针见血，郭应文此后多年都谨遵艾青的教诲。范源说他打算致力于写农民题材的文学作品，艾青很赞同他的想法，认为我国的农民身上有很多值得挖掘的素材，这条创作道路会越走越宽的。之后，艾青又谈到了自己平时的写作生活，为了充分利用早晨的时光，他养成了每日早起的习惯。他鼓励后辈多多创作文学作品，在郭应文等人的要求下，他还为刊物和作品题了名。

艾青在晚年文思泉涌，年轻时的才华和热情不见削减，他的诗情犹如一泻千里的瀑布一样大气磅礴，《光的赞歌》、《在浪尖上》、《鱼化石》、《墙》、《古罗马大斗技场》等都是传颂不衰的时代佳作。其中《光的赞歌》和《古罗马大斗技场》等长诗，构思巧妙，凝练精悍，表达了诗人渴望光明、探求真理的追求，全篇主题宏大，感情深挚强烈，见解睿智，富有想象力和哲理意蕴。

《光的赞歌》是艾青历经人生磨难后，对过往全面总结的结晶。他选择在光的照耀和指引下，思考人生、观察世界。在诗人眼中，唯有光的形象最符合自己情绪的需要，其他的形象与之相比较就显得无足轻重。因此，艾青热情地抒发了对光的渴求和由衷的赞美。他写到了光的诞生,"诞生于撞击和磨擦/来源于燃烧和消亡的过程/来源于火、来源于电/来源于永远燃烧的太阳"。这是对自然宇宙之光的科学诠释,同时又具有象征意义,旨在说明人类社会的前进和发展也是在光的指引下经历了无数斗争得来的。艾青曾说这首诗完全属于他的个人宣言,他要告诉这个世界,无论经历多少苦难,他永远不会动摇自己的信念,他要和全人类一起迎接新的光明。

艾青的《古罗马大斗技场》是他晚年创作生涯的又一里程碑。他以苍凉沉郁的笔触揭示了人类的苦难,通过对古罗马大斗技场的感叹,鞭挞了人类的罪恶,表达了对人类数千年阶级斗争的思考,激情澎湃地呼唤正义的到来,具有发人深省的力量。诗人看到古罗马大斗技场的遗址感慨万千,它究竟是古罗马强盛一时的象征还是奴隶社会残忍的浓缩?这是艾青以犀利睿智的历史眼光,写给我们的警世之言。虽然世界处于和平发展时期,但贫困、磨难、罪恶和霸权主义仍然有存在的土壤,人类社会真要步入完全的文明还需要经历漫长的斗争和等待。

如果说《光的赞歌》是艾青对光的毕生追求的表达,那么《古罗马的大斗技场》就是他对于人类深重苦难和不休斗争的不朽绝唱。讴歌光明和抒发对苦难的思考是艾青诗歌创作的两大主旋律,而《光的赞歌》和《古罗马的大斗技场》正是这两大主旋律的高潮,将诗歌的艺术推向了全新的高度。

当我们走进丰收胡同的旧址,已经找不到艾青当年居住过的四合院,建筑可以消失,但是艾青的痕迹并不会因此而被完全抹去。当年就是在这条胡同的四合院里,艾青漂泊的灵魂得到了皈依和安定,他用他的诗歌表达了对人生和生活的思考。而今这条胡同传达给我们的理念是,无论经历过多少磨难,都不能熄灭心中的光明之火,只要继续坚持自己的信念,用豁达的态度笑看人世风云,就能超越沧桑,收

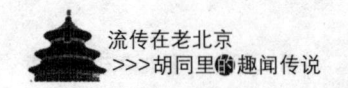

获真正属于自己的幸福。

39. 鬼门关胡同

京城最让人毛骨悚然的胡同莫过于鬼门关胡同,人们只要一听胡同名就会心中一凛。然而这种名称吓人的胡同北京共有四条,一条位于二龙坑附近,一条位于琉璃厂,一条位于孔庙后身,一条位于西城区东部。前三条胡同或者因为地理位置过于偏僻或者由于流传着鬼怪传说而得名,而第四条胡同则是与康熙帝诛杀索额图父子的真实历史事件有关。索家后人不愿揭开家族的伤疤,故向世人隐瞒了胡同得名的真相,以至于知道胡同名来历的人较少,然而揭开历史神秘的面纱,当年的事件就像尘封的档案一样被翻阅了出来。索额图宅前的鬼门关胡同现在叫作旌勇里,这条胡同在明朝时叫作椿树胡同,清康熙年间称为鬼门关胡同,乾隆年间,人们为了祭拜云贵总督明瑞修建了旌勇祠,乾隆帝特地下诏建碑,之后一些战绩彪炳的武将如扎拉丰阿、观音保、李全、王玉廷、德福等也在祠堂内享受世人祭祀。胡同便改称为旌勇里,旌勇,即表彰忠勇之意,至今保存下来的古代遗迹包括山门、碑和享殿。

康熙诛杀索额图父子

西城区东部兴华胡同附近的鬼门关胡同,是清代权臣索额图父子居住过的地方。索额图曾是康熙帝的左膀右臂,他辅佐康熙计擒鳌拜,成为深受朝廷信任的一等功臣,并多次参与重大政治活动,与沙俄签订《尼布楚条约》,然而最终却沦落为大清王朝的第一罪人,不但自己获罪身死,连膝下的两个儿子也受到株连。这究竟是为什么呢?

其实康熙与索额图积怨已久。康熙三十五年(1696),康熙帝御驾亲征噶尔丹,率领中路军与大清将领费扬古、孙思克麾下的西路军分路进发。因为天气骤变,风雪交加,导致康熙帝的军队行程滞后,没能顺利和西路军会师。军中又传来噶尔丹很快就有6万俄罗斯援兵的消息,致使人心惶惶。索额图为谣言所惑,力请康熙帝马上移驾回銮,撤回中路军。结果西路军孤军奋战,康熙帝回銮后深以为耻,曾激动地流下眼泪说:"朕亲征噶尔丹,以平定叛乱为念,不知索额图等人把朕看成什么人了,令朕抛弃西路军返京,如今也不知西路军怎样了。"幸运的是西路军在大将费扬古和孙思克的带领下,奋勇杀敌,力挫噶尔丹,获得全胜。但从此康熙帝在心里种下了对索额图不满的种子。

吴三桂和耿精忠叛乱时,举国上下一片骚动。索额图却不赞成清廷出兵讨伐叛军,他强调藩王作乱皆由撤藩政策所致,所以应将献计撤藩的朝臣全部处死,以稳定藩王情绪,遭到康熙帝的严厉斥责。以后康熙帝对索额图的军政之策多有疑虑,索额图也明显感到自己失去了皇帝的信任,于是就于康熙四十年(1701)九月,以年老为由启奏辞官。康熙恩准,索额图离开了官场,但一代风光无限的重臣怎能甘心沦为一介布衣?故他伺机而动,与失宠的太子胤礽抱团取暖,试图卷土重来。

康熙四十一年(1702),康熙前往德州南巡,正值皇太子胤礽染病,于是下诏令索额图到德州侍奉生病的太子。康熙帝的这一举动表面上是召索额图探视太子,实则为除掉索额图做准备。由于索额图是太子生母的亲叔父,与太子血缘很近,两人平时交往甚密,倘若康熙帝要处置太子,索额图自然也会受到牵连。康熙帝早就对冥顽不灵的太子深感不满,对太子和索额图密谋国事、企图篡位的计划也时有耳

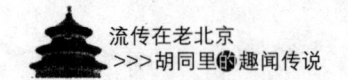

闻，于是巧妙布局，打算一箭双雕。索额图和太子在德州任意妄为，索额图骑着高头大马行至太子寓所的中门才迟迟下马，这种做法在当时是犯了死罪，但太子毫不介意。太子所用的器物都与皇帝如出一辙，所行仪仗也跟皇帝一模一样。种种迹象表明，他对父皇的金銮宝殿窥视已久，迫不及待地想要登上皇位。

康熙帝得知后大怒，在掌握了太子和索额图谋朝篡位的证据后，以潜谋国事、结党营私的罪名将索额图押解到宗人府。在查办索额图之前，康熙帝当机立断，先把索额图的家人和党羽囚禁了起来，又把他们的子孙全部革职，还严词告诫守卫说："你们如果和索额图产生瓜葛，必会受牵连而死。"以此防止看守偷偷给索额图报信。可见索额图党羽众多，康熙帝需要处处提防。索额图被抓捕后，人们还是不敢揭发他的罪状。由于他和太子关系密切，如果太子登基，索额图势必东山再起，那时得罪他的人就会受到打击报复。康熙帝在上谕中说索额图一案牵连人数众多，举国难安，如果不除索额图，恐后患无穷。在此种情况下，康熙决意处死索额图，不久索额图便以大清第一罪人的身份死于狱中。

关于索额图的死还有另一个传说。相传索额图曾倚仗权势无故将一名无辜的仆人射杀，而这名仆人也不是泛泛之辈，其父是康熙身边的侍卫。侍卫为报杀子之仇，向康熙揭发了索额图所犯之罪，这正中康熙下怀。康熙早就想除掉索额图，索额图与太子久怀谋逆之心，其罪当诛，而今又有了新的罪状，于是立即下令捉拿索额图归案。当宗人府的兵马奉命赶到太舟坞擒拿索额图时，正值天寒地冻的时节。索额图事先对危险毫不知情，正与莺莺燕燕的妻妾们把酒言欢，津津有味地吃着丰美的涮羊肉。为了炫耀财力，他用纯金铸造了涮肉火锅。当见到手持武器的兵丁闯入时，索额图负隅顽抗，踢飞了装有滚水的火锅，妄图最后一搏，火锅滚落到了庭院中的荷花池里。最后索额图被抓捕归案，拘禁于宗人府，没过多久就死于狱中。乡邻们见官兵们兴师动众地拿人，就打起了金火锅的主意。众人一走，他们就在荷花池里寻找金火锅，随便把值钱的物什都席卷一空。索额图的豪宅被夷为平地，荷花池变成了荒草茂盛的河滩，200多年后洼地上绽放了千万朵荷花，堪称百年奇观。

索额图死后，康熙帝并未平息对索家的怨恨。9年之后，他又下令将索额图的两个儿子诛杀。据说官兵逮捕他们时，他们就是从家门前的胡同里被押往大狱的。因为这条胡同牵扯到索家三条人命，所以就被称为鬼门关胡同。索家后人不愿重提旧事，也不想自揭祖上的伤疤，从未跟外人提及鬼门关胡同与索额图父子的联系，于是这段历史便被尘封起来。

当我们走进鬼门关胡同，不由得会感到头皮发麻，索额图父子的大案远比所有的鬼怪传说更有震撼力。如今这条胡同传达给我们的便是权力斗争的残酷性，尽管历史的风云已经散去，但这件大案仍然可以给后人以警世作用，对权力的病态迷恋、对权术登峰造极的追求，是不少人走向末路的重大原因之一，世人应引以为戒。

199

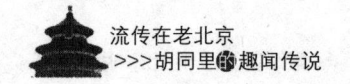

40. 小石虎胡同

小石虎胡同位于北京市西长安街之北，东起横二条，西到西单北大街，全长不足 200 米，明朝时称石虎胡同，相传因胡同内一古庙前的虎形石雕而得名。小石虎胡同的 33 号（旧时为 7 号）院在明朝时期是延陵会馆，是入京赶考的江南才子居住之所，明末时成为东阁大学士、宰相周延儒的宅第，到了清朝又成了吴三桂之子吴应熊的宅第。雍正三年（1725）被改为右翼宗学府，曹雪芹曾在这里任职，构思《红楼梦》。民国十一年（1922），梁启超为纪念已故的爱国将领蔡锷在此地开设了松坡图书馆第二馆，由诗人徐志摩担任英文秘书一职。小石虎胡同 31 号（旧时为 8 号院）为清高宗长子定亲王的府邸绵德府，府宅坐北朝南，北院植有一棵枝繁叶茂的古枣树，已有 600 多年寿命了，堪称京城最古老的古枣树，被誉为"京都古枣第一株"。

曹雪芹的一把辛酸泪

小石虎胡同33号院是曹雪芹家道中落时任职和居住的地方，当年他于乾隆年间在右翼宗学任教，与郭氏兄弟结为良友，并开始构思旷世名著《红楼梦》。

曹雪芹出身于清代名门望族，曹家三代官袭江宁织造，身居要职达60年之久。曹雪芹祖母做过康熙的乳母，祖父是康熙帝的伴读和御前侍卫，后来官至江宁织造和两淮巡盐监察御使，康熙六次南巡，四次入住曹家，可见曹家与皇室的关系无比密切。曹雪芹自幼就在这样的显赫之家长大，过着锦衣玉食的奢华生活。雍正五年（1727），封建统治阶级内部的权力之争牵连到了曹家，曹雪芹的父亲被革职收押，曹家败落，自此一蹶不振，曹雪芹随家人迁居京城。曹雪芹在极短的时间内由一位豪门贵公子转变为食粥果腹的落魄文人，这种家庭的巨变给他的一生带来了巨大影响，使他对封建专制制度有了更为深刻和警醒的认识。乾隆二年（1737），曹家曾有过转好的迹象，曹雪芹的父亲被囚禁多年后，终于获得自由，曹雪芹也因此得到了六品州同的官职。曹家似乎有再现辉煌的趋势，然而世事难料，又一桩大案落到了曹氏家族头上。曹家再次被炒，曹雪芹的祖母也在这次重大打击之下溘然长逝。

为了维持生计，曹雪芹考取了拔贡，在位于小石虎胡同的右翼宗学谋到了差事，辅助教学。右翼宗学是国家专门为皇家子弟开办的官学，曹雪芹在这里工作了两年。在这所贵族学校，曹雪芹与郭敏和郭诚结下了深厚的友谊。郭氏兄弟系努尔哈赤十二子的五世孙，两人都在右翼宗学读书。刚进学堂时敦敏年仅16岁，敦诚只有11岁，两兄弟聪敏好学，尤其喜欢诗文。郭家也遭遇过和曹家类似的重大变故，

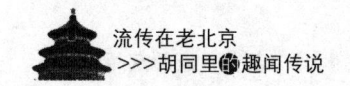

他们与曹雪芹一见如故，颇有"同是天涯沦落人"的感慨。虽然他们是师生，又并非同龄人，然而相似的遭遇、相投的志趣，使其跨越了各种鸿沟，成为莫逆之交。当曹雪芹过着饥寒交迫、一贫如洗的生活时，郭诚赠给他一首诗："劝君莫弹食客铗，劝君莫叩富儿门。残杯冷炙有德色，不如著书黄叶村。"勉励他不管生活怎么潦倒也要坚持把《红楼梦》写出来。这首诗真实地反映了曹雪芹当年在京城的凄苦生活。为了生存，他不得不放下自尊和全部的骄傲向富有的亲戚求助，时常还要看人脸色行事。他因为与郭氏兄弟是挚友，所以免不了抱怨感叹，于是郭诚才写诗鼓励他。

据郭诚的《寄怀曹雪芹沾》所载，当年曹雪芹经常和郭氏兄弟在小石虎胡同33号宅院里聚在一起吟诗作赋，他们在古枣树下饮酒泼墨，谈古论今，度过了一段非常美好的时光。遥想当年，三个亲密无间的好友在这里把酒吟诗，共赏晨夕美景，是一幅多么风雅又充满人情味的画面。自曹家落魄以后，曹雪芹从人间天堂跌入谷底，看尽了世态炎凉，受尽了冷眼挖苦，从此变得恃才傲物，之前自比阮籍的自信在残酷的现实面前逐渐被层层剥离，郭氏兄弟的友谊在当时的时期给了他莫大的宽慰和温暖。在两兄弟面前，曹雪芹可以毫不设防地吐露自己的心声，不必因为囊中羞涩、人生苦闷而感到汗颜。三个人由于经历相近，在思想感情上是完全相通的。郭氏兄弟欣赏他的性情和才华，郭敏曾用"傲骨如君世已奇，嶙峋更见此支离。醉余奋扫如椽笔，写出胸中块垒时"来赞美他。

曹雪芹在郭氏兄弟的鼓励下，开始构思《红楼梦》。《红楼梦》开篇的"满纸荒唐言，一把辛酸泪。都云作者痴，谁解其中味"正是曹雪芹当时心境的写照，这几句他在小石虎胡同的枣树下可能吟哦过千百遍，早已烂熟于心了。《红楼梦》是曹雪芹字字血、声声泪，披阅十载、增删五次完成的文学巨著，代表我国古典文学作品的最高成就。

这部鸿篇巨制是以他本人的人生经历为基本蓝本，通过贾、史、王、薛四大豪门望族的兴衰史揭示出封建王朝的腐朽黑暗的内幕，以林黛玉和贾宝玉的爱情悲剧批判了封建礼教的吃人本质。曹雪芹以叛逆的贵族子弟贾宝玉之口讽刺科举制度，指出一心考取功名的读书人是禄蠹。将楚楚可怜的林黛玉刻画成孤高、脱俗的美丽女子，表达出了自己对高洁品性的向往和对嶙峋傲骨的赞美。四大豪门望族一荣俱荣、一损俱损的关系正是封建社会利益上盘根错节的象征，它们的轰然倒塌在一定程度上是曹雪芹以自家遭遇所做的设定，但同时又象征着封建社会腐化势力必然走向灭亡的历史规律。荣华梦断、家破人亡的惨剧，不禁让人想起了曹家遭遇的变故，曹雪芹无疑把深藏在心底的感情尽情宣泄到了这部作品中。

曹雪芹在小石虎胡同艰难为生的经历，一定对《红楼梦》的创作产生了重大的影响。那个时期的他远离官场，傲视权贵，孤高而又敏感，亲戚的冷漠又令他分外难堪，郭氏兄弟的劝慰和友谊给了他勇敢生活下去的勇气。过着贫寒的底层生活，他仍然没有放弃对诗书的追求，这也跟他与郭氏兄弟在古枣树下潇洒地饮酒作诗的那段经历有关。《红楼梦》的诞生是曹雪芹心理路程的必然产物。当我们走进小石虎胡同，望着那株有600年树龄的古枣树，便会联想到当年曹雪芹和郭氏兄弟晨夕相处的那段时光，他们也许不止一次地谈到过《红楼梦》的创作，或许那时谁也没有意识到这部横空出世的作品对中国的文学史产生的巨大影响，但是他们一定觉得完成这部作品意义重大。而今这条胡同传达给我们的理念是，艰难困苦、玉汝于成，贝壳因为承受住了沙砾之痛孕育成了光彩夺目的珍珠，人如果能把苦难转化成宝贵的财富，所得到的东西将是难以估量的。曹雪芹因家变而著《红楼梦》，说明的也是这个道理。

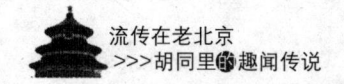

梁启超创建松坡图书馆

梁启超创办的松坡图书馆旧址位于小石虎胡同33号，这座图书馆是他为了缅怀我国著名爱国将领，也是他门下的得意弟子蔡锷筹建的。因为蔡锷的字是松坡，故取名为松坡图书馆。这座图书馆专门收藏外国书籍和刊物，藏书部分来自梁启超游历英、法、德、日等国家携带回来的外文书刊。梁启超还兴建了一个图书俱乐部。当年丁文江、蒋方震、张君劢、徐志摩等文化名人都在这里任过职。梁启超本人担任图书馆馆长。而今这里的草木砖石和氤氲的书香，处处充溢着浓郁的诗情，松坡图书馆不仅留下了许多文人墨客的影迹，还见证了梁启超和蔡锷亦师亦友的旷世友谊。

梁启超和蔡锷的师生情谊是在时务学堂结下的。梁启超在学堂授课时年仅24岁，年轻气盛，言论大胆，他以《公羊》、《孟子》为课本，每日讲课4小时，课下令学生做札记，然后据此悉心指导。当时学堂里只收了40名学生，蔡锷年纪最小，然而成绩却出类拔萃，引起了梁启超的重视。梁启超对这位特别的学生给予了重要启蒙和提点，这对蔡锷的一生产生了重大影响。后来蔡锷东渡日本，决心报考军校。梁启超笑着说："你一介书生能肩负起军事重责吗？"蔡锷态度坚决地说："希望先生助我进入军校学习，如果将来我不能成为一名合格的军人，就妄为先生的学生！"梁启超见蔡锷心意已决，就热情帮助他联系学校事宜，最终蔡锷顺利地进入东京京城学校就读，靠写稿和翻译所积攒的钱支付学费。蔡锷以优异的成绩从军校毕业后，在仙台骑兵联队实习了4个多月的时间，之后在陆军士官学校深造。1904年，他归国从军，逐渐成长为横跨军政两届的杰出军事将领。

袁世凯企图复辟帝制时，师生二人旗帜鲜明地加入讨袁的斗争中。在革命果实易主的危急时刻,梁启超和蔡锷决心联手负起拯救国家的大任。两人商定,分头行动,放手一搏。梁启超主要负责利用舆论界的呼声抵制袁世凯,蔡锷主要负责秘密进行军事行动。一文一武两方面夹击袁世凯。就这样,一名42岁的进步文士和一名33岁的爱国将军,不顾个人安危,愿意以性命捍卫民国的理想。当蔡锷被袁世凯软禁在京城时,师生二人依然没有放弃策划反袁活动。蔡锷历尽千难万险逃脱之后,立即返回了云南省,揭开了护国战争的帷幕,与此同时,梁启超以笔作枪,为蔡锷出谋献策,在北方声援蔡锷的护国行动。两人的友谊在共同的理想下变得更加深厚。当年蔡锷强烈要求袁世凯撤销帝制、恢复共和,并下发了最后通牒,袁世凯不加理会。梁启超拟文讨袁通电,蔡锷和唐继尧发向全国,宣布云南省独立,号召国人众志成城一起讨伐国贼,护国战争自此全面爆发。

1916年,蔡锷病逝于日本。梁启超惊闻噩耗,悲恸不已,在爱徒的追悼会上,梁启超做了一次感人肺腑的演讲,号召人们学习蔡锷的高贵品质。他亲自为蔡锷题写了挽联和祭文,表达了痛失挚友和挚爱门生的惋惜之情,字字泣血,情真意切,令人痛心。永失爱徒是梁启超人生中抹不去的伤痛,蔡锷的英年早逝留给世人无限叹息,为了让国人永远怀念这位爱国将军,梁启超发起创办松坡图书馆的行动。

梁启超创建松坡图书馆除了缅怀蔡锷外,还想号召人们效法蔡锷,投入救国运动中。社会各界纷纷响应,捐出了数万元资金和数万册的图书。图书和资金到位了,但图书馆的馆址还没有确定下来。1922年,梁启超等人联名上书黎元洪总统,建议把松坡图书馆的馆址选在北京北海公园,理由是北京人流量大,交通发达,影响力大。北海公园是市民的娱乐场所,图书馆则是教育国民之所,而纪念蔡锷这样的爱国志士,更能教育国民。梁启超写下了《松坡图书馆记》和《松坡图书馆劝捐启》两篇文章,言辞恳切地号召各界人士关注松坡图

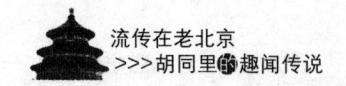

书馆的兴建情况。

同年黎元洪批准在北京北海公园快学堂和小石虎胡同33号（旧时为7号）开办松坡图书馆，前者为主馆，也称松坡第一图书馆，所收藏的书籍皆为国文图书；后者为分馆，又叫作松坡第二图书馆，收藏的书籍为外文图书。梁启超被推举为松坡图书馆馆长，为了方便读者查阅图书，他专门聘请了经验丰富的专家从事图书的分类编目工作，还为图书馆设置了防火、防盗的设施，另外通风采光的设计也极为讲究，以求保证良好的阅读环境。虽然梁启超常为图书馆的经费费神，但是他仍坚持通过捐助等多种方式维持图书馆的正常运营。在他和同人的不懈努力下，松坡第二图书馆图书目录编辑工作全部完成，终于于1924年6月1日正式开馆，当月就有456名读者入馆阅读。1925年10月1日，松坡第一图书馆对外开放。松坡图书馆办得有声有色，在扩大读者阅读知识面的同时，又纪念了逝世的蔡锷将军，也宣传了爱国思想，可谓一举三得。梁启超和蔡锷师徒的深厚友情和铁肩道义，借助松坡图书馆的开办成为了历史上盛传不衰的一段佳话。

后来由于国内政局动荡不安，松坡图书馆被迫于1928年合并，快雪堂的图书馆坚持对外开放。中华人民共和国成立以后，松坡图书馆并入北京图书馆。当我们踏入小石虎胡同33号，尽管已经见不到东坡第二图书馆，但是依然能借助史料透过时空的阻隔了解它当年筹建的概况。站在东坡第二图书馆的旧址面前，我们不由得会想起梁启超和蔡锷的深情厚谊。他们的友谊远比伯牙和子期更加令人动容，两人均是国内精英，于国难之时同仇敌忾，携手抵制帝制，为拥护共和体制愿意付出生命，这样生死与共的友情又是何人能比得上呢？而今这条胡同传达给我们的理念是，人生在世，能找到真正的知己是十分难得的，我们应该懂得珍惜。也许很多人对于我们来说只是匆匆过客，但给予我们弥足珍贵的友谊的人我们理应珍视。所谓的惺惺相惜并非建立在任何利益的基础上，而是建立在真实的情感和志同道合的基础上，倘若我们能够遇到这样的朋友，那将是我们一生的幸运和福祉。

41．木厂胡同

木厂胡同位于北京市原崇文区西北部，东起崇文门外大街，西到北官员胡同，全长为620米，宽为6米。明朝时称为木厂儿，由于此地是木厂的聚集地而得名，在清乾隆时期绘制的《京城全图》中，标记为木厂胡同，胡同西段路北设有灵官庙，故又称之为灵官庙街。清咸丰时期，由于修建了兴隆寺，所以灵官庙街和西段改称为兴隆街。木厂胡同在清末民初时商铺云集，木厂林立，木业萧条后，兴起八家远近闻名的鞋铺，专门生产结实耐穿的"千层底"布鞋。1965年，木厂胡同和兴隆街合并为东兴隆寺街。木厂胡同的四合院传闻是李莲英在京城的外宅之一，1929年成为著名京剧大师焦菊隐、程砚秋开设的中华戏曲专科学校的校址。

流传在老北京
>>> 胡同里的趣闻传说

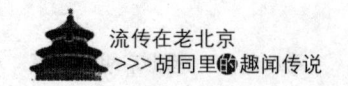

大太监李莲英的双面人格

　　李莲英在木厂胡同的四合院为坐南朝北的四进院落，是典型的晚清风格建筑。宅门在西北角，宅第前有一对石狮门墩，进门即见山墙影壁，前院设有九间倒座房，南北中轴线上由北向南的布局为垂花门和三进院落，院落格局错落有致，由回廊连通，各个院落既完整地保存了独立性，又能与其他院落形成一个统一和谐的整体。这样讲究的四合院，在北京的南城并不多见，可见院主人当年的地位是多么显赫。

　　大太监李莲英一直是民间街谈巷议的重要人物，他是慈禧身边的大红人，堪称清末历史上最有权势的大宦官。历代太监的外宅都设在皇城周围的胡同里，作为太监总管的李莲英腰缠万贯、财大气粗，私宅覆盖了大半个京城，其规格我们从木厂胡同的四合院便可窥见一斑。然而这位权倾朝野的大人物出身贫苦，原名李英泰，其父是名穷苦的鞋匠，他自幼就跟父亲学会了硝揉皮的工艺。7岁那年，迫于生计的压力，李莲英净身，9岁入宫当了一名小太监。由于善梳头，他得到了慈禧特别的恩宠。李莲英梳头的手艺并不是与生俱来的，由于家贫，他很小的时候就不得不整日跟毛皮打交道，所以练就了梳理毛发的真功夫。为了成为一名出色的梳头太监，他还专门到理发店学习过各种新颖的发式，因此在侍奉慈禧时能充分发挥自己的特长，深得慈禧太后的宠信。

　　李莲英为人圆滑，擅长察言观色、左右逢源，得宠后又不像前任权监安德海那么嚣张跋扈，逐渐从一名梳头房的小太监提升为总管太监，还获得了不少赏赐。综观李莲英一生，他的晋升可谓是一路扶摇直上，同治十一年（1872），获得六品顶戴的赏赐。同治十三年（1874），成为储秀宫掌案首领大太监。光绪五年（1879），获得四品顶戴花翎的赏赐，从此成为慈禧太后身边的炙手可热的大红人。光绪二十年（1994），又得到了二品顶戴花翎的赏赐，这在清朝历史上也是极其少见的。

慈禧太后身边的太监换过好几批，唯独李莲英像定海神针一般始终屹立不倒，这与他为人处世的风格是分不开的。他谨记安德海的教训，尽管已经拥有了可以呼风唤雨的权势，对待主子还是毕恭毕敬，对待宫女和太监也十分宽厚，在皇宫内外都赢得了良好的口碑。

据史料记载，慈禧太后的一日三餐和日常起居李莲英都要亲自伺候。为了让慈禧太后吃得舒心，每一道菜肴他都要亲自试吃，以便选出最可口的菜品供慈禧品尝。慈禧散步时他常随侍左右，还常陪伴慈禧聊天，直到深夜也丝毫不困乏。他对慈禧的照顾可谓是细心、体贴、无微不至，慈禧太后自然把他视作心腹。

光绪帝对李莲英的印象也很好，还亲切地称他为"谙达"（即师傅的意思），赞他"忠心事主"。戊戌政变后，光绪帝被慈禧太后软禁，处境凄惨，甚至连吃上一顿可口的饭菜都成了奢望，每天以残羹冷炙为食，所过的生活连宫中的奴才也比不上。李莲英得知后，经常在给光绪帝请安时，特意给他捎些美味的点心，光绪帝非常感动。八国联军攻打北京时，慈禧带着光绪帝仓皇出逃，次年才回到京城。在外逃那年，慈禧临时的寝宫布置得异常华美，被褥绮丽生光，李莲英的居住环境也非常好。他心里惦记着光绪帝，伺候完慈禧睡下后，立即到光绪帝的寝宫探望。只见光绪帝一个人孤零零地枯坐在灯前，身边没有一个太监值班伺候，数九寒天竟然连铺盖的被褥都没有，这怎么可能睡得着呢？李莲英惊讶万分，跪在光绪帝面前难过地痛哭起来："奴才该死，没有伺候好皇上。"说完就擦干眼泪把自己的被褥拿到光绪帝寝宫，供其使用。光绪帝回到京城以后，感慨万千地说："如果没有李谙达，我根本不可能活到今天。"

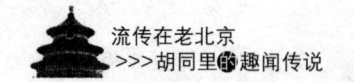

光绪十二年（1886），醇亲王奉慈禧之命到天津、旅顺港巡阅李鸿章创办的北洋水师。为了打消慈禧的猜忌，醇亲王主动要求李莲英随行检阅。李莲英为了避免张扬，临行前摘掉了慈禧赏赐的二品顶戴，换上了一身普通的平民衣服，对醇亲王的态度也极为恭顺。和醇亲王相伴的日子，李莲英一直保持低调，坚决不肯入住淮军为他备好的奢华行馆，老老实实地随醇亲王起居，还主动给醇亲王打洗脚水。醇亲王每每接见文武官员，都令李莲英作陪，李莲英每次都穿戴朴素，规规矩矩地侍立在一旁，给来客装烟、点烟。回京之后，醇亲王在慈禧面前对李莲英赞不绝口，说他心思缜密、处世周到，还非常低调。就连素来反感太监的维新派人士王照也说李莲英装扮朴实，根本不像最得宠的大太监。

李莲英一生韬光养晦，懂得进退，做了40多年的权监，在宫中可谓如鱼得水，收敛了大量的钱财。传闻袁世凯和杨士骧向慈禧进贡时，也会特地送给李莲英一份贡品，甚至传说他一次就收受了袁世凯20万两白银。至于李莲英究竟积累了多少家资，至今难以知晓，他的死更是一个未解之谜。慈禧太后去世后，李莲英在宫外养老。李家后人认为李莲英是病死的，正史中没有提及他的死因，野史也大都表述不清。民间则流传着多个他被杀害的故事版本。1966年，考古队员发掘了李莲英的陵墓，发现了大量珍贵的陪葬品，其中那颗巨大的钻石帽饰、汉代的青玉土浸剑、满黄浸玉镯、宋朝的青玉褐浸环都是无价之宝。可是令人备感困惑的是，棺材里只见人头，不见尸身。李莲英的身体究竟到哪里去了，至今没有定论。不过从他这种尸首分离的安葬方式来看，其死于谋杀的可能性较大。

对于李莲英的评价，大多以负面居多，主要是因为他通过不正当手段敛财，而且八面玲珑、过于奸猾。他之所以大半生活得风风光光，得益于他的聪明和狡黠，懂得讨好主子，低调行事，掌握了宫中的生存之道。然而他最终莫名身死，也从另一个角度说明了他所处环境的复杂性。李莲英生前在宫里宫外都获得过不错的口碑，然而在民间的名声一直是臭名昭著，可见他是个表里不一的人，具有双面人格。正所谓"金玉其外，败絮其中"，即便外表装得再无可挑剔，做事再行得滴水不漏，也总有露出马脚的时候。当我们走进木厂胡同的旧址，站在那座明清遗留的四合院面前，不禁想起了大太监李莲英的种种故事。而今这条胡同传达给我们的理念是诚实做人的重要性，再精致的伪装终有被撕破的那一天，做人应该真实地对待自己，诚实地对待别人，只有这样才能活出真正的自我。

康熙捐建同仁堂

木厂胡同李莲英的私宅现为同仁堂使用，因此四合院门前总飘散着一股好闻的药香。同仁堂创办于清康熙年间，自雍正时期起，为大清皇宫的御药房长年供药，历时八代帝王，足有188年之久，迄今为止已有300余年的历史了，堪称是载誉中华的著名老字号。关于同仁堂的由来，民间流传着一个有趣的传说。

相传，康熙皇帝曾身染一种难治的怪病，连宫中经验丰富的御医也束手无策，御药房的名贵药材都试遍了，可是病情丝毫不见好转，康熙帝一气之下就停药了。当日，康熙微服出宫散心，走到木厂胡同里，看见了一间灯火通明的小药铺。那时万籁俱寂，夜色已经很深了，小药铺里不但有灯光，还传出阵阵朗朗的读书声。康熙来了兴致，心想或许民间真有高人能医好他的顽疾。宫中的御医都是些平庸之辈，他已经对他们不抱任何希望了，也许小药铺卧虎藏龙，不但有良医，还有良药呢！康熙于是就上前叩门。

走进药铺后，只见一位年逾四十的中年人正秉烛夜读，想必他就

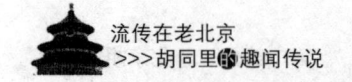

是药铺的郎中了。郎中见有人深夜到访，便问："请问阁下有何贵干？"

康熙回答说："深夜造访，实属叨扰。只是我患上一种怪病，全身奇痒，遍体红斑，不知何故，看了不少名医，都查不出病因，可否劳烦先生查看一下？"

郎中让康熙脱掉上衣查看。康熙照做了，郎中看完之后说："阁下无须过虑，这并非是什么大病，不过是山珍海味吃得太多了，又加上常年进补人参，导致体内火气旺盛，所以身上才起了发痒的红斑。"

康熙觉得郎中分析得很有道理，便问他："此病可治好吗？"

郎中胸有成竹地说："医治此病不难，只要用点药就可药到病除。"说罢，他就端起木架上的药罐，铺展好包袱，将里面的药材尽数倾倒出来，厚厚的一堆看来也有七八斤重。

康熙帝一怔："这么多的药，我每次服用多少才合适呢？"郎中笑着说："这味药是大黄，不是内服的，而是用来沐浴的。这些药你全部带回家去，烧开100斤的水，将药泡进缸中，待水温适宜时，入缸浸身，洗浴三五次，就可病愈。"

康熙寻思，皇家御药房里多少名贵的药材都治不了自己的病，这廉价的大黄怎么可能管用？郎中知道康熙心有疑虑，便爽快地说："阁下放心，这药你先拿回家试用，如果不见效，我分文不取。"

康熙说："如果这药真能医好我的病，我定会重谢先生。"回宫后，康熙依照郎中嘱咐的方法洗药浴，刚刚泡进浴缸里，就感到全身有说不出的舒畅。沐浴三次以后，身上瘙痒感消失了，定睛一看，全身的红斑也都退去了。康熙心里非常高兴，第四日又穿着平民装束来到小药铺拜访郎中。

郎中见康熙满面喜色，就知道他的病已经痊愈了，便说："阁下近日到访是专为送药钱来的？"

康熙说："先生，此药多少钱？"

郎中笑道："那天夜里我见阁下心存疑惑，才故意说医不好不收钱，现在阁下已经病愈，我还是不收分文。我见阁下相貌堂堂，所以很想交个朋友，不知阁下尊姓大名？"

康熙自然不想暴露身份，谎说自己姓黄，字天星，只是一名普通的书生。郎中也自我介绍说他叫赵桂堂，也是一介书生。其父让他考取功名光耀门楣，可是他寒窗苦读数年却屡试不中。为了维持生计，他只好在京城开设了一间药铺，一边卖药一边苦读，希望有一日能出人头地。

康熙说："赵兄，金榜题名并不是唯一出头的办法。你医术精湛，甚至不比皇宫里的御医差，我可以推荐你进宫当御医，这样不也可以平步青云吗？"

赵桂堂说："多谢黄兄美意，只是人各有志。我认为行医者应当悬壶济世，为天下百姓解除病痛。进宫当御医，虽然可以享受富贵，可是却不能为天下老百姓治病，即使医术再高超，也不能在民间救死扶伤，这对我来说是没有意义的。"

康熙听罢，非常佩服赵桂堂的为人，便说："赵兄真乃有德之人，不过请恕黄某直言，既然你多次名落孙山，功名之路如此坎坷，何不在医道上大展宏图呢？"

赵桂堂说："黄兄所言甚是，只是我手上没有余钱，就算有远大的抱负，也实在难以施展啊。倘若黄兄日后发了大财，可帮我开办一所大药堂，也不枉我和你结交一场。"

康熙毫不迟疑地应承下来，说道："如果要建药堂，必须要有个好名字，赵兄觉得'同仁堂'怎么样？"

赵桂堂只不过是随口一说，见康熙信以为真，便立刻说："我方才不过是说笑，黄兄切莫当真。建药堂可要花费不少银两，谁知你什么时候能发财呢？这都是远在天边的事，黄兄切勿挂怀。"

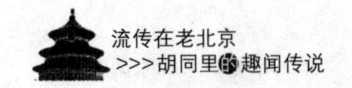

康熙说:"现在就不妨一试。"于是提笔就写下一张字条,又郑重其事地盖好了章,交给赵桂堂说:"赵兄,明天你带着这张字条到内务府衙门走一趟,我的一位朋友在那里当差,也许真能助你一臂之力。"说罢,他起身告辞。

赵桂堂望着康熙的背影,半信半疑。第二日,他拿着字条来到了内务府衙门。没过多久,就有一名太监把他领进了一间大房子门前,打开大门对赵桂堂说:"赵先生,屋里这些银子可够你的药钱?"赵桂堂一看,只见白花花的银子塞满了整间屋子,他立时惊得呆若木鸡。太监又说:"皇上有旨,你医好了他的病却不收钱,他便送你一座同仁堂作为回报。"

赵桂堂这才知道原来跟他结交的黄兄就是当朝天子。几天后,"同仁堂"大药铺就建好了。康熙亲自参加了开业典礼。赵桂堂没想到皇上会亲自驾临,有些手足无措。

康熙笑笑说:"你不必慌张,我还上了你的药钱,下次来这里治病,你还得分文不取啊。"从此,京城就多了一座远近驰名的"同仁堂"大药房。

当我们走进木厂胡同的老宅院,闻着同仁堂的药香味,不免会想到这则有趣的传说故事。古语云:"医者父母心。"医学之道应该以救死扶伤为己任,赵桂堂放弃荣华富贵,肯为天下老百姓服务的精神是值得称道的。而今这条胡同传达给我们的理念是,无论我们从事何种行业,都要有强烈的社会责任感和济世情怀,只有将个人的追求和社会的整体利益相结合时,我们才能更好地服务于社会,使自身的劳动更具意义。

第二部分　老北京胡同轶事

42. 贾家胡同

　　贾家胡同位于北京市原宣武区东南部，南起南横东街中段，北到果子巷。据史籍所载，自金代始，就有了今称，明代时曾改称为贾哥胡同，清代时，因为"哥"与"家"是谐音，所以又改回了原来的名称，胡同名字一直沿用了下来。贾家胡同历史悠久、会馆林立，其中名气较大的会馆有河南会馆、开郑会馆、莆阳会馆等。贾家胡同曾有不少朝中重臣和文人墨客居住，比如林则徐曾住在福建莆阳会馆里，曾国藩的故居也坐落在此地，清代著名经济学家洪亮吉也曾迁居此胡同，他提出的"人口论"远远早于马尔萨斯，而写出《二十年目睹之怪现状》的清末小说家吴趼人就在此胡同内出生。

林则徐虎门销烟

　　贾家胡同31号的莆阳会馆是民族英雄林则徐在北京的故居，它修建于明代，是赴京赶考的莆田同乡学子们读书备考的地方。会馆门前建有门楼，大门之上悬着书有会馆名称的匾额，门口写有一副风雅的

215

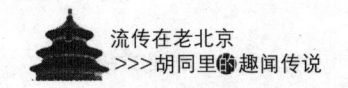

对联"荔子故乡来旧雨,杏花及第报春风",门外立着两只石狮子。庭院较为开阔,绿荫环绕、花香醉人,是个富有诗情画意的场所。当年林则徐高中进士在京城任职时,曾和夫人迁居这里。当年林则徐出任翰林院庶吉士,薪俸微薄,他不得不在会馆里以拟写缮书折及一些应酬文章来维持生计。虽然他只在这里居住了半年时间,然而却给这所会馆留下了难以磨灭的印记。遥想当年,他满怀青云之志,进京就职,从此一步步踏上仕途之路,然后虎门销烟,成为被历史铭记的民族英雄。可以说贾家胡同的莆阳会馆是他人生的起点,记录了他步入官场的初期生活。

林则徐以庶吉士的身份在翰林院庶常馆学习了7年,他在京城工作和学习了很长一段时间,在北京有多处故居。莆阳会馆是他最初的寓所,在会馆居住期间他孜孜不倦地学习满文和满语,想必常常手不释卷。他在翰林书院接触到了大量内阁珍藏的书籍,开拓了视野,增长了见闻,尤其刻苦攻读清代政事、典籍等领域的知识。他还利用京华人杰地灵的条件,经常向博学的师长求教,拜访过姚鼐、阮元等人,广结同乡好友,积极参加诗社活动,常和一些文人墨客把酒论诗、切磋学问。然而他只结交一些贤能的鸿儒,从不出席无意义的应酬场所,充分利用时间积累学识和增加阅历。林则徐在翰林院供职时接触到了许多国家政务,对政府机构运行、选拔人才、聘用人才的机制和方式有了一定了解。他还知晓了清廷镇压"林清起义"等重大政治事件以及官民矛盾的情况,对官场的腐败有了比较深入的洞悉。这些对于刚刚踏入仕途之路的青年林则徐是无比重要的,也为他日后从政奠定了坚实的基础。

林则徐出任湖广总督时,在地方禁烟方面取得了不错的成绩。道光帝听闻后,召林则徐入宫多次商讨缉毒大计。相传林则徐第一次见皇帝时,风尘仆仆,劳顿不堪,道光帝就让他回去歇息去了。道光帝知道林则徐为了查禁鸦片过于劳累，便特地准许他骑马入宫。可是林则徐乃一介书生，不善骑马，所以就乘轿子进宫，于是他就成了我国历史上第一个乘坐轿子自由出入皇宫的钦差大臣。

1839年三月，林则徐到广州赴任，主持销烟工作。他采取了一系列整顿海防的措施，严厉打击鸦片贩子，勒令外国毒贩上缴鸦片。他下定决心彻底在广州禁绝鸦片，只要鸦片一日不绝，他就一日不回京复命。由于林则徐心志坚定，又采取了强有力的措施，加之受到当地群众的广泛支持，外国烟商迫于压力终于缴上两万多箱鸦片。收缴鸦片期间，林则徐夜以继日地工作，严加监督收缴过程，力图做到万无一失。缴烟工作开展得还算顺利，但是这么多鸦片如何处理好呢？外国烟商认为官方会自行贩卖鸦片，鸦片买卖将会完全合法化，但是他们大错特错了。林则徐缴烟成功后，立即上书道光帝，请求查验鸦片数量，之后集中焚毁。道光帝十分信任林则徐，让他全权负责禁烟运动。

林则徐带领众官员亲赴虎门监督销烟，虎门销烟运动正式拉开序幕。在他的号令下，一箱箱荼毒国人健康的鸦片被倒入两个大池中，在卤水中足足浸泡了半日，然后加入生石灰，鸦片就在一片沸水中灰飞烟灭了。历经22天，缴获的鸦片才被焚毁殆尽，这便是闻名中外的"虎门销烟"。这场声势浩大的销烟运动真是大快人心，虎门海滩上观看销烟的人数以万计，连外国人都对林则徐禁烟的决心佩服得五体投地。虎门销烟是我国近代史上反帝反侵略的民族斗争中极为重要的大事件，它使被誉为"东亚病夫"的中国人重新找回了尊严，增强了人民的士气，维护了国家的利益。

林则徐在开展查禁鸦片活动时，早就料到英国有可能发动侵华战争。他知道击败敌人的第一步是了解对方，正所谓"知己知彼，百战不殆"。经过一番深思熟虑，他认为战胜劲敌最有效的方法是学习对方

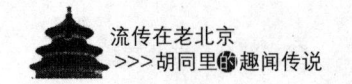

的长处，将敌人的优势转化为自己的优势，然后用来对付敌人，即"师夷长技以制夷"。随后林则徐亲自组阁翻译团队，命人将外国对中国的评论翻译成书，作为当朝官员的参考资料。他还下令翻译英国人创办的《广州周报》，以便更好地获悉外国军事、政治和经济等方面的信息。他又让人翻译了《世界地理大全》，编纂为《四洲志》，这部译著首次系统地介绍了西方世界的地理概况。此外还翻译了《国际法》，以便让中国人充分认识国际惯例和国际法规。当然抵制侵略最直接的措施就是军事部署，林则徐早就意识到了这一点，他在加强沿海防线方面下了很大功夫。先进的武装设备是国防的重中之重，林则徐专门从国外购进了200多门新式大炮，蓄势待发地布置在海口的炮台上。他又收集了大量介绍大炮使用方法和战船方面的资料用以提升清军的作战能力。林则徐敢于放眼四海，研习西方科学知识和先进技术的精神，赢得了人们一致称赞，他被视为中国"开眼看世界的第一人"。

英国帝国主义以林则徐销烟损害英国烟商在华利益为由，蓄谋发动侵华战争。林则徐积极备战，将5000多名渔民编制成水军抵抗外国侵略者。广州军民一心，多次挫败英国殖民者的挑衅，在九龙之役、川鼻官涌之役等战役中大败英军，大大削减了帝国主义列强的嚣张气焰，增强了我国军民的自信心。道光帝对中方取得的战果很是满意，下令断绝与英国的往来贸易。1840年，英国发动了大规模的侵华战争，林则徐坚决打击外国列强，却遭到妥协派代表人物琦善的陷害，最终被发配新疆。林则徐早已将个人荣辱置之度外，忍受住了不公平的对待和各种委屈，仍然以国家大局为重。他跋山涉水到达新疆，足迹遍布南疆八城，提出防范沙俄外侵的国防主张，他超乎常人的远见被后来的历史证明是正确的。1845年，清廷重新起用林则徐，林则徐一直忙于为国出力，直到逝世为止。

当我们走进贾家胡同，驻足在莆阳会馆面前，眼前不禁浮现青年林则徐初入宦海时的样子，以及他虎门销烟的壮举。莆阳会馆是林则徐从政之路的开端，它见证了一个心怀鸿鹄之志的青年工作和生活的状态。而今它传达给我们的理念是，无论国家还是个人，只有打破成规，学习世界先进知识，才能与时俱进，变得更加强大。虎门销烟的林则徐认识到了这一点，作为当代的中国公民我们也应该认识到这一点。

曾国藩家训抵万金

　　曾国藩的故居坐落于贾家胡同，表面看来它只是一座寻常的四合院，院门为改建过的颇有几分西式风格的蛮子门，虽然不及广亮大门和金柱大门那样深邃气派，但是这种宅门却是富户人家专用的。宅院门楼顶部有骑墙，砖雕异常细致精美。遗憾的是随着岁月的流逝，这座宅院已经衰败不堪，无法辨出当年的规制了。当年曾国藩入京考试时就居住在这里读书，这位被视为晚清"中兴四大名臣"之一的重要人物多次名落孙山。可见他并非智力过人的天之骄子，而是靠顽强的毅力、不懈的奋斗才成为国家栋梁之材的。曾国藩与贾家胡同渊源深厚，他不但在此地为会试做准备，为官时也居住在这里，他的子女也在其寓所里出生。

　　关于曾国藩读书的逸事，民间流传最广的莫过于他和小贼谈论诗书的故事。相传，有一次，曾国藩读书读到很晚，反反复复诵读一篇文章，苦于记忆太差，怎么也不能完整背诵下来。这时一个毛贼趁着夜色溜进了屋，潜伏在曾国藩家的房梁上。他本打算等到曾国藩读完书歇息之后，入室行窃。没想到他等了很久，曾国藩还是在重复朗读同一篇文章，背不下来就不肯睡觉。毛贼实在等得不耐烦了，他从来没有见过这么笨又这么固执的人，他气呼呼地从房梁上翻身下来，毫

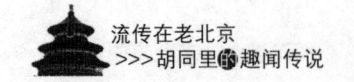

不客气地对曾国藩说:"就你这种水平也配读书!"说完他就将那篇文章一字不差地背诵了一遍,然后十分不屑地扬长而去。可见那个毛贼要比曾国藩聪明好多倍,但是他空有天资却不加利用,只能做一辈子毛贼;而生性愚钝的曾国藩深知自己的短处,能够以勤补拙,最终成长为了一代名臣和大学问家。

曾国藩的仕途之路可谓一帆风顺,然而他考取功名的过程却是颇为艰辛的。他寒窗苦读16载,多次落榜,还曾经受过被考官公开批责的羞辱。1832年,曾国藩再次参加秀才考试。之前他已经考了五次秀才都没有高中,也许是他缺乏读书的天分,也许是父亲的教育方式束缚了他的发挥,总之,他的辛苦耕耘没有换来一点收获,屡次品尝失败的苦果。这次考试他下足了功夫,自认为已经发挥到了最高水平。没想到发榜时,却被考官悬牌公告,批文是"文理太浅",仅给了他一个佾生的资格。佾生等于半个秀才,下次考试时可免考县试和府试,只需参加院试。成为佾生虽然意味着没能考上秀才,但至少为来年的考试扫清了不少障碍,也算是一件值得祝贺的喜事。然而曾国藩却认为公开被悬牌批责乃是对他的羞辱,回到家里后他拿出勾践卧薪尝胆的勇气发愤读书,发誓一定要为自己雪耻。再次参加秀才考试时,他仍然不忘"悬牌批责"的奇耻大辱。那次事件给了他当头一击,冥冥之中带给了他一种无穷的力量,之前他死记硬背、文笔僵化,后来他豁然开朗,文采大增,终于高中。1835年,曾国藩会试落第后留在贾家胡同的寓所里继续读书。次年恩科会试再次不第,返回家乡后他再次备战。1838年,28岁的曾国藩参加殿试高中同进士,从此一步步踏上了前途似锦的官宦之路。

曾国藩在京供职时,居住在贾家胡同,他的儿女陆续在胡同里的四合院里出生。在中国历史上许多官宦世家都兴旺不过三代,而曾国藩的家族却辈辈出英才,这与他的宝贵家训和独特的教育方式是分不开的。曾国藩在京城见到不少纨绔子弟挥金如土,毫无素养和学识,就以"家俭则兴,人勤则健,能勤能俭,永不贫贱"的16字家训教育孩子。他认为骄奢淫逸的生活会消磨人的斗志,阻碍人的长才,因此在吃穿住用行等多方面严格要求孩子一切从简。他还亲自言传身教,吃饭吃到谷粒时从不吐掉,而是小心地用牙剥开谷子,把里面的米吃完,再吐出谷壳。他要求长子曾纪泽、次子曾纪鸿也要照做,让他们不要跟那些挥霍无度的世家子弟学习,从小懂得盘中之餐来之不易,粒粒皆辛苦的道理。曾国藩生活朴素,作为朝廷命官,他从不穿昂贵的衣服,一件衣服甚至可以穿十几年到30年。从曾国藩的家书中我们可以了解到,他要求孩子去做下人才干的体力活,比如拾柴和打扫庭院。

在他的精心培养和严格要求下,子女与那些娇生惯养的世家子弟截然不同,他们勤勉刻苦、朴素有德,很好地继承了他的理念和精神,成为了出众的有识之士。曾国藩告诫孩子读书在于明事理,不是为了追求功名利禄。当长子曾纪泽三次科举不第,想要放弃科举考试,曾国藩支持他的想法,鼓励他潜心学习西方文化。后来曾纪泽成为了出色的外交官,代表国家与沙俄谈判,签下《中俄伊犁条约》,成功收回了伊犁城。次子曾纪鸿成为了一名优秀的数学家,著有《对数详解》、《圆率考真图解》等数学著作,还计算出上百位的圆周率。儿子的成才与曾国藩鼓励他们勤奋刻苦、认真研习西方先进文化有关。

若论智商,曾家人也许不占什么优势,这从他们历代考科举屡次失败便知一二,然而他们懂得依靠勤奋来弥补自己的不足,而且不骄不躁,简朴奋进。这或许也是曾家人走向成功的重要原因之一。当我们走进贾家胡同曾国藩一家住过的大宅院,不禁会想到有关曾国藩的种种故事,他的读书生涯、他的官宦之路、他的教子之路,这里不但记录了他求学会试的艰辛,还记录了他和家人的生活场景。如今这条

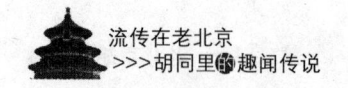

胡同传达给我们的理念是，一个人要成才，需要树立正确的价值观，培养良好的习惯，起点低、不够聪明都不是我们逃避的借口，正所谓"一分耕耘，一分收获"，有志者事竟成，以勤补拙、以俭养德，不把时间浪费在奢侈享受上，即使成不了大器，也能成为一名对社会有用的人。

43. 东四八条

东四八条位于北京市东城区东部，东起朝阳门北小街，西到东四北大街，南通石桥胡同和南板桥胡同，北有支巷连通东四九条。据《燕都丛考》所载，明正统十年（1445）胡同中段北侧修建了正觉寺，故而以寺名为胡同命名，称之为正觉寺胡同。除了正觉寺外，胡同内还建有承恩寺，由明朝太监冯保奉敕于万历二年（1574）始建，历时一年落成，张居正还亲自为寺庙题写了碑文。1949年之后改称为今称，因胡同在东四北大街东侧各胡同中排列第八而得名。胡同71号院系清代皇宫中执掌帘子事务的官吏所建的宅子，后成为教育家叶圣陶的故居。1986年被列为东城区文物保护单位。

叶圣陶海棠花下享天伦

东四八条 71 号院是文化名人、大教育家叶圣陶的故居。叶圣陶一生在很多城市居住过，其中居住时间最长的当属北京城了。1949 年 3 月，叶圣陶从香港来到了北京，8 月份入住东四八条 71 号院，一直到他 1988 年逝世，在这里度过了 40 年的时光，写下了不少教材类书籍和童话、文集，为我国的教育事业和文学界创造了不朽的文化财富。

叶圣陶在进京前就已是享誉全国的作家、教育家和出版家了。入京后，他先后担任出版总署副署长、人民教育出版社社长和总编辑、教育部副部长等职务。他夜以继日地编写教科书，为我国的教育事业鞠躬尽瘁，奉献了 40 年。

叶圣陶的故居是一座青砖黑瓦的三进院落，庭院带有石雕门楼、一字影壁和垂花门，北屋两侧各植一株海棠，南院两旁有一株白丁香和一株黑枣树。四株树之中，叶圣陶犹爱海棠。叶圣陶的邻居都是随他一起来京的朋友，其中宋云彬、傅彬然两家住在东西厢房，丁晓先住在南屋。叶圣陶居住的三间北屋比邻家环境要好很多倍，不仅装有地板和明亮的玻璃窗，还设有整洁的浴室。叶圣陶见朋友的家居环境比不上自己，心里觉得很不舒服，直到朋友们都搬出四合院，他才感到好过些。

西首耳房是叶圣陶的工作室兼卧房，书桌与南窗相对，一抬头就能看到窗外绿意盎然的爬山虎。在这间居室里，叶圣陶挑灯夜战，编写和校对了《汉语》和《文学》等多部教材，为学校的语文课拟定了教育范本；写下了《标点符号用法》指导国人如何正确使用标点，并把国文改成了语文，这种叫法一直沿用了下来；出任《宪法》语文顾问时，逐字逐标点地审阅文章，一次次反复推敲；还为小学教材拟写

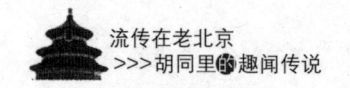

了一首颇有童趣的儿歌："弯弯的月儿小小的船，小小的船儿两头尖。我在小小的船里坐，只看见闪闪的星星蓝蓝的天"，启发孩子的想象力。他创作的文学作品还包括《叶圣陶童话选》、《叶圣陶出版文集》、《抗争》、《夜》、《平常的故事》、《微波》、《箧存集》、《潘先生在难中》、《叶圣陶散文》、《我与四川》等。

叶圣陶除了工作之外，最大的乐趣莫过于和家人与朋友一起赏花。由于这座四合院是清朝建造的，庭院里的海棠树至少有百年的树龄了，北京人管这两株垂丝海棠叫西府海棠，曹雪芹在《红楼梦》中给了它一个很美的名字，叫作"女儿棠"。叶圣陶最喜欢看海棠开花了，每到4月中旬，叶圣陶都在为海棠树的花期倒计时。到了花开那天，叶圣陶会让叶至善的夫人准备好酒菜，邀请顾颉刚、俞平伯等老朋友赏花饮酒。几位80岁上下的老人，难得一聚，在海棠树下谈古论今，由于都不再耳聪目明了，常常由于耳背会错了意，弄出许多笑话，在感叹岁月不饶人的同时，不免笑成一片。

1987年4月，叶圣陶已是93岁的高龄老人了，冰心老人也来到叶家大院来赏花了。两位白发苍苍的老人在海棠花下拍了不少照片合影留念。叶圣陶的听力已严重衰退，冰心老人跟他讲话时需要趴在他耳边提高分贝，他还是听不清，只有把手放在耳后拢音才能明白冰心说什么。他们交谈的时候颇像两个老小孩在亲昵地讲悄悄话。冰心发现叶圣陶的书桌上既没摆放书籍，也没摆放一支笔，那时叶圣陶视力完全模糊了，看不了书，更不能提笔写字了。冰心告辞时，叶圣陶赠给了她三朵刚刚盛放的郁金香，没想到这次别离，竟成了永别。次年叶圣陶就溘然长逝了。

从1949年到1988年，东四八条的老宅在岁月的磨砺中悄然发生着变化，而窗外的海棠依旧，年年花开，不仅见证了叶圣陶与老朋友的友谊，还见证了叶家延续不断的血脉亲情。晚年的叶圣陶时常坐在矮凳上给妻子修剪脚指甲。他戴着厚厚的老花镜，让妻子把脚放在自己的膝盖上，左手轻轻地端着妻子的脚，右手一丝不苟地剪着脚指甲，场面无比温馨。叶夫人卧病在床时，叶圣陶体贴入微地陪伴左右，甚至一度想推掉出国的工作。在叶夫人的再三劝说下，他才肯离家。20多天回家后，他给妻子从国外带来好几件做工精致的牛角雕工艺品。妻子捧着这些有趣的物件一件件观摩把玩，脸上浮现出了灿烂的笑容。50天后，叶夫人与世长辞。叶圣陶无比哀伤，曾写下"排遣哀愁无计，姑作南州游旅，愁尚损春眠"的诗句来表达丧妻之痛。

叶圣陶在这所宅院里曾有过天伦之乐，幽静的院子里，叶圣陶悠闲地坐在藤椅上，正在咿呀学语的曾孙女坐在车里，海棠树下，一老一小并排坐着，画面无比和谐和温馨。这幅美好的影像被收录在照片里，成为抹不去的光影回忆。叶圣陶还特意写了一首五绝来描绘当时的场景："初有儿孙日，无如此日闲。阿牛闲似我，老幼共庭间。"而今那名咿呀学语的小女孩已经长大成人，而叶圣陶已经不在了，但大院里人丁兴旺，叶家的血脉在代代延续。北房的客厅里挂着叶圣陶的肖像画，在阳光的照射下，叶圣陶的面庞慈祥可亲，仿佛还是旧时模样。

当我们走进东四八条叶圣陶的故居，不禁会想到叶圣陶人生后40年的工作和生活状况。他为我国的教育事业呕心沥血，照顾家人，善待朋友，人生的内容已是无比丰富了。而今这条胡同传达给我们的理念是，和谐健康的人生应该是工作和生活相平衡的状态，工作固然重要，但是友情和亲情同样可贵，叶圣陶在海棠花下度过的岁月恰恰印证了这一点。行色匆匆的现代人，往往在打拼的路上忘记了生活的原色和人生的乐趣，甚至有时无暇顾念家人和朋友，也无心欣赏优美的风景。这是一种莫大的损失，丰饶的人生本不是这样的，工作与生活完全可以两者兼得，彼此相得益彰。

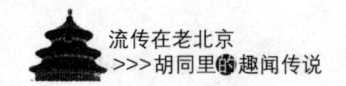

44. 东四九条胡同

东四九条胡同位于北京市东四大街东面，东起朝阳门北小街，西到东四北大街，南通南板桥胡同，有支巷连通东四八条，北侧支巷连通东四十条。全长为718米，路面铺有沥青。由于系东四北大街东侧的第九条胡同而得名。据《燕都丛考》记载，九条胡同中，路北建有吉公府，东侧坐落着观音庵。而今胡同内开办了东四九条小学、北京第一聋哑学校等学校，东四九条小学为清代皇族谟贝子的府宅的旧址，庭院里曾筑有一座风景优美的私家花园。1924年，京剧大师梅兰芳在这座花园里取景拍摄过电影《黛玉葬花》，而今花园变成了东四九条小学的操场，仍遗存一座凉亭。

末路狂花川岛芳子的最后岁月

东四九条胡同34号是传奇女间谍川岛芳子的寓所，这里也是她在北平从事谍报活动的据点，直到1945年她在这里被捕，3年后以间谍罪被判处死刑。当年川岛芳子每天从这条胡同出发，守着复辟大清王朝的残梦，以各种伎俩收集情报，并时刻通过收音机关注国内时事的动态。这里记录了这位叛国女间谍的罪恶之路，也见证了她走向末路的最后一幕。

川岛芳子的一生充满戏剧性和传奇色彩，她是皇族后裔，却被日本浪人收养，在东洋长大；她以复辟清朝为己任，成为日本侵华的一枚棋子，参与策划了"皇姑屯事件"、"九·一八事变"、"一·二八事变"等重大政治活动，沦为万民唾弃的卖国贼；她美艳绝伦，男扮女装，被称为"东方魔女"、"乱世妖姬"、"东方的玛塔·哈丽"，是中国近代史上最引人注目的艳谍；她被执行枪决一命呜呼，然而国内却盛传她逃过死刑蛰居长春又活过了30年……她的人生像个难解的谜，尽管骂名无数，却仍是坊间热议的人物。

川岛芳子是清朝肃亲王爱新觉罗·善耆的第十四个女儿。清政府被推翻后，善耆心有不甘，企图借助日本之力复国，于是将川岛芳子交给日本浪人川岛浪速收养，使她在很小的时候就开始接受日本主义军国教育和情报工作的专业训练。极端的军国主义思想彻底改变了川岛芳子的性情和人生，她从此有了阴暗的人格，性格变得乖张和狂放，常常策马扬鞭，沉迷于骑马、击剑等各类男性运动，还剪短了头发，换上了男装，自以为永远与女性划清了界限。

回国后的川岛芳子成了一名为日本效力的著名间谍。让她一举成名的是其一手促成的"皇姑屯事件"。由于张作霖拒绝履行"二十一条约"的新约条款，日本人怀恨在心，把他当成妨碍其蚕食中国东北的最大障碍，下定决心实施暗杀，打算在他乘坐列车回东北的途中落实计划。他们认为川岛芳子是收集张作霖回沈阳的详细时间和具体线路等关键性情报的最佳人选。这是因为张作霖在东北的势力日益壮大，对日本帝国主义和善耆的复辟大计构成严重威胁，因此除掉张作霖符合双方的利益。另外川岛芳子美貌如花，对付男人轻而易举，容易获得情报，于是川岛芳子就成为暗杀计划中最为关键的一环。

1928年5月，川岛芳子精心打扮后亲自到北平张作霖的大帅府拜

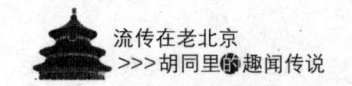

见张学良。张学良之前与川岛芳子有过一面之缘，因此并未直接回绝见她，只是他忙于为父亲返回东北做准备，一时抽不出身，于是就派副官接待川岛芳子。川岛芳子充分利用自己的美貌，结果成功使那位副官拜倒在她的石榴裙下。川岛芳子之所以对男人具有致命吸引力，主要是因为她那撩人的气质和如画的容貌。她肤若凝脂，俏丽妖娆，又有一张无比精致的脸，无论穿合体的旗袍还是宽大的男装，都显得婀娜多姿，华贵大方。副官见到她，立即被迷得神魂颠倒，竟然把张作霖回东北的确切路线和具体时间等重要情报全部透露给了她。

1928年6月4日，一列由北平开往奉天的专列于皇姑屯附近的三洞桥爆炸。张作霖当场被炸成重伤，后不治身亡。这就是震惊全国的"皇姑屯事件"，川岛芳子在这场暗杀中起到了至为重要的作用。从此这位美艳毒辣的女人一步步走上了权力的巅峰。她接连直接参与和策划了一系列骇人听闻的大事件，沦为民族的罪人。

1945年8月15日，川岛芳子在东四九条胡同的寓所里收听到日本天皇宣布无条件投降的信息，无比震惊。为了安全起见，她从此蛰居在居所里闭门不出，每日从收音机里了解国内的时局动态。8月22日，她收听到溥仪乘机潜逃日本时被苏联俘获的消息，更是惊恐万状，忍不住大哭了一场。尽管战战兢兢，她还是想继续蛰居北平，留意形势再做打算。然而正当川岛芳子惶恐不安、度日如年之时，国民党当局发布的两则布告让她嗅到了一线生机。一则布告是赦免投降的日军和伪军，并委派他们维护当地治安，果然那些战后狼狈不堪的日伪军摇身一变成了北平的治安维护者。第二则布告是蒋介石任命汪伪政府副主席周佛海出任淞沪警备司令，这使得那些卖国求荣的大汉奸和狡猾多端的"两栖人物"蒙混过关，莫名成了"曲线救国人士"。川岛芳子自认为在中国这些年交友广泛，左右逢源，结交了不少高官显贵，何况自己贵为皇族，老百姓对自己也是尊敬的，所以一度产生了混入

"曲线救国人士"逃脱制裁的想法。之后她安心地待在寓所里，整日无所事事，还时常请老艺人弹唱琵琶解闷，而且睡得很香，迟迟不爱起床。

1945年10月11日，北平执掌实权的长官孙连仲高调宴请身在北平的"曲线救国人士"。川岛芳子赴宴，然后醉醺醺地回到了东四九条胡同。她万万没有想到，当晚孙连仲就发出了逮捕她的指令。宪兵闯入她的私人住所，束手就擒时，她满脸恐惧。秘书小方八郎也一起被捕。

1948年，川岛芳子以汉奸罪被执行枪决。枪决过程和现场疑点重重，民间一直都有他人代死的传闻。近年来又传出长春一隐姓埋名的老妇为川岛芳子的传闻。川岛芳子的死亡之谜扑朔迷离，无法盖棺定论，然而作为一名轰动一时的历史人物她已经永远销声匿迹了。

川岛芳子是个悲剧性的人物。她罪恶累累，犯下许多大案，主要是因为作为没落皇族的后裔，父亲的遗愿和黑暗的成长环境彻底扭曲了她的心性，使其成为侵略的工具，也沦落为历史的罪人和政治的牺牲品。当我们走进东四九条胡同，不禁会联想到这位传奇女间谍的一生，而今这条胡同带给我们的启示是，个人的身世和环境是我们无从选择的，但是我们一定要尽最大努力克服它们给自身带来的消极影响，不能就此沉沦。就如顾城所说的"黑夜给了我黑色的眼睛，我却要用它寻找光明"，只要心中拥有光明，就不会被黑暗和冷酷吞噬。因此，把握好自己显得多么重要，否则一失足成千古恨，留下的将是无尽的幽怨和永恒的悲剧。

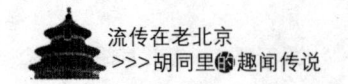

45. 缎库胡同

缎库胡同位于北京市东城区西南部，东起南河沿大街，西到南池子大街，南邻北湾子胡同，北通普渡寺前巷，全长为462米，宽为6米。原名为缎库后巷，系明小南城的一部分，在明清两代皆是风光无限，据说明英宗常来此巡幸游乐，土木堡事变后，一度被囚禁于此地。清代摄政王多尔衮的府第也设在这条胡同内，当年这里必是门庭若市，热闹非凡。多尔衮死后，府第南部成为户部所属的缎匹库，专门用来存放皇家御用的绸缎、布匹和棉花等，胡同由此得名。到了民国时期，胡同成为民居聚集地，文化名人胡适、高一涵都在这里居住过。1965年整顿地名时，缎库前巷、后巷和迎祥里、迎青里、鸭蛋井被并入了此胡同。

明英宗的南宫之困

缎库胡同之于明英宗恐怕是有天上人间的感慨。当年明英宗巡幸之地突然变成了幽囚之所，而且这种软禁的生活将近8年，开心的往事和悲惨的阶下囚生活居然发生在同一个地点，像是一种绝妙的讽刺，又像一场刻意的安排。

　　瓦剌俘虏明英宗史称土木堡之变，土木堡之变之后明英宗在漠北度过了长达一年的屈辱生活。朝廷因为皇帝被俘，人心惶惶，但国不可一日无君，为了稳住局面，孙皇后与朝中大臣拥立明英宗的弟弟朱祁钰登基，尊明英宗为太上皇，次年改国号为"景泰"。瓦剌内部对于如何处置明英宗一时难以定夺，也先的弟弟认为明英宗具有利用价值，可以成为与大明谈判的砝码，所以应该留他活命。也先听从弟弟的建议，没有杀掉明英宗，明英宗这才幸免于难。

　　朱祁钰称帝后，非常害怕哥哥恢复自由跟自己争抢皇位，于是特地下诏，不允许朝中大臣与也先联系，对营救明英宗表现得分外冷淡，甚至多次从中作梗阻止明英宗回京。如此一来，也先本想借助明英宗获取巨大利益的计划破产了，于是恼羞成怒，立即带领瓦剌精锐骑兵杀赴北京城。但明朝早有预料，兵部尚书于谦率领北京军民与瓦剌决一死战。瓦剌溃不成军，不但损失了不少兵将，还失去了明朝赏赐的生活用品，也丧失了与明朝商品贸易的机会。这对一个游牧民族的部落来说可谓损失重大，因为这意味着民众的生活水平会直线下滑。

　　战败后，也先和明朝议和。在众大臣的强烈要求下，明朝答应了也先提出的各种要求，迎回了被俘虏的明英宗。然而明英宗回到京城后，并没有过上正常的生活，朱祁钰为他举行完短暂的仪式后，就把自己的这位太上皇哥哥软禁在南池子缎库胡同内，当时称之为南宫。明英宗所过的生活并不比漠北好，他整天担惊受怕，而且时常挨饿。朱祁钰为了防止明英宗逃跑，特地将缎库胡同的南宫大门牢牢锁住，还灌上了铅，并让锦衣卫日日看守。食物是从一个小洞里传递过去的，然而就是这点饭食还时而遭到克扣，明英宗吃顿饱饭都困难。朱祁钰为了使明英宗彻底与外界隔离，命人把南宫的树木全部砍伐殆尽。明英宗就是在这种恶劣的环境中度过了近8年的岁月。明英宗虽然身陷

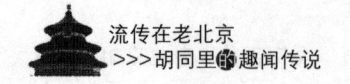

囹圄，然而他不甘放弃权力，日夜想着重回金銮，夺回帝位。

　　景泰八年（1457），朱祁钰病重，历史开始出现了戏剧性的转变。正月十六日夜，武清侯石亨、副都御史徐有贞、太监曹吉祥等人秘密潜进缎库胡同，将南宫中的明英宗救出，助他重登大宝，史称"南宫复辟"，又称"夺门之变"。5日后，明英宗复位，改年号为天顺元年。一个月后，朱祁钰病逝，明英宗没有将他葬入皇家陵园，而是把他安葬在了北京西山。明英宗刚刚恢复帝位时，感怀徐有贞、石亨和曹吉祥等人救驾有功，对他们无比宠信。而他们在明英宗的恩宠下变得更加跋扈放肆，不断在明英宗耳边进献谗言，导致忠臣于谦和王文等人被杀，还牵连了许多朝廷官吏、妃嫔以及朱祁钰恩宠的太监。相传，明英宗曾因错杀于谦感到悔恨。于谦被冤杀后，边境的局势又变得不稳定起来，明英宗非常忧虑，这时有人说："如果于谦大人还在，那些流寇必不敢作乱。"明英宗听后一言不发，似有悔意。

　　朱祁钰驾崩，于谦等能臣被诛杀，景泰时期的改革措施全部被废，国家大权由宦官邪党把持，朝廷羸弱不堪。明英宗逐渐认识到了当时局面的混乱，也看清了他的功臣和心腹石亨、徐有贞、曹吉祥等人的邪恶面目，于是下定决心对付他们。经历了土木堡之变和南宫之困，明英宗变得更加成熟，他步步为营，铲除奸恶之徒，重用李贤、王翱等忠臣，减轻和免除百姓的赋税和徭役，大力发展农业经济，促进社会稳定和发展。

　　从总体来说，明英宗本性不坏，他只是缺乏判断力，轻信了佞臣之言，贸然御驾出征，沦为俘虏，重登帝位后又错杀忠良。他的命运可谓是跌宕起伏，尤其是在缎库胡同度过了近8年幽囚岁月，其中的痛苦和煎熬真是难以言喻。尝尽了人间祸福变迁之后，明英宗也做了几件为后人称道的好事。他下令释放被朱棣幽禁的朱允炆次子朱文圭，朱文圭从两岁起便成了囚徒，得到自由时已是一名年过半百的老翁了。明英宗因为自己被软禁缎库胡同的经历，所以对这位远房叔叔深感同情，不顾任何人的反对，不但释放了他，还对他礼遇有加，受到百姓的称赞。明英宗还废除了宫中残忍的殉葬制度。明成祖朱棣驾崩的时候，很多妃嫔跟着陪葬。此后明代君王去世后，多有妃子以死殉葬。明英宗认为此举无比残酷，于是下令废止殉葬制度，此后明朝历代帝王都遵循他所下的遗照，宫妃殉葬乃止。

当我们走进缎库胡同，不禁会想到明英宗一波三折的曲折人生，尤其是他被困南宫的遭遇。而今这条胡同传达给我们的理念是明辨是非的重要性，错误的判断、对不良之人的轻信会给自己造成重大伤害。在人生的漫漫旅途中，擦亮眼睛，保持理智和清醒的头脑，关键时刻做出明智的判断是非常重要的。假如不可避免地犯下大错，千万不要放弃亡羊补牢的机会，明英宗从昏君到明君的转变恰恰说明了这一点。一旦我们闭目塞听或被他人所惑，做了错事，弥补过失要比没完没了地自责更有益。与其为打翻的牛奶哭泣，不如做些什么来改善局面，积极的行动永远好过消极的等待。

多尔衮与孝庄的情感纠葛之谜

清代摄政王多尔衮的府邸位于缎库胡同内，这多少为这条胡同增添了些贵气和历史的凝重感。多尔衮战功彪炳，在清军尚未入主中原时就为大清王朝打下了基业。皇太极死后，辅佐年仅6岁的福临即位，之后率军入关，恭迎幼帝福临（即顺治帝）进京，使大清成功在北京建立了政权。然而由于他权倾天下的摄政王地位，使其有了逼迫孝庄下嫁之说，以至于在他死后，在民间的传说中演变成了一位多重色彩的历史人物。

多尔衮是清太祖努尔哈赤之十四子，是皇太极同父异母的弟弟。

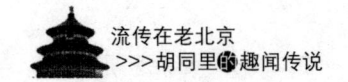

相传多尔衮形貌酷似努尔哈赤，努尔哈赤对他非常宠爱，曾有心让他继承自己的汗位。努尔哈赤过世后，多尔衮的母亲被逼死，多尔衮只是个不满15岁的弱冠少年，无力参与残酷的权力之争。皇太极当政时期，多尔衮机警勇敢，战功卓著，深得皇太极欣赏，被册封为睿亲王。皇太极驾崩后，拉开了多尔衮和皇太极长子豪格的皇位之争，双方都握有兵权，鹬蚌相争必会血流成河，谁也没有胜算。多尔衮权衡利弊后，退出了王位的竞争，拥戴皇太极第九子福临即位。他和郑亲王济尔哈朗一起辅佐幼帝执政，受到众臣的支持，此举不但避免了清王朝的内讧和厮杀，而且使他提升了自身的权势和地位，成为执掌朝政的摄政王。几个月后，吴三桂打开关门，多尔衮率军进京，打败李自成，于1644年奉迎幼帝进京问鼎中原，大清王朝正式建立。此后，多尔衮的权势不断膨胀，称号由原来的"叔父摄政王"晋升为"皇父摄政王"，不禁令人浮想联翩，有人甚至认为他的称号是由于孝庄的下嫁而得来的。那么真实的历史又是怎样的呢？

剥开历史的风尘，并没有任何有力的证据能证明孝庄曾经下嫁多尔衮。虽然多尔衮和孝庄的暧昧传闻一直是民间热议的话题，甚至一度被认为是清宫最著名的疑案之一。有人认为，雄才大略的多尔衮之所以放弃帝王的美梦，甘愿辅佐福临，是因为其母孝庄以身相许。这只是民间的大胆猜想，至于说多尔衮"出入禁中不避嫌"，"多次夜入深宫与太后相商"的流言更是站不住脚。当时妃子、皇后居住的寝宫格局很像四合院，如果多尔衮真到孝庄的寝宫过夜，必然会惊动后宫，他们的私情早就大白天下了。多尔衮辅佐福临的选择很可能跟孝庄的政治手腕有关。孝庄是中国历史上少有的杰出女政治家，她从大局出发，说服了多尔衮放弃称帝，又完全满足了他对权力的要求，尽最大努力不让多尔衮废帝自立。因此，多尔衮的妥协是孝庄精心策划的结果。

多尔衮死后的遭遇也恰恰破除了孝庄下嫁的流言。如果孝庄真与多尔衮有旧情，就不会在他遭到清算的时候淡漠视之，更何况清代史料中没有任何"太后下嫁"的记录。假如孝庄再婚已经公开，清廷会给朝鲜颁发诏书。如果统治者认为她与多尔衮的婚姻不光彩，两人秘密结婚，来京城进贡的朝鲜使节也应该知道两个人的婚姻关系。在当时的历史时期，朝鲜人大都轻视满人，认为满人是尚未开化的蛮族，他们没有必要对外隐瞒孝庄和多尔衮的私情。

很多历史学家对孝庄下嫁多尔衮进行过大量的研究和考证，著名清代史学家孟森先生认为孝庄下嫁多尔衮纯属子虚乌有，两人不存在任何暧昧关系。野史中的大婚恩诏，显然是文学的杜撰。抗清名将张煌言的那首《建夷宫词》更是不足为信，他因为心存反清复明的想法，对清王朝无比痛恨，在多尔衮迎娶了孝庄的妹妹小玉儿时，因为两姐妹同姓，就讹传为大玉儿孝庄，写入诗中，故意扭曲，以此贬讽清宫有违伦理的不正当关系，从而丑化整个大清王朝。

至于多尔衮"皇父摄政王"的称号，与孝庄并无直接关系。在大清刚刚建立时，多尔衮因为战功和辅佐幼帝的关系，被封为"叔父摄政王"。顺治二年（1645），有名御史认为多尔衮的称号不妥，理由是所谓的叔父，是指皇上的叔父，只有皇帝一人可以这样称呼，如果大臣和庶民都这样称呼，那么岂不是乱了尊卑，使皇上与臣子、庶民身份相等，所以建议更名为"皇叔父摄政王"，礼部商议之后予以批准。顺治五年（1648），为了表彰多尔衮的功绩，经部院大臣们商议讨论后，将多尔衮的封号改成"皇父摄政王"。此后清廷公文都用这个称呼指代多尔衮，而据朝鲜李朝《实录》所载，顺治六年（1649）朝鲜收到的清廷咨文中已经把多尔衮称之为"皇父摄政王"了，这个称号的册封比传说中孝庄下嫁早了一年多时间。显然此称号与孝庄无关，不过是沿用古代君王称呼有功德的臣子为"尚父"的做法，并不是指多

235

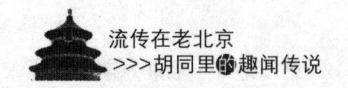

尔衮做了顺治的继父。

　　清代蒋良骐所著的《东华录》，有多尔衮"又亲到皇宫内院"的记载，所以有人就借题发挥地指出多尔衮与孝庄关系不清白，有淫乱之嫌。这只是一种断章取义的说法，书中的原文是"自称皇父摄政王，又亲到皇宫内院，以太宗文皇帝之位原系夺立以挟制皇上"，意思是说多尔衮到皇宫内院抱怨说皇太极继位不正，所以顺治帝继位也不正，想要威胁幼帝顺治。不管这则记载是否真实，多尔衮"亲到皇宫内院"的目的都与孝庄没有任何联系，更不能作为孝庄下嫁的书面证据。总之有关孝庄下嫁多尔衮的传闻不过是文学上的虚构，最多可作为民间茶余饭后的谈资罢了，迄今为止，史学界尚未发现任何证据来证明流言的真实性。

　　当我们走进缎库胡同多尔衮府邸的旧址，不禁会想到这位战功赫赫的摄政王的一生，当然人们最为关注的是他和孝庄的关系，结果证明一切不过是人们的杜撰和想象。而今这条胡同传达给我们的理念是，戏说和历史是不同的，真实的历史需要如假包换的铁证作为凭据，而戏说不过是人们根据自己的想象和喜好随意编造的版本，然而无论戏说故事多么精彩，都不可能取代真正的历史。在看待历史人物时，我们需要摒弃戏说的成分，以史料为根据客观地了解人物本身。判断现实生活中的人也是如此，我们并不应该将道听途说视为真实发生过的事情，而应该以客观事实为准绳，公正地看待他人。

46. 钱粮胡同

钱粮胡同位于北京市东城区西北部，东起东四北大街，西到大佛寺东街，南通轿子胡同、人民市场西巷、钱粮南巷、钱粮西巷，北通钱粮北巷。

明朝时期称为钱堂胡同，因为胡同内设有钱局而得名。清朝专管铸钱的宝泉局的四厂之一南厂就设在此胡同，因为这里所铸造的钱币主要是为了发薪饷，而薪饷又有钱粮之称，因此胡同被更名为钱粮胡同。民国时期南厂所在地改为内城官医院。怡贤亲王四子宁良郡王之后人的府邸帛公府坐落于此地。

"民国祢衡"章太炎大闹幽禁地

钱粮胡同19号（旧时为12号），位于胡同中段北侧，是一座极具规模的老宅院。章太炎于1913年至1916年被袁世凯囚禁在这座宅第里。

袁世凯如愿以偿地当选为中华民国的大总统之后，装腔作势地邀请各界知名人士来北京共商国是，章太炎也在被邀请之列。后来，袁世凯复辟帝制的野心逐渐显露，一心支持民主共和的章太炎对此大为失望。宋教仁惨遭杀害，二次革命宣告失败，让章太炎感到无比悲愤

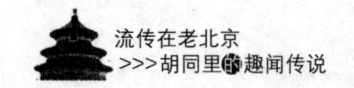

和痛心。1914年2月,章太炎怀着激动的心情大闹总统府,唾骂袁世凯狼子野心,被袁世凯囚禁在钱粮胡同19号。章太炎在软禁期间,仅有几名弟子可以见他,其他人等一律不得入内。

由于章太炎声望很高,袁世凯并不想承担迫害有识之士的骂名,因此对章太炎还是比较厚待的。他不仅没有伤害章太炎,还每月定期发放500银元的生活费给章太炎,并为章太炎配备了一名厨子和两名下人。当时警察的薪俸每月只有4元左右,大学里最知名的教授所得的薪水也不会超过400元。章太炎什么都不需要做就可以白领500元,这种待遇可谓是非同一般的优厚。然而章太炎并不看重钱,也不稀罕有人伺候。

那些仆人其实都是袁世凯布下的暗探,时刻监视着章太炎的一举一动。所以失去自由的章太炎心里只有懊恼,对袁世凯并不感激。为了泄愤,他还时常捉弄这些探子,故意立下许多规矩,惹出了不少笑话。比如让他们每天早、中、晚必须恭敬地向自己请三次安,不得有丝毫懈怠和延误,否则严惩不贷。他还让仆人称他为大人,称来客为"大人"或者"老爷",每月的初一、十五,仆役们都必须给他叩头,如果违反此规定,必当重罚,他甚至让仆役们白纸黑字签字画押。事后有人问章太炎为什么要这样做,章太炎对家规的解释是所谓的"大人"、"老爷"都是封建时期前清的称谓,而今北京依然被妄图恢复帝制的余孽统治着,所以京城还是"大人"、"老爷"的地盘,仆人们行叩头之礼是理所当然的。厨子和下人也不辩驳,每天都认真执行他的指令。有时到了请安的时刻,章太炎还没有睡醒,下人就轻轻地走进房间,在他耳畔低声说:"大人快醒醒,打更的时间到了。"

章太炎每天的伙食费为两个大洋,这些钱足够他天天吃豪华大餐了。他要求厨子每天花一个大洋做菜就可以了,余下的一个大洋他私自存了起来。一个大洋的菜一个人独自享用也显得极为奢侈,他向来只品尝离自己最近的两盘菜，其他的菜一口都懒得吃。时间一久，那两名仆人摸清了他的习惯，就把廉价的素菜摆在他面前，把大鱼大肉故意放在远处，等到他用餐完毕后，仆人们尽情享用肉菜。章太炎的弟子钱玄同发现了他们的花招后，向官方告了状，辞退了那两个狡猾又贪吃的仆人。

章太炎虽然日子过得还算滋润，而且派头十足，然而他毕竟还是在做囚徒，心里大抵还是郁闷的。久而久之，他的情绪开始失控，对袁世凯的恨意与日俱增。他在门窗上和桌案上写满了"袁贼"的字样，还用手杖用力击打这两个字，每日以此来发泄心中的怨愤。袁世凯的次子袁克文曾经抱着一床暖和的锦缎被褥给章太炎送来，当时章太炎正大发脾气，他没敢进屋，将被褥放到屋外就打算离开。章太炎发现后，取回被褥将其烧出一个个触目惊心的黑洞，怒火冲天地扔出窗外。

被软禁了几个月之后，章太炎开始绝食抗议。他给夫人寄去了一件旧衣服和两封书信，大有诀别之意。第一封信言之凿凿，说自己日渐憔悴，心中忧虑，难以安寝，清廷逮捕他时他尚未死去，而今却要死于民国建成之后，他怕自己死后，华夏的文化也会随之灭亡，想到这里就忧心不已。第二封信的措辞却颇有喜剧色彩，让他的夫人读后哭笑不得，说是自己已经饿了半个月了，只吃了四顿饭，但是还不能立即饿死，大概是情缘未了，所以即使绝食也不能把自己饿死。章太炎的身体越来越虚弱，这让袁世凯非常头痛，也让章太炎的弟子们感到分外焦急，他们想方设法让章太炎改变寻死的想法。马叙伦终于想出了一个妙计。一天，他故意拜访章太炎，和他一直聊到傍晚。正欲告辞时，马叙伦有些为难地说："今日来得匆忙，连午饭都没来得及吃，现在早已腹中饥饿，实属难耐。"章太炎立即吩咐厨子做菜，设宴款待马叙伦。马叙伦佯装推辞说："你在绝食，我怎能在你面前大快朵颐地吃东西呢？"

239

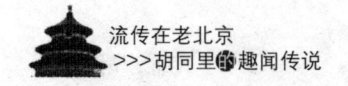

章太炎无奈,只好和他一起吃饭,绝食也就告一段落了。可见章太炎虽然个性倔强,但并非真想绝食而死,因为如家信中所说他心里还是放不下妻子,他绝食抗争无非是想制造一些袁世凯逼迫知识分子的舆论。而袁世凯诡计多端,当然也不愿意背负杀害这位"民国祢衡"的罪名,于是就佯装大度,无论章太炎有何癫狂的举动都采取容忍的态度,如此一来,章太炎才不至于有生命危险。

但是袁世凯毕竟也耐性有限,最后还是发出了"非杀此人,不足以消吾心头之恨"的怒吼。1915年,袁世凯认为复辟称帝已经万事俱备,只差章太炎这阵东风了。由于章太炎声誉极高,影响力巨大,如果他愿意拟文拥护帝制,舆论界会大不相同。章太炎很快就给袁世凯写了一封信,信中说他绝不会为虎作伥、与国贼同流合污,被囚禁这段时间生不如死,希望袁世凯判处他死刑,他愿意以死明志。之前章太炎和袁世凯的斗争颇有喜剧色彩,而到了后期他表现出来的无畏勇气和不屈精神的确令人感到敬佩。当然袁世凯也意识到章太炎是不可能屈服的,但是他仍没打算真的置章太炎于死地。后来袁世凯在全国人民的声讨中声抑郁而终,章太炎终于恢复了自由身。经过这段幽囚的岁月,章太炎声望更高了,他瞬间成了反袁的民国英雄。

当我们走进钱粮胡同,拜访章太炎被幽囚的寓所时,不禁会想到他的这段悲喜剧杂糅的囚徒岁月。章太炎的狂放性格和一身文士的傲骨至今仍然为民间津津乐道。而今这条胡同传达给我们的理念是"人不可有傲气,但不可无傲骨",古人说"富贵不能淫,威武不能屈"才是真正的大丈夫,坚持信念,不要轻易低头和妥协,正能量和正义才会像一粒粒种子一样撒播到社会的每一个角落,直至阴霾和黑暗无地自容。

47. 豆嘴胡同

豆嘴胡同位于北京市东城区，南起南沟沿胡同，北到椅子胡同，以蔬菜而得名。北京有很多以蔬菜命名的胡同，如葱店胡同、藕芽胡同、茄子胡同等，其中以豆类命名的胡同非常多，比如豆瓣胡同、豆角胡同、豆嘴胡同、北豆芽胡同、南豆芽胡同、豆芽菜胡同等。因为豆嘴是泡开的大豆或刚刚出芽的大豆的意思，所以豆嘴胡同内早年极有可能是豆芽作坊的聚集地。老北京城内一条条饶有趣味的菜名胡同，勾勒出了京城独特的风俗画卷，色彩斑斓而又充满浓郁的地方色彩。

金光洞兔儿爷义惩盗粮贼

相传豆嘴胡同内常年驻着一位名叫金光洞兔儿爷的神仙，他是东门仓神通广大的保护神，一直庇佑着那里世代生活的百姓。这位兔儿爷是位法力无边、骁勇善战的武将，无论哪路的妖怪都对他有几分畏惧，除了忌惮他的功力外，还因为他的师父和师兄的威力和名号。

金光洞兔儿爷的师父是大名鼎鼎的太乙真人，师兄是大闹东海的哪吒三太子。哪吒因为协助刘伯温在北京修建八臂哪吒城有功，被加封为太上城隍，专门负责管理全天下的丝绳行业。由于古人结绳记事，

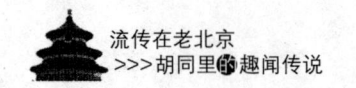

他负责丝绳事务，所以自然也管理记事。古时谁若想让自家的儿子将读过的书牢记于心，就必须到庙里祈求哪吒的保佑，保佑孩子长大成人后金榜题名。哪吒还负责教老百姓盘扣。古代老北京人的衣服都用盘扣，这是北京服饰的一大特色，不光衣服上有盘扣，窗帘、彩灯、荷包等日常生活用品上都以精美的盘扣做装饰，这些实用漂亮的盘扣当然都是出自姑娘的一双双巧手，传说盘扣的做法都是哪吒亲自教授的。老百姓喜欢求哪吒保佑，还有一个原因是因为他是降龙的神仙，老北京是皇城，皇帝又被誉为高高在上的"真龙天子"，到庙里请求哪吒保佑主要是希望他能保佑平民百姓免受皇亲国戚的欺侮，还有就是保佑年年风调雨顺、五谷丰登。哪吒的故事不胜枚举，成了太上城隍的哪吒并未忘记自己的师弟金光洞兔儿爷，于是就给了他一个东门仓神的好官。他知道师弟喜吃毛豆，让他在豆嘴胡同里当差，就有了享用不尽的毛豆。

然而金光洞兔儿爷到任后，可没把全部心思放在毛豆上。他法力通天，又有豪侠性格，喜欢路见不平拔刀相助，但是又有一副古道热肠，心地非常善良。关于这位兔儿爷老北京城流传着三个有趣的小故事。

相传，北京城有一位仓官，老父生了重病，却无钱医治，仓官不忍父亲受苦，被迫私下里把公粮盗卖了，换来了许多金锭私藏在家中。后来他的不法行为被发现了，经人举报后面临抄家的厄运，这样金锭就会暴露，情况十分危急。仓官走投无路时只好向仓神金光洞兔儿爷许愿，发誓说自己愿还回全部赃款，从今以后绝不私卖一粒粮食，请求仓神保佑自己逃过此劫。金光洞兔儿爷见他说得诚恳，动了恻隐之心，于是帮他把家里私藏的金锭变成了一块块砖头。结果士兵什么也没搜到，仓官终于侥幸脱险。仓官把赃款悉数退回后，金光洞兔儿爷为了惩戒他的盗窃行为，让他身上长了半年疮，并施展法力，让他病重的老父亲身体康复了。可见这位兔儿爷是位赏罚分明的神仙，富有同情心，但又不纵容人间的不正当行为。

第二则故事是关于一个仓兵的。传说有一个姓敖的仓兵，利用职务之便监守自盗，趁人不注意偷偷地把仓粮私自运回了家。可是奇怪的是他盗来的米粮和豆类全都奇硬无比，不但久煮不熟、久炖不烂，还把锅和碗砸坏了。仓兵恍然大悟，这必是仓神施用神威教训自己，正所谓人穷志不短，他不该偷窃仓粮。仓兵认识到自己错了，于是就来到仓神金光洞兔儿爷面前谢罪，从此以后尽职尽责地看守仓粮，再也没私盗过一点粮食。金光洞兔儿爷教会了仓兵做人的道理。

第三则故事是有关京城大盗达本德的。据说清代道光年间，京城有个叫达本德的大盗，此人轻功了得，飞檐走壁如履平地，又有一身好武艺，可惜的是为人不正，专门去做一些鸡鸣狗盗的事。他经常借着夜色的掩护到各大王府盗窃，白天就在城门楼睡大觉。他来去匆匆，行踪诡秘，官兵也擒拿不到他。达本德到王府里偷窃就像探囊取物一般容易，想偷什么宝贝都能得手，甚至窃走了道光皇帝赏赐给王爷的玉如意。但是到了东门仓，任凭他使出浑身解数也偷不走一点东西。他刚溜上了仓墙，就被一只戴着官帽、全身闪闪发光的兔子拦住了。他朝哪个方向移动，兔子就挡在他前面，所以他无法翻过东门仓的墙，更不可能踏入东门仓半步。东门仓行窃不成，达本德也不甚介意，继续过着逍遥的大盗生活。一天，他在一家戏楼楼顶上睡觉，看了一场免费的大戏。那名武生表演得真是太精彩了，达本德一时兴起，浑然不觉地探出头来大声叫好。这一叫暴露了身份，台下的九门提督认出了他，下令将他擒拿。官兵和武生们一起把剧场层层围住了，达本德插翅难逃，最后被俘获。达本德被审讯时，交代说自己可自由出入京城王府行窃，整个京城只有东门仓进不去，好像有神灵保佑。东门仓的神灵当然就是仓神金光洞兔儿爷了。这个传闻很快传遍了整个京

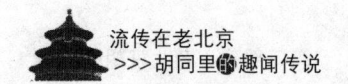

城，人们纷纷购买"金光洞兔儿爷"的雕像以求家宅平安。

金光洞兔儿爷是看守仓粮的仓兵就地取材用院子里的泥土塑成的，它一袭金盔金甲，威风凛凛地端坐在山石之上，山石中间有两扇朱红色的大门，门上书有"金光洞"三个神气活现的大字。兔儿爷是老北京独有的民俗物件，它代表了人们对未来生活的美好憧憬和祝愿。老北京人喜爱兔儿爷，到处都盛传着有关兔儿爷的传说故事。现在兔儿爷已经成为我国非物质文化遗产之一，它在老北京文化中占据着重要的地位和特殊的价值。而豆嘴胡同里那位坐在金光洞上的兔儿爷可比那些以麒麟和猛兽为坐骑的兔儿爷神奇多了，有关它的传说流传也较广，而且长盛不衰。当我们走进豆嘴胡同，首先就会想到这位爱吃毛豆的金光洞兔儿爷，有关兔儿爷整治窃贼的故事成为流传在民间最有趣的故事之一。而今这条胡同向我们传达的理念是做人要正派，无论贫穷还是富有，都不应该使用旁门左道积累财富，盗窃行为尤其是不可取的。如果每个人都能依靠自己的勤劳和智慧获取生活物资，社会就会更加和谐安定。

48. 后圆恩寺胡同

后圆恩寺胡同位于北京市鼓楼东大街南侧，为东西走向，东起交道口南大街，西到南锣鼓巷，全长为 444 米，宽为 6 米。清乾隆时期称作后圆恩寺

胡同,因为此胡同位于圆恩寺后侧而得名。1965年整顿地名时改成为交道口南三条,1979年又改回后圆恩寺胡同,胡同名沿用至今。胡同7号为蒋介石行辕,中华人民共和国成立后一度作为南斯拉夫驻华大使馆,而今变成了友好宾馆。13号是我国著名文学家茅盾的故居。7号和13号都已被列为北京市文物保护单位。现如今胡同内有圆恩寺影院等单位进驻,其余皆是民宅。

茅盾晚年鲜为人知的生活

后圆恩寺胡同13号是茅盾晚年居住的地方,他于1972年迁居到这座四合院,一直居住到1981年逝世。这所故居为规整的二进院落,规模较大,占地为878平方米,前院有北房和东西厢房各为三间,有六间倒座房。其中西厢房是茅盾的客厅和书房,东厢房为餐厅,其他房间是家眷和服务人员的起居之所。后院有六间北房和两间厢房,北房是茅盾写作的工作室和卧房。茅盾过世后,故居的前院开设了两个存放茅盾生前著写的手稿、作品、各种刊物的陈列室,后院的正房陈设着茅盾夫人的骨灰盒。茅盾在这座四合院里度过了人生中最后几年时光,这里处处都留下了他的印迹,记录着他工作和生活的一点一滴。

晚年的茅盾依然具有创作热情,不过疾病缠身的他留下的作品极其有限。和家人谈及文学创作时,他依然一副斗志昂扬的欢喜样子,于是家人就鼓励他用写作来祛病健身。对于一名著作等身的文学家而言,还有什么比创作更能使他身心愉悦呢?于是茅盾打算续写小说《霜叶红似二月花》。这部作品之前只写了一部分,故事情节还没有交代清楚,主要的人物命运尚未做任何安排。这部小说极具古典文学特色,是以"五四"运动前夕的江南村镇作为故事的时代背景,以资本家和地主为了各自利益争斗倾轧的丑恶社会现象和他们与广大农民之

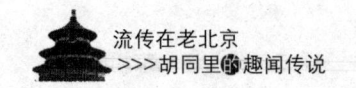

间的阶级矛盾展现当时历史时期的广阔社会面貌，还穿插了青年男女的爱情故事。小说结构严谨、布局严密，场面盛大，气势恢宏，故事情节复杂且极具吸引力，语句优美典雅，是一部难得的佳作。

茅盾当年在续写《霜叶红似二月花》时下了很大决心，他一有时间就坐在夫人卧室中临窗的二屉桌前写作。为了更好地描绘小说中的村镇风貌，他还事先画了县城的平面构图，在图中细致地勾勒出了书中人物的住宅以及街道和城墙等，县署、警察局、善堂、轮船公司、城隍庙、通向钱家庄的河道及城外的桑林、稻田等不一而足，茅盾自信满满地说有了这张图，他在进行细节创作的时候就有了可参考的依据，便不至于出现矛盾。茅盾从事文学创作时，习惯先列故事大纲，然后再添加细节。大纲好比骨架，而细节则好比丰满的血肉。茅盾的作品之所以生动丰富，是因为他不但善于把握大局，还能以细腻的笔触和精准的描摹为整部作品注入新鲜血液和不朽的灵魂。他在续写《霜叶红似二月花》时，采用的仍然是这个方法。由于这部作品已经搁笔多年，他写大纲的时候已经难以找到合适的节奏，有些段落描写得十分精细，几乎与初稿没什么差别了，而其他一些比较重要的故事情节，他只是简单地掠过。总体来看，1927年大革命失败前的大纲他写得较为详细和完整，但大革命失败后的大纲他没有写下去，只是完成了一点提要，之后因为忙于其他工作，这部长篇小说没能续写完整，这不失为一件憾事。不过他心里一直有完成这部作品的愿望，当四川人民出版社再次印刷该作品时，茅盾认真地把之前的一段文字修改了一番，主要是为了衔接以后的续篇。

后来人民出版社的社长和两位编辑亲自到后圆恩寺胡同的茅盾家里拜访了这位大文学家，要求他写回忆录。当时出版社正策划出版名为《新文学史料》的刊物，主要刊载知名文学家的回忆录和传记，他们希望收录茅盾的作品。茅盾思索片刻，便应下了这份工作，出版社的社长和编辑满意而归。

茅盾的回忆录名为《我走过的路》。茅盾在写回忆录的时候身体状况每况愈下，伏案时间如果超过两小时就会气喘连连。创作之初，他每天从上午9时写到11时，下午如果感觉身体稍微好点就再写两个小时。但是从1979年夏天开始，他实在撑不下去了，于是只在上午写两个小时，下午看看资料。那时他每天平均完成八九百字，这短短的八九百字凝结着他的心血和才华，是他每日与衰老和疾病斗争而来的结果。朋友和家人见他带病坚持写作，都纷纷劝他暂时搁笔，到外地疗养一段时间调养好身体再工作。茅盾说他手头的工作不能停，到外地疗养必须带很多可查阅的资料，这些东西太重了，根本带不走，于是疗养计划只能作罢。

茅盾在拟写回忆录的过程中，时刻以"务求真实"为基本原则，对于任何一个人名、地名和史实都必须经当事人或同时代的人核实才可安心写进书中。为了弄清这些问题，他多次写信给相关人士询问和请教。有一次还派车将别人接到后圆恩寺胡同的家中，向其了解某一历史时期的人和事。撰写回忆录开始时是由他口述，家人做录音和笔录。茅盾对口述的书稿感到不满意，认为它只是简单的叙述，毫无文采可言，于是亲自动手撰写回忆录，遗憾的是他没有完成这部作品就辞世了。这部回忆录由他的童年写起，囊括了他的孩提时代、学生时代以及20世纪二三十年代、抗日战争时期和解放战争时期他所从事的社会活动和文学创作等，是一部珍贵的史料，也是茅盾晚年的工作结晶。

茅盾去世前夕曾立下遗嘱，将自己写稿所得的25万元捐赠出去设立文学奖，颁发给优秀长篇小说的文学作者，这便是茅盾文学奖，在文坛上拥有至高的荣誉。当我们走进后圆恩寺胡同茅盾的故居，不禁会想到这位创造出《子夜》、《林家铺子》、《霜叶红似二月花》等优秀

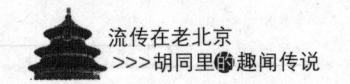

文学作品并设立茅盾文学奖项的著名作家在此度过的日日夜夜。而今这条胡同带给我们的启示是有关工作态度的话题,无论从事文学创作还是各个行业,务实求真、一丝不苟、坚持不懈的工作风格都是值得称道的,每个人的工作效率或许各有不同,但如果想在某一领域摘得成功的硕果,端正的工作态度是必不可少的。

49. 菜市口

菜市口位于北京市原宣武区中部,南起南横西街,北至骡马市大街,胡同中部西段与天景胡同和北半截胡同相交汇,全长为640米,宽为5.1米。胡同始建于明代,由于制绳业的工匠聚居此地而被命名为绳匠胡同。清乾隆年间被改称为"神仙胡同",清朝晚期,由于胡同内居住过几位丞相而更名为"丞相胡同"。民国和中华人民共和国成立后都沿用此名称。直到1965年整顿地名时,被改称为菜市口胡同。20世纪90年代末期,胡同被改建成菜市口大街。

菜市口胡同最大的特点是人才济济,居住过的名人数不胜数。古时菜市口为处决犯人的刑场,明朝的杨继盛、杨琏、袁崇焕等忠良之臣和清朝的"戊戌六君子"都是在此地惨遭杀害的。曾国藩曾居住在胡同的北侧,左宗棠的故居在菜市口胡同16号,诗人龚自珍在胡同内的"休宁会馆"居住过,后来秋瑾第二次赴京东渡日本之前也住在胡同里,"戊戌六君子"之一的刘光第的寓所就在菜市口胡同的 29 号,维新人士康有为和梁启超常常来到此地相聚商议政事,李大钊创办《晨钟报》的旧址设在此地,陈独秀、瞿秋白、鲁迅时常来此胡同,徐乾学、洪亮吉、蔡元培等人也在这里居住过。

谭嗣同血染菜市口

"戊戌六君子"中,最为引人注目的人物当属谭嗣同了。他是古往今来自愿为变法流血的义士之一,留下的"我自横刀向天笑,去留肝胆两昆仑"的千古名句可谓豪气干云。他血染菜市口,致力于用自己的热血和生命唤醒国人麻木的意识,甘愿用自己的残躯铺平中国的变法之路,是中国近代史上为变法捐躯的第一人。

在众多有为青年当中,谭嗣同是最为杰出的一位,光绪帝颁布《明定国是诏》后,朝中就有人向他力荐谭嗣同。1898 年 9 月 5 日,光绪帝亲自召见了谭嗣同,并授予他四品卿衔,使其直接参与新政事务。次日,光绪帝再次召见谭嗣同商议变法大计,表示自己变法的意愿,无奈受到慈禧太后和顽固守旧势力的干涉,变法障碍重重。他对谭嗣同说:"你等支持变法的维新人士,有什么好的建议和想法都可以随意启奏,我一定尊重和依从你们的提议。如果我有什么过失,你们可以当面指责我,我一定会马上悔改。"光绪帝变法的诚意和决心,以及对维新派的充分信任令谭嗣同大为感动,他认为大展拳脚、颠覆腐朽旧秩序的时机已经到来了。

谭嗣同参与"百日维新"时,以光绪帝为首的维新派和以慈禧太后为首的守旧派之间的斗争已进入白炽化状态,一场大战一触即发。慈禧太后当然不甘大权旁落,一心阻挠维新变法,和心腹密谋借光绪

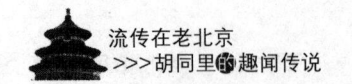

帝到天津阅兵之际发动政变，将光绪帝废掉，然后终止所有新政政策。当时的情况十分危急，光绪帝的安危受到严重威胁，刚刚萌芽的变法新政极有可能在短时间内被慈禧太后连根拔起。维新派商议后决定派谭嗣同独自拜访袁世凯，说服袁世凯领兵围困颐和园，诛杀守旧派中坚人物荣禄，囚禁慈禧太后，为光绪帝解除后顾之忧。袁世凯当即表示愿意先回到天津杀掉荣禄，然后带兵入京为皇帝尽忠。

不料，袁世凯为了自己的利益出卖了维新派，赶回天津后竟向荣禄告密，荣禄立即把情况报告给了慈禧。21日，慈禧发动政变，软禁了光绪帝，开始大肆搜捕维新派，意图将他们一网打尽。政变发生后，谭嗣同和梁启超正在家中策划营救光绪帝的办法，突然传来慈禧下令逮捕康有为的诏令，没过多久又传来慈禧垂帘听政的消息。谭嗣同忧伤地对梁启超说："以前我无力救皇上，如今我亦无力救康先生，现在我没有什么事情可做了，只有默默等死了。你速到日本大使馆联系一下伊藤先生，请他给上海领事发个电报来营救康先生吧。"

当时谭嗣同也和师父大刀王五策划过营救光绪帝，可惜没有成功。计划失败后，大刀王五力劝谭嗣同逃跑，并愿意一路护送。然而谭嗣同心意已决，拒绝离开，并郑重取下随身的佩剑赠予王五，希望他继续维新派未竟的事业。又有不少人奉劝谭嗣同逃走，都被他一口回绝了。他斩钉截铁地说："从古至今的变法，从来就没有不流血而成功的，古时商鞅为变法而被车裂，但是今天的中国我从没有听说过为变法而牺牲的，这就是国家不昌盛的原因所在啊。为变法而流血，从我谭嗣同开始！"他以必死之心来唤醒后世的进步人士，希望人们能前赴后继地为国家的兴盛和变法大计而奋斗。

谭嗣同从容地待在寓所里，等待着死神的降临。等了很久，没有等到抓捕他的官兵。次日，他到日本使馆最后一次去见梁启超，奉劝梁启超逃亡日本，并把自己撰写过的书籍、文稿及家信交给了梁启超，掷地有声地说："没有出逃的人，就没办法继续谋划将来的大计；没有流血牺牲的人，就不能报效国家和君王。你我各负使命，如今康先生生死未卜，其他维新人士都不在场，我就代他们向你道别了。"说完两个人深深地拥抱了一下，就此诀别。

相传，谭嗣同在被捕前夕，曾刻意模仿父亲的笔迹和口吻给自己写了一封恩断义绝的家信，有意放置在家中最显眼的地方。家信措辞无比严厉和激烈，口口声声说他们父子关系已经决裂，就算儿子谭嗣同因变法被处死，也与自己毫不相干。官兵逮捕谭嗣同时，果然搜到了那封家书，多亏了它的庇佑，谭嗣同的父亲才免于受到牵连获罪。

就这样，康有为和梁启超成功出逃，而谭嗣同用自己年轻的生命和一腔碧血对顽固派守旧势力发起了最后一击。被捕时他神色自若，在狱中他亦心态从容，还在墙壁上写下了"望门投止思张俭，忍死须臾待杜根。我自横刀向天笑，去留肝胆两昆仑"的著名诗句。就义当天，菜市口观刑的人数不下万人，谭嗣同叫监斩官过来，有事要说，监斩官不加理会。谭嗣同就对着他的背影高呼："有心杀贼，无力回天；死得其所，快哉快哉！"充分体现出了一位志士仁人的英雄气节。他与林旭、杨深秀、刘光第、杨锐、康广仁同时被斩杀于菜市口，史称"戊戌六君子"。他献身的地点离家门口只有百步之遥，真可谓是为国而死，血染家门。

据观刑者回忆，谭嗣同死状非常惨烈。刽子手一连砍了三刀都没能砍掉谭嗣同的头颅，于是监斩官下令把谭嗣同按倒在地上，刽子手又用力砍了几刀，才斩落谭嗣同的首级。那年，谭嗣同仅有34岁。当天夜里，谭嗣同的遗体被取回安葬于谭家的老槐树下。当人们为其缝合头颈之时，才发现他的肩胛也留下了刀痕，伤痕极深，简直是惨不忍睹。谭嗣同之死留给华夏大地的那抹浓重的血色，成为中国历史上最具英雄主义色彩的壮志悲歌。

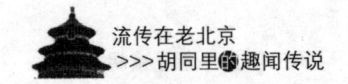

当我们走进菜市口胡同，已经感受不到当年的肃杀之气，但是还是会为谭嗣同的牺牲而唏嘘不已。而今这条胡同传达给我们的理念是，历史前进的道路都是由志士仁人的血与骨铺就的，这种代价或许过于高昂，但带给后世的启迪和警示作用却是无法估量的。作为一名炎黄子孙，我们应当铭记那些为了国家昌盛而流血牺牲的烈士，如果没有他们的付出，便没有国家的进步和社会的发展。

一代女侠秋瑾的烈血雄心

女权主义运动先驱、革命烈士秋瑾在第二次奔赴京华的时候住在菜市口，在远赴重洋东渡日本之前她在此地度过了近一年的时光。在那段时间里，她如饥似渴地阅读了大量新报，结交了一些进步人士，接触到了不少新思想，日益对色厉内荏的清政府感到不满，为国家的命运和前途而深感忧虑，于是下定决心出国留学来探求救国救民之路。

秋瑾革命思想的启蒙是从戊戌变法开始的。1898年，戊戌变法如火如荼地在全国展开了，湖南的维新变法活动较为活跃，但这道启蒙之光一闪即逝，百日之后，中国又恢复了死气沉沉的旧秩序，依然沉浸在深重的苦难之中。心怀救国救民思想的秋瑾再也在夫家待不下去了，丈夫王廷钧只好联络亲戚曾国藩家族，在京城谋得了一个工部主事的职务。1900年，王廷钧携秋瑾和孩子赴京任职。他们在北京只逗留了很短的时间，就因为八国联军在北京到处烧杀抢掠而被迫离开。1903年，战乱平息了，王廷钧再次赴京供职，秋瑾和孩子一同前往，一家人租住在菜市口胡同的宅院内，与革新派人物吴芝瑛比邻而居。

秋瑾初到北京时人生地不熟，又与丈夫感情失和，心里十分苦闷。她的丈夫王廷钧是一个典型的豪绅子弟，过惯了养尊处优的贵公子生活，胸无大志，而且长得像女孩子一样秀气，缺乏男子气概，这与个性刚强、豪爽不羁的秋瑾简直是格格不入。他们的婚姻无非是奉父母之命，根本没有产生过爱情。秋瑾感到郁闷的时候，只能靠饮酒和作诗来排解心绪。后来与吴芝瑛的交往彻底打破了秋瑾从前那死水一般的生活。吴芝瑛是名思想开通的新式女子，精于诗词，而且关心时事，与书局和报界的人交往甚密。两个人情投意合，视彼此为知己，很快就结为姐妹。秋瑾曾用"曾因同调访天涯，知己相逢乐自偕"来表达她们之间的情谊，希望两个人能像古代的管仲、鲍叔牙那样友谊长存。

在吴芝瑛的影响下，秋瑾阅读了大量刊载了进步思想的新书和新报，思想有了重大转变，对清政府和欧洲列强的憎恨与日俱增，对封建伦理的束缚也越发厌烦，她决定以实际行动救国救民。她曾在给友人的书信中写道："吾自庚子以来，已置吾生命于不顾，即不获成功而死，亦吾所不悔也。"表明自庚子年（即1900年）以来，她已经将个人生死置之度外，为了救国她可以不顾一切，就算牺牲性命也在所不惜，即使不能成功，她也绝不会后悔。

庚子年发生的历史大事件给秋瑾的心灵带来了强烈的冲击，清政府血腥屠杀义和团，对侵华的八国联军却一再妥协退让，彻底暴露了反动的面目。爱国知识分子对清政府感到无比失望和痛恨，对腐朽的封建伦理思想和没落的封建制度产生了深深的怀疑，越来越多宣传西方新思想、新知识、新科技的书刊创办起来，它们就如雨后春笋一般为华夏大地带来了勃勃生机。秋瑾深受感染，认为自己作为一名新式女性理应也为救国出力。

在新思想浪潮的鼓舞下，秋瑾毅然摒弃了封建社会"男尊女卑"的封建伦理思想，很快就吸纳了男女平等的新思想。她曾对吴芝瑛说女人不应该成为男人的附庸，而应该像男人那样独立、有学识，投身到救国运动中。她大胆放足，并宣布不给女儿缠小脚，还组织"天足会"，鼓励广大妇女从缠足的陋习中解脱出来。为了像男人一样刚毅和

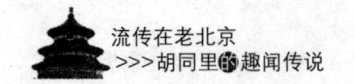

强壮,实现救国抱负,秋瑾开始热衷于穿男装。她身着西裤、脚蹬皮鞋,头戴蓝色鸭舌帽,看起来英姿飒爽,仪态不凡。秋瑾还在菜市口胡同的寓所里写下了豪情万丈的《宝刀歌》,表明自己愿意身挎宝刀,为复兴积弱的中华民族而战,甚至不惜血染疆场、为国捐躯,字里行间抒发了强烈的爱国主义情怀,读来令人肃然起敬。

1904年年初,吴芝瑛等人组办了"妇女谈话会",聚集在京的官太太们一起讨论学问和国事。京城的妇女们都比较喜欢参加这种谈话会,连日本女子服部繁子也被吸引了进来。秋瑾在聚会上结识了这位日本女性,从她口中了解到了日本的经济和女校学习情况。当时中国兴起了留学热,很多怀有报国之志的知识分子都认为出国学习是为祖国救亡图存的唯一道路,仅1904年年初东渡日本求学的人就达到了一千三四百人。秋瑾早就想走留学之路,服部繁子的一席话更是坚定了她去日本留学的决心。丈夫王廷钧坚决反对秋瑾出国,他不但不愿拿出分毫来资助秋瑾,还私下偷走了秋瑾值钱的嫁妆,千方百计地把秋瑾留在自己身边。但秋瑾意志坚决,变卖了一些首饰,凑了一点留学的经费。临行前,她的好姐妹吴芝瑛和京城的女友为她饯行,秋瑾填写了《临江仙》诗词,向大家表达了依依惜别之情。1904年6月,秋瑾离开了菜市口胡同,告别了祖国和家庭,只身远赴日本留学。学成归国后的秋瑾在各大学堂任教,并积极投身于革命运动,1907年因为受到革命党人徐锡麟的牵连,被政府以谋乱罪处死。

当我们走进菜市口胡同,不禁会想到这位巾帼英雄刚烈而充满抱负的一生,秋瑾作为新思想解放下的爱国新女性,给了她所处的时代和后世以无尽的思考。而今这条胡同传达给我们的理念是,女性在社会生活中占据十分重要的作用,女子同样可以自强不息,为国家贡献自己的智慧和力量。

李大钊奏响《晨钟报》号角

　　五四运动前夕，李大钊主编的《晨钟报》的社址就设在菜市口。在主编报纸的短短 22 天里，他满怀热忱地挥笔写下了 14 篇振奋人心的好文章，呼吁中国有识之士为民族的伟大复兴而奋斗，号召热血青年勇于突破旧势力的束缚，为中华之理想而斗争到底。《晨钟报》改组为《晨报》之后，李大钊为报刊的改革付出了巨大的心血。可以说菜市口胡同见证了归国后李大钊办报生涯的起点。当年李大钊以这里为阵地，宣传爱国思想，激励广大国人尤其是进步青年积极进取，为中国立足于世界而努力拼搏，并高声呼唤一个崭新世界的到来。这里留下了李大钊思想和行动的印迹，它们不曾因他的离开而被抹去，随着岁月的流逝，越发散发出一种沁人心脾的馨香。

　　1916 年 5 月，李大钊 27 岁，正值风华正茂之际，他从日本留学归来，应汤化龙等人的盛情邀请从上海来到北京主编《晨钟报》。经过一段时间的筹办工作，《晨钟报》终于于 8 月 15 日创刊。《晨钟报》是京城民众舆论的平台，其时评栏目宣扬了积极的民族民主精神，并以此为评判标准，评论国内发生过的重大政治事件。李大钊在《晨钟报》发表的第一篇文章是《晨钟之使命——青春中华之创造》。在这篇近似于"发刊词"的文章中，他首次提出了自己的理想主张，即开创青春之中华。他对广大中国人，尤其是广大青年提出打破旧观念，摆脱旧势力的束缚，创建一个充满青春活力的新国家的要求。李大钊认为青年是中国最具潜力的进步力量，把国家复兴的希望寄托在了他们身上，向他们发出了努力实现"再造青春中华"的热烈呼喊，启迪和鼓舞青年勇往直前，为创造理想之中华而拼搏。在《"晨钟"之青春》的文章中，李大钊呼吁中国青年以为青春中国之浴火重生为己任，以使中国立于世界强林的不败之地为历史使命，托起一个国家和民族的未来。

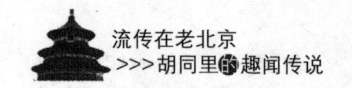

在主编《晨钟报》的 22 天时间里，李大钊不但编选了大量的文章，还亲自撰写了 10 余篇文章，其中大部分文章都是围绕青年展开的。他热情呼唤青年勇于向封建主义开战，为创造青春之中华而奋进。每期的《晨钟报》都印有一只古钟，寓意为用清晨的钟声（即进步思想）唤起民族的觉醒。古钟上还写有一句箴言"铁肩担道义，妙手著文章"，这句诗文源自明朝反抗权奸严嵩而遇害的文化名人杨继盛临行前留下的"铁肩担道义，辣手著文章"的诗句。李大钊在原句上改动一字，将"辣手"改为"妙手"，当成自己人生的座右铭和办报的追求，体现出来他不畏强暴的高尚革命情操。

《晨钟报》创刊没过多久，黎元洪和段祺瑞之间的府院之争日益白热化，支持国民党的孙洪伊和支持进步党的汤化龙由于政见分歧，矛盾不断深化。汤化龙让李大钊在《晨钟报》上发表攻击孙洪伊的文章，由于李大钊与孙洪伊交情深厚，思想见解也有共同之处，坚决不肯执笔，最后被迫辞去了《晨钟报》主编的职务。李大钊宣布离开《晨钟报》当天，制宪会议召开。制宪会议旨在恢复袁世凯解散国会后中断的制定宪法的工作，李大钊对此十分关注，不久就和友人创办了《宪法公言》，为寻找到一部"青春中华"的理想宪法而积极探索。

1918 年 9 月，《晨钟报》因为批评段祺瑞的执政政策而遭到查禁，3 个月后改组为《晨报》重新创刊。李大钊积极参加了《晨报》的改革，使其与《新青年》一起成为孕育新文化运动的摇篮。《晨报》以前被改良派把持，文章多以宣传社会改良主义为主。五四运动时期，《晨报》和副刊从改良派集团里分化出来，开始宣传新文化运动和社会主义思想。李大钊主编了《晨报》的第七版，亲自撰文发表，每篇文章都特别注明"大钊来稿"，以此表明自己坚定而独立的立场。在李大钊的努力下，《晨报》副刊进行了大刀阔斧的改革。梁启超、胡适、王国维、鲁迅、郁达夫、闻一多、徐志摩、冰心、刘海粟、王统照等都为副刊供过稿，改革后的《晨报》副刊坚持"兼容并包"的办报方针，以一股清新之气开创新思潮之风。《晨报》副刊第七版增加了"自由论坛"和"论丛",其中最负盛名的栏目当属"自由论坛",里面刊载了不少介绍新知识和新思想的好文章,使其成为新文化运动传播的重要策源地。改良派邀请李大钊加入《晨报》的改革和建设,主要是为了借助李大钊在中国文化界的重要地位,吸引京城的文化名人为《晨报》写稿,以此增加报刊的可读性,提升报刊的知名度。李大钊并不介意个人的利益得失,通过撰写抨击军阀互相倾轧的文章来宣传自己的进步思想和主张,使《晨报》及其副刊成为京华思想界和文艺界最具影响力的重要刊物之一。

当我们走进菜市口探访《晨钟报》旧址,不禁会联想到李大钊为这份报刊撰写过的文章和为该报刊重组后的《晨报》及副刊所作的种种工作。而今这条胡同带给我们的启示是,我们应重视进步启蒙思想的重要性,新思想、新理念是个人乃至国家民族的灵魂,个人的成长和民族的振兴都离不开这些思想的熏陶和指导,这也是李大钊致力于办报的根本原因。作为一名现代人,我们更应该广泛接触有进步意义的书籍和报刊,不断完善自我,为国家和社会的进步与发展锐意进取,努力奋斗。

50. 中剪子巷

中剪子巷位于北京市交道口南大街东侧,南起张自忠路,北至府学胡同,全长为231米,宽为6米,属于旧时剪子巷的一部分。传统意义上的巷指的是居民区里呈南北走

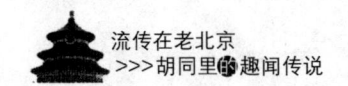

向的狭长街道,明朝时期剪子巷是一条南北向的狭长胡同。清乾隆年间,铁狮子胡同(今为张自忠路)南端的小街并入胡同;宣统时期,剪子巷被划分为"南剪子巷"、"中剪子巷"和"北剪子巷"三段,位于中段的部分就是中剪子巷,它是张自忠路北侧自东向西的第一条胡同,冰心的故居位于此地。

冰心有过的青春风华

中剪子巷33号是我国著名女作家冰心的故居。她和到京赴职的父亲于1913年迁居于此,在这座宅院里生活了10年时光,度过了她的中学时代和大学时代,并小试牛刀,写下了第一批自成风格的文学作品,比如《二十一日听审的感想》、《两个家庭》、《斯人独憔悴》、《去国》、《庄鸿的姊姊》等,可以说这条胡同不但见证了冰心的成长,而且是她首批文学作品的诞生地。

中剪子巷33号是一座三合院,大体格局没有发生太大改变。以前宅院里有影壁和供儿童玩耍的乐园,现在均不见了踪迹。院子也变得衰老破旧了,处处都晕染了颓唐的色彩。只有院墙外的香椿树依然枝叶扶疏,好像在述说着它曾有过的美好岁月。

刚刚迁入新居,冰心感到一切都无比新奇有趣,她对北京的第一个家中剪子巷印象深刻。当年,就是在胡同里的宅院里她第一次看见穿着高跟鞋的时髦贵妇,她们身着色彩艳丽的旗袍和坎肩,留着京城最流行的发式。见到这些妇人时,冰心总会礼貌问候。住在胡同里时,冰心有空就到隆福寺市场去玩,还看过杨小楼和梅兰芳演的戏。

冰心的父亲是个热爱生活的人,非常喜欢侍弄花草和爬藤植物,在家门前种下了野茉莉、蜀葵等易存活的花,还在庭院里种了一架葡萄,葡萄秧苗是从遥远的烟台寄过来的。为了给冰心营造一个快乐的嬉戏环境,他精心做了一个供女儿玩耍的秋千架。附近的孩子都被院子里的花和秋千吸引,纷纷跑到这里来看花、荡秋千,有时还在院子里放风筝、抖空竹、踢毽子……庭院里经常充满了冰心和小伙伴们的欢声笑语。

冰心的一生中去过很多地方,但最让她魂牵梦萦的还是北京中剪子巷的这个家,她曾在书中写道:"只有住着我父母和弟弟们的中剪子巷,才是我灵魂深处永久的家。"她的大好年华是在这里度过的,她的文学之梦也是从这里扬帆远航的。居住在这里时,她接受了良好的教育,并深受五四运动的熏陶,一步步地蜕变成长。

冰心入京就读的第一所学校是北京教会学校贝满女中,4年之后她升入协和女子大学理预科,致力于成为一名医生。大学的第二年,"五四"爱国运动就在北京爆发了。"五四"唤醒了广大青年的觉醒,那是一个无比开放和兼容并包的时代,各种新思潮风起云涌,呈现出百花齐放的局面,科学和民主的观念越来越深入人心。生活在全国政治文化中心的京城,爱国热潮的兴起和新思想的传播比其他城市更为活跃。在那个特殊的时期,往返于学校和中剪子巷的冰心,曾无数次思考过如何将个人命运和民族复兴联系到一起的重大课题。在时代的滚滚洪流中,她勇敢地乘风破浪,振臂一呼,投身到宣传新文化的阵营当中。年轻的冰心似乎在一瞬间被"五四"的春雷惊醒了,她参加了女学界联合会的宣传工作,同时开始尝试着向报刊投稿。

在五四运动的影响下,冰心开始以犀利睿智的眼光来洞察社会生活,并采用小说的文学体裁,将当时时代中存在的民主自由问题、封建礼教问题、妇女权益问题、家庭问题、知识教育和素养教育问题、战争问题等种种热门话题,从不同层次多个角度铺展开来,形成了紧跟时代潮流的"问题小说"。冰心发表的第一部问题小说是《两个家庭》,首次使用了冰心这个笔名。冰心刚刚从事文学创作时行事十分低调,不希望同学知道自己的文章上了报刊,由于她的本名谢婉莹的"莹"字有透明、莹润之意,而冰字正好符合这个特征,而且"冰心"二字简洁好书写,又有"洛阳故友如相问,一片冰心在玉壶"的诗句,

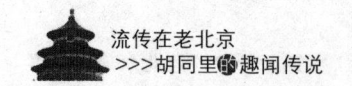

颇具诗意和文学气息，所以就取了这个笔名。

冰心在创作《两个家庭》时倾注了极大的热情，她几乎是一气呵成的。小说通过线索人物"我"的所见所闻，展现两个天壤之别的家庭的不同生活：一个家庭混乱不堪，压抑而又充满矛盾，留学归国的丈夫由于承受不了压力，抑郁而终；另一个家庭则堪称和谐婚姻的典范，家里整洁温馨，夫妻和睦，孩子活泼可爱，一家人都有修养，生活得其乐融融。造成这种巨大差异的根本原因是家庭主妇所受的教育不同导致的，因此小说提出女子受教育对于家庭的重要性。由于作品与现实生活问题紧密相连，一经发表就引起了反响。

后来冰心几乎每个星期都有作品问世，她在中剪子巷的家中又写下了《斯人独憔悴》、《去国》、《秋风秋雨愁煞人》、《庄鸿的姊姊》等问题小说，反映了封建礼教对于健康人性的无情践踏和摧残，处于新旧思想两级的两代人的代沟问题以及军阀混战给广大民众带来的灾难。从风格上而言，冰心的早期作品充满悲剧元素，《斯人独憔悴》和《秋风秋雨愁煞人》描写的是封建家庭对于青年人的压制导致的人生悲剧。《去国》描写的是从美国留学归来的高级知识分子由于国内对人才的浪费而无法施展自己所长而悲伤离去的故事。《庄鸿的姊姊》写的是一名志向远大渴求知识的少女，由于经济状况不佳和性别原因而不能到学堂接受教育，从而失去了人生追求，抱憾离世。这些悲剧性的描写很可能都来源于冰心对社会生活的观察，或多或少都留下了作者自己的影子。比如《斯人独憔悴》中的颖贞虽然心里支持弟弟的爱国运动，但在父亲面前却不发表任何个人见解，装作乖乖女。这在一定程度上折射出冰心在处理与父辈关系时，为了避免产生矛盾而压抑真实想法的心理状态。

1920年，冰心就读的大学和通州协和大学、北京汇文大学一起并入燕京大学，她的学校改称为燕大女校。那时的冰心是校园里的活跃人物，担任燕大季刊社的编辑一职，又被选拔为编辑副主任，还加入了很有名气的文学研究会，发表了《笑》、《超人》等优秀小说和《繁星》、《春水》等优美诗歌。《超人》发表后引起了文学界的高度重视，小说通过一名冷酷青年何彬思想的转变，高度赞颂了爱的哲学，表达了对无私伟大的母爱、纯稚的童心和美好的大自然的赞美，形成了独特的思想风格。《繁星》和《春水》同样是对炽热母爱的讴歌和对童真、大自然的礼赞。诗歌抒情性很浓，并富有哲理性，"满蕴着温柔，带着忧愁"，如一江春水一般缓缓流淌，浑然天成，清丽而富含诗情画意。她的这种独树一帜的创作风格被誉为"春水体"。

1923年8月，冰心离开了中剪子巷，漂洋过海到美国留学。此后她的足迹遍布了很多国家和地区，居住过的地方无数，然而中剪子巷在她心目中的位置始终是最为独特的，她终其一生都将其视为心灵的港湾。

当我们走进中剪子巷冰心的故居，不禁会联想到这位世纪老人曾有过的青葱岁月和大好年华，以及她初入文坛时写下的脍炙人口的作品。而今这条胡同传达给我们的理念是，我们应该把握好青春岁月，人生是一场漫长的旅途，而最美的花蕾往往是在最年轻的时候含苞待放，青春对每个人来说都是一笔无形资产，它富含激情和诗意，又充满活力和创造性，所以掌控人生必须安放好我们的青春。

51. 银碗胡同

银碗胡同位于北京市东城区东南部，东起北京市邮政管理局西墙，西至崇文门内大街。近年来被拓宽，成为南北向的宽阔的街道。银碗胡同是一条

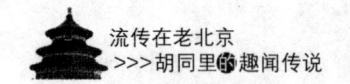

历史悠久的胡同,明朝时称为扬州胡同,清朝时改为羊肉胡同,民国时期改称为洋溢胡同,一说是取谐音更名,还有一种说法是胡同东口路北有一座双层洋楼,居住的是当时知名的中国籍洋人。胡同北侧有一条与之平行的小巷,叫作洋溢后巷,明朝时叫冠帽胡同,清朝时改为官帽胡同,相传明代权奸严嵩的宅第就设在冠帽胡同。

严嵩行乞垂死街头

银碗胡同的名称由来源于明朝奸相严嵩沿街乞讨的传说。提起宰相严嵩,在老北京城几乎无人不知、无人不晓。他是明代的著名奸臣,欺下媚上,权倾天下,害死忠臣杨继盛,专横跋扈,任意妄为,老百姓都对他恨之入骨。

相传,严嵩出身贫寒,但不甘落魄,梦想着有朝一日飞黄腾达、光宗耀祖。为了考取功名,他饱读诗书、勤奋练字,不仅学富五车,而且精通书法,成了一名满腹经纶的大才子。但在官袍加身之前,他仍是一个穷苦的书生,为了维持生计,读书之余还得在街市上设摊相面。一次非常偶然的机缘,他与嘉靖皇帝不期而遇,从此命运发生改变。

那天,嘉靖皇帝微服出宫,路过严嵩给人相面的街市,见他虽然衣着寒酸、一副落魄潦倒的模样,但是相貌堂堂、一表人才。于是嘉靖皇帝就走过去要求看相,以此考验他的才学。严嵩见面前的这位贵公子衣着华美、风度不俗,想必是位大人物,就开始滔滔不绝地奉承起来,还引经据典把嘉靖皇帝夸得心花怒放。嘉靖皇帝认为严嵩出口成章、很有才学,很是欣赏他,于是把他带回皇宫,认真培养,一步步提拔,不断地给他加官晋爵,直到让他当上了权倾朝野的一朝宰相。

严嵩虽然有真才实学,可惜有才无德,有了权势以后就开始仗势欺人,还广结党羽残害忠良,甚至暗自给自己做起了龙袍,想要效仿开国皇帝朱元璋谋朝篡位,登上金銮殿成为一国之君。他是相面师出身,自然会给自己相面,他认为自己天庭饱满,有帝王之相,即使这辈子当不了皇帝,他的儿子严世蕃与当朝天子乃是同年同月同日生,这不可能是巧合,说明严家注定有人要成为九五之尊统治天下。满怀帝王梦的严嵩,竟肆无忌惮地在府邸修筑起宫殿来。大殿不仅富丽堂皇,而且极具皇家风范,殿内设有蟠龙玉柱,玉柱上方还雕刻了二龙戏珠。这种装饰只有帝王之家才能享有,普通百姓和官宦世家这样做乃是犯了杀头的死罪,严嵩这种胆大包天的举动明显有犯上的意思。

后来严嵩私自做龙袍和修建宫殿的事在民间传开了,最后传到了嘉靖皇帝的耳朵里。嘉靖帝大发雷霆,下令抄了严嵩的家,立即将他革职查办。按照律令本该当斩,但是嘉靖皇帝却没有杀他,因为嘉靖皇帝之前向他承诺过无论他犯了什么过错,都能免于一死。

严嵩为官多年,当然明白伴君如伴虎的道理,深知自己不得民心而且在朝中也有敌人,早晚有一天会惹祸上身。为求自保,他想尽了办法求得嘉靖帝特赦。如此一来,就算东窗事发,他被判了死罪,也可以安然无恙。由于嘉靖皇帝痴迷道教,严嵩就在他的这个嗜好上做起了文章。他从孙膑设伏庞涓,在树上写下"庞涓死于此树下"的典故得到了启发,于是就效法孙膑,在御花园的一株松树上用蜜水涂上了"誓不斩松"四个大字,因为"松"与"嵩"为谐音,也就延伸为"誓不斩严嵩"之意。为了让嘉靖帝能注意到这棵松树,严嵩耗费心机用各种方法哄骗皇帝到御花园散步,自己随行。这棵有字的大树枝繁叶茂、树荫浓密,每次嘉靖帝累了,都会到此树下乘凉歇息。有一次,皇帝在树下小憩的时候,发现树皮上聚集了数万只蚂蚁,仔细一看才发现蚂蚁围成了"誓不斩松"四个字,不由得读出了声。严嵩见皇上金口已开,马上跪下叩恩:"谢皇上金口玉言!"嘉靖帝崇尚道教,以为蚂蚁围树成字乃是天意,既然上苍不希望严嵩死,必然有其安排,遂扶起跪在地上的严嵩说:"爱卿放心,只要朕在一日,天下就没有能

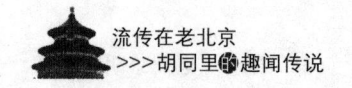

斩杀爱卿的。"

此后严嵩屡遭弹劾，嘉靖帝都置若罔闻，这使得严嵩更加有恃无恐。直到出现了龙袍事件和修建宫殿的事件，嘉靖帝才觉得忍无可忍，但是，由于自己贵为天子，正所谓君无戏言，金口一开就覆水难收，他不能诛杀严嵩。可死罪可免，活罪难饶，嘉靖帝还是想出了惩治严嵩的计策。他赐给严嵩一只官用的银碗，让他卖不出去，讨饭也无人愿意施舍，想活活饿死他。

谁会给一个手持银碗的乞丐饭食呢？严嵩沿街乞讨，已经好几天没吃过一顿饭了，早已饿得饥肠辘辘，头昏眼花。他试着到庙里行乞，心想出家人慈悲为怀，也许能可怜一下他这个老叫花子。于是走到庙门口乞讨，老和尚见他又老又穷，心生怜悯，给了他一碗米饭。严嵩大喜过望，捧起饭碗就狼吞虎咽地吃了起来。老和尚见他似乎有几分面熟，细看之下和大奸臣严嵩倒有几分相似，打量了一会儿，确信此人就是严嵩，于是颇有深意地问道："这米饭味道怎么样？"严嵩连连答道："好吃！好吃！"老和尚又说："你可曾记得以前你把吃剩的米直接倒进阴沟，一粒米都不愿给百姓吃？如今你自己也尝到挨饿的滋味了。像你这样的人，就算饿死了也没人可怜！"严嵩被训得哑口无言，只好灰溜溜地走开了。

严嵩饿得发慌的时候又盯上了米椎房。当时京城里有许多专门椎米的作坊，铁臼里会残留些米糠。严嵩等到椎米的人歇息了，就蹑手蹑脚地溜进米椎房，狼狈不堪地趴着偷米糠吃。一家把他赶走后，他再去别家碰运气。日子久了，米椎房的人都知道他就是那个偷吃米糠的贼，大家都非常痛恨这个坏事做尽的大恶人，于是纷纷在米椎房门前围起了高高的木栅栏，这下就算严嵩的舌头再长也别想吃到米糠了。严嵩知道自己是罪有应得，怎奈肚子不饶人，他还是得为吃食发愁，最后只好到泔水缸里吃猪食果腹。没过多久又被老百姓发觉了，老百姓不约而同地把泔水缸搬进了自家院里，这下严嵩什么也吃不到了。

严嵩拿着他的银碗，一路踉跄地走着。到了寒冬时节，他饥寒交迫，实在是走不动了，走到一处丁字胡同口时虚弱地摔倒在地，银碗滚落到了南北向的胡同里，帽子摔在了东西胡同里，终于饿死在了街头。后世就把那条南北走向的胡同称作银碗胡同，把那条东西向的胡同就叫作官帽胡同，胡同名称沿用至今。

当我们走进银碗胡同旧址，不禁会想到有关严嵩的传说，流传在民间的有关严嵩讨饭的传说主要体现了百姓对奸恶之徒的憎恶。而今这条胡同传达给我们的理念是多行不义必遭唾弃，一个人无论曾经地位多么显赫，如果道德败坏，过于跋扈，就会搞得天怒人怨，最终也不会有什么好结果。所以一位成功者，应该是德才兼备的，只有这样的人才能名利双收，获得社会的认可和尊重。

52. 东罗圈胡同

东罗圈胡同位于东城区东南部，为南北走向，南起干面胡同，北至史家胡同。全长为359米，宽为3米，在清光绪时就已称今名，相传是因为胡同的形状极似罗圈而得名。胡同北口路东曾经有一座小庙，现在改为民宅。东罗圈胡同11号曾是中国社会科学院干面胡同宿舍旧址，当年大文学家钱钟书、著名诗人卞之琳和哲学家金岳霖都在这栋住宅楼里居住过。

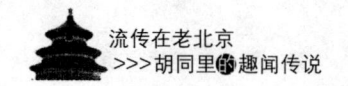

卞之琳的鱼化石之恋

东罗圈胡同 11 号是一幢东西向单元式居民楼，其中 2 号门 402 室是诗人卞之琳的故居。他和夫人青林从 1962 年起就长期在此楼居住，一直到 2000 年溘然辞世。遥想当年他必定无数次在楼上观赏无限的风景，其心境就如他诗中写的那样："你站在桥上看风景，看风景的人在楼上看着你。明月装饰了你的窗子，你装饰了别人的梦。"或许他就是在这小楼里无数次看着妻子归来和离去的背影，用近 40 年的相濡以沫来证明她就是自己此生最美的风景。当年卞之琳退去了盛年的狂热，就是在这里守候着那段平凡的爱情，并译出了世界名著《哈姆雷特》，过完了平淡和浪漫交织的岁月。

或许没有多少人会像卞之琳那样，年近不惑还要饱受失恋之苦，如果不是遇到青林，或许他会步金岳霖的后尘，成为又一个终身不娶的痴情人。在诗海和情海中漂泊了大半生，他终于有了一位可以相望到老的妻子和一个美满幸福的家庭。可见流浪并非诗人命定的结局，只要懂得放手，诗人也可以品味人间烟火，在俗世的红尘中享受那份平凡的温暖。

卞之琳认识青林的时候，两鬓已经有了飞霜，而青林还是一位 20 多岁的年轻女性。然而那时的青林并非一位不谙世事的青涩女孩，她有过两次失败的婚姻，早已伤痕累累，不再相信爱情和婚姻，于是把所有的心力都转移到了工作上。她是《工人日报》的副编辑，免不了要经常和一些文化名人打交道，令她大感意外的是她竟有幸约见到名满中华的大诗人卞之琳。她怀着无比激动和忐忑的心情精心装扮了一番，才去拜见自己心目中的偶像。第一次见面，两人都给对方留下了极为深刻的印象。那天卞之琳一袭银灰色的中山装，架着一副镶着金边的眼镜，有几分书生气，面色苍白，气质忧郁，真是人如其诗。青林是典型的江南女子，窈窕玲珑，秀气娇美。卞之琳初次见到她时，眼中有一丝亮光倏忽即逝，脸上现出些许惊讶的表情，随即低头不语。青林觉察到似乎自己来得不是时候，于是就知趣地起身告辞。卞之琳有些不好意思地说："辛苦你了，路这么远！"

其实青林不知道卞之琳苦恋张充和16年，现在正处于痛苦的失恋期，恋人成了别人的新娘，他只能独自承受心伤。他曾难过地对朋友说："少年失恋，容易补全，中年失恋才真悲伤。"也许他不曾预料那位定期到他家取稿的女编辑会和他发生什么，只知道和青林在一起感到十分放松和舒适。他们聊诗文、说笑，相处得十分愉快，都感到时间仿佛飞逝一般快。也许这正符合爱因斯坦的相对论吧，快乐的时光总会给人以短暂的感觉。渐渐地，他们了解了彼此的过往。她对他的专一和痴情而感动，他亦心疼她受到过的伤害和经历的痛苦，两颗同样破碎的心不知不觉地依偎在了一起，它们渴望温暖彼此，再次感受爱与被爱的苦痛和甜蜜。然而为情所困、为爱所伤的人往往容易变成惊弓之鸟，对待下一段感情总会更加谨慎小心，唯恐再次受伤，所以谁也不想主动向前跨越一步。

就这样过了7年，谁也没有逾越心中的那道防线，直到青林的失约才打破了原有的宁静。登门取稿的时间到了，青林却没有来。又过了一周，她还是没来。卞之琳有些紧张，马上打电话询问，一问才知原来青林生病住进了医院。卞之琳立即赶往医院，病榻上的青林憔悴苍白，满脸病容，惹人怜惜，卞之琳看到她这个样子忍不住落泪了。青林出院那天，卞之琳递给她一张表明心意的纸条，上面写着："独爱你曾经沧海桑田。"那年国庆节那天，两个人结婚了。文学研究所里的同事纷纷祝贺这对新人，杨绛还亲自为他们拍了结婚照。照片里的卞之琳脸上洋溢着幸福的笑容，无论他对张充和的爱恋曾是多么火热和深沉，青林都已成为他人生中最后一道靓丽的风景。

1962年，夫妇二人搬进了东罗圈11号社科院单位公房，房间不

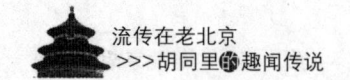

大，但青林把家布置得干净、整洁、舒适。为了有更多的时间照顾卞之琳，青林辞掉了编辑职务，成了一名中学教师。婚后的生活波澜不惊，然而却无比充实和快乐。卞之琳在青林的体贴照料下，顺利地完成了《哈姆雷特》的翻译工作，译作一经出版就获得了广泛的赞誉。两年之中重新印刷了两次，可见此书是那么畅销。没过多久，他们的女儿出生了。老来得女，卞之琳对其宠溺不已，多次下厨给女儿做红烧肉。女儿喜欢《红灯记》的木偶，他二话不说就深夜冒雪跑出去买。为了女儿不受二手烟的毒害，作为一名已有几十年"烟龄"的老烟民，他果断地戒掉了这个嗜好。一家人在东罗圈胡同过得平淡踏实，青林放弃了文学之梦，成为了相夫教子的传统家庭妇女，卞之琳也改变了许多，一家三口聚在餐桌上吃着可口的家常菜，心里溢满温馨的感觉。这种平和的幸福就如一碗淡淡的白粥，不浓烈，但却养人，所谓的相爱相守也大抵如此吧。

卞之琳晚年喜欢养花，他在自家的阳台上亲手栽种了一株丁香花。每逢妻子生日，他都会摘下一束美丽芬芳的丁香，插在她的发鬓上。丁香树长得非常繁茂，后被移栽到了庭院里。春天来到时，满树都是紫色的花朵，那浪漫的紫色浅浅的，花香也是淡淡的，就像他们的生活，淡然却又回味无穷。20世纪80年代，青林患了头痛病，服药也不管用。卞之琳每天晚上都会给她按摩头部半小时，近一年的时间日日如此。他的按摩技术当然比不上专业的按摩师，可是却是尽心尽力的，青林的头痛在他的悉心呵护下，居然奇迹般地痊愈了。1955年夏天，青林病逝了。卞之琳悲伤不已，他无法接受青林先他而去的残酷事实，整日一个人形影相吊，自言自语，整整一年多的时间都拒绝会见任何客人。5年之后，他也离开了人间。他们之间的爱情就像鱼化石般坚贞，诗歌中最末两句："你真像镜子一样的爱我呢，你我都远了乃有了鱼化石。"正是这段40载爱恋最好的注解。

当我们走进东罗圈胡同，不禁会想起诗人卞之琳和青林几十年如一日的鱼化石之恋。他们的爱不曾轰轰烈烈，但是却如甘美的春雨一样清新绵长，给人以润物细无声的细腻和感动。而今这条胡同传达给我们的理念是平平淡淡才是真，平淡是生活的本质，也是爱情的一种形式，再火热的爱恋在经历无数惊涛骇浪和起起伏伏之后都将归于沉静，平淡不是埋葬爱情，而是把爱情更好地延续下去，使之天长地久、历久弥新。

53. 慈惠胡同

慈惠胡同位于北京市地安门东大街南侧，东起帘子库胡同，西到地安门内大街，南通南月牙胡同，北通北月牙胡同，全长230米，宽为6米，路面铺有沥青。明代时，因为胡同内建有慈惠殿而得名。掌管宫中雨伞帐篷、凉席被褥的内府司设监也处于此地——清朝时属于皇城，称为慈惠殿。1949年改称为慈惠殿胡同。胡同的两端蜿蜒曲折，3号宅院是我国著名美学家朱光潜的故居，其余皆为民宅。

朱光潜荒芜宅第里的美学研究

慈惠胡同3号是美学家朱光潜的宅第。1933年回国后，他就居住在胡同内的四合院里，在这里度过了3年时光，读诗会也兴办了3年，使这座宅院成了京城另一个知名的文化沙龙。院子本是没落皇族居住过的地方，为三进四合院，如今已是荒芜不堪，长满了茂盛的杂草。

朱光潜是一位高产的美学研究专家，留下过《谈美》、《诗论》、《无言之美》等多部美学专著和文学著作，他是一位留学英法的博士，发表过多部有影响力的作品，蜚声海内外。回国后，他定居北京，住进了慈惠胡同3号大院。那时的他正当盛年，洒脱飞扬，被邀请进北

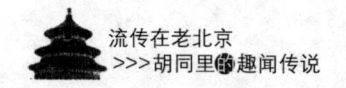

大任教。

作为一名年轻的美学家，朱光潜眼里的一切都富有美感和诗意，即便他居住的环境并不是那么雅致。四合院大门附近右侧有一家煤栈，煤球、麻布袋、牲口、满面尘灰的车夫就成了庭院里的一景。煤栈对面有一车房，是人力车夫居住的地方，车子也停在那里。煤栈、车房、落魄的旗人构成京城独特的画卷，有几分破落和苍凉的味道。朋友们嫌门口过于脏乱，建议他在园子的围墙上开个孔，成为一个独立的门户。朱光潜却不想这么做，他喜欢看劳动的景象，在他眼里这是一种富有生活气息的美。

院子里浓荫密布，古树参天，共有柏树、枣树和楸树数十棵。朱光潜最稀奇的是楸树，这种树臃肿卷曲，春季会绽放喇叭状的白花，夏季则吐出桑榆般青嫩的绿叶。朱光潜家的院子始终是荒芜一片、杂草丛生，他从未精心打理过，因为他喜欢万物自由生长所焕发出的茁壮生命力。在他看来，人工造就的井然有序始终比不上天然的粗率和芜乱。

最初朱光潜和梁宗岱一起住在慈惠殿3号。两个人在国外就已是好友，回国后又同在一个屋檐下生活。然而二人的相貌和个性相差巨大，凑在一起倒是成了一道奇景。梁宗岱身材高大魁梧，性情刚烈火暴；朱光潜则长得文弱瘦小，性情随和、平易近人。梁宗岱曾经养过一只刺猬。每当夜色降临，刺猬就开始发出诡异的怪叫声，令人听后感觉毛骨悚然。后来刺猬越过围墙出走了，怪叫声才停止。但院子里没了刺猬叫，又多了怪异的鸟叫。由于这里树木繁多，成了各种鸟雀的栖息地，每天天还没放亮，乌鸦就哇哇地叫个不停，睡梦中的人们难免噩梦连连。

慈惠殿3号氛围凄清，怪诞的鸟叫和荒凉的环境，总给人以肃杀之感。朋友们常开玩笑说这老宅非常符合蒲松龄《聊斋志异》里有关幽宅的描写："旷废无居人，久之蓬蒿渐满，双扉常闭，白昼亦无敢入者……"朱光潜还亲身经历了一件怪事。一天晚上，他在房间里读书，妻子忙于手头的针线活，外面万籁俱寂，走廊上忽然传来了一阵脚步声。两个人跑出去看时，却没有看见任何人。或许是有人跑开了吧，这座老宅的苍凉环境的确容易让人引发各种联想。

虽然慈惠胡同的宅第并非理想的居住之所，朱光潜还是生活得有声有色。他在家里创办主持了读诗会，这条安静的胡同和有些凄凉的大院一时间热闹起来，聚集了不少文人雅士。如冰心、沈从文、凌叔华、林徽因、梁宗岱、冯至、孙大雨、罗念生、叶公超、废名、卞之琳、何其芳、徐芳、朱自清、俞平伯、王了一、李健吾、林庚、曹葆华、周煦良等人常常出入慈惠胡同，这里渐渐形成了京城小有名气的文化沙龙之一。每月有一两次的读诗会，活动的目的是讨论研究新诗如何成为一种诵诗艺术。文人们用各种方言话朗诵诗歌，以此检验诵读的效果。朱光潜用安徽话朗读，俞平伯用浙江话朗读，林徽因用福建话朗读……一时间南腔北调，趣味横生。大家经常聚在一起讨论新诗的创作和诵读的效果，氛围异常活跃，在诗坛上轰动一时。

朱光潜发起读诗会的初衷，是因为他在英国留学时经常去听卖诗书店定期举办的朗诵会。他觉得这种朗诵会非常好，可以把诗歌的韵律、节奏和美感都表现出来，所以来到北京后他就在自己家里发起了诗歌朗诵会。通过朗诵诗歌，他们发现自由诗诵读的效果很不理想，非自由诗如果朗读方法不正确，诵读效果也不是很好。

后来，沈从文和林徽因邀萧乾加入读诗会。萧乾第一次参加就被这种形式深深吸引了，竟有一种醺醉的飘忽感。在他看来，读诗会就好像一座天然的宝库，奇珍异宝俯拾皆是。朱光潜和梁宗岱就"刚性美"和"柔性美"展开了讨论，何其芳朗读了自己新作的诗歌《梦后》。文人们争论新诗风格的时候，有时争得面红耳赤，发生了很多的趣事。林徽因和梁宗岱比较喜欢发表自己的观点，也是最爱争论的两个人。林徽因发表意见时，态度明确，据理力争，而梁宗岱说到兴起时，则握拳捋袖，声音震耳，好像争吵一般。

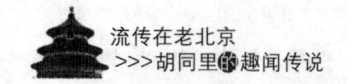

读诗会吸纳了京华最优秀的诗人和理论家,为中国20世纪30年代诗歌的蓬勃发展提供了有利条件。除了主持读诗会,朱光潜还参与创办了诗歌刊物。读诗会上不少讨论和研究成果,都为这些刊物提供了理论基础。可以说朱光潜的慈惠殿3号,是中国新诗理论研究的温床。

当我们走进慈惠胡同朱光潜的故居,不禁会联想到这位美学专家的日常生活和他创办的读诗会。而今这条胡同传达给我们的理念是,只要我们有一颗诗意的心和一双善于发现美的眼睛,无论生活在怎样的环境中,都能生活得有滋有味。

54. 方巾巷

方巾巷位于北京站北侧,是朝阳门南小街的一部分。朝阳门南小街两侧,有两条东西走向的胡同,叫作东总布胡同和西总布胡同。这两条胡同将朝阳门南小街划分为南北两段,南段到北京站口的一段胡同就是旧时的方巾巷。方巾巷历史悠久,是元大都东城南北走向的胡同,东侧为太史院,后改成了礼部,西侧为御史台,两侧是衙门机构,胡同东口为南城墙。到了明代,元朝的礼部衙门改成了贡院,为我国一流学府考生应试之地,由于数以万计的考生云集于此,促进了当地商业的发展,形成了闹市。那时高中的举人都是头戴方巾的,于是胡同内兴起了很多售卖方巾的店铺,故而胡同有了方巾巷的名称。

第二部分 老北京胡同轶事

绘画大师徐悲鸿的北京之行

徐悲鸿是我国家喻户晓的画坛巨匠,也是我国现代美术事业的开拓者和奠基人,又是优秀的教育学家。他的作品技法纯熟,古今相容、中西合璧,开创了独树一帜的绘画风格。他笔下的骏马矫健俊美,享誉国际,几乎成了现代中国画的标志性作品,他的力作《田横五百士》、《溪我后》、《九方皋》、《愚公移山》等,气势磅礴,有一种震撼人心的史诗感。他的艺术造诣在中国美术史上至今无人可比。他一生大部分时间是在南方和国外度过的,可是人生中最重要的转折点却发生在北京那条叫作方巾巷的小胡同里。

徐悲鸿第一次来京是在 1917 年,那时他刚从日本留学归国不久。北京是座文化氛围和艺术气息浓郁的城市,机遇也较多,对北京心驰神往的徐悲鸿到上海拜见了康有为,谈及了自己想去北京的想法。康有为认为徐悲鸿可以到北京去,然后看看有没有出国留学深造的机遇。康有为为这位年轻的画家提供了热情的帮助,亲自为徐悲鸿写了一封推荐信给北京的好友罗瘿公。

徐悲鸿风尘仆仆地来到北京,立即拿着康有为的推荐信和自己的绘画作品前去拜会罗瘿公。罗瘿公看了徐悲鸿的画作,大加赞赏,立即写信给当时的教育部长傅增湘,言辞恳切地建议教育部派遣留学生出国时给徐悲鸿留一个名额。徐悲鸿又持这封推荐信拜访了傅增湘。傅增湘是个性情温和的读书人,在见到罗瘿公的推荐信后,要求看一下徐悲鸿的作品。徐悲鸿马上把自己创作的多幅素描和水彩画带到了教育部。几日之后,徐悲鸿再次拜访傅增湘,傅增湘盛赞他是个不可多得的人才,并允诺说:"现在欧洲还处于战争时期,你先不要着急。如果以后教育部有派遣留学生去法国的名额,一定会考虑让你出国深造。"傅增湘态度恳切,没有任何虚情假意的场面话,徐悲鸿心里感到

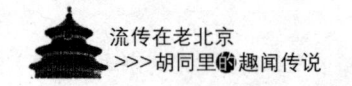

非常安然和感动，赴法留学的梦想总算有望了。

在北京逗留的这段时间里，徐悲鸿认识了华林。华林是位酷爱文学的青年，文笔辛辣，文采斐然，撰写了不少好文章。他还没有成家，独自在方巾巷15号租房子住，徐悲鸿索性就搬进了同一座四合院，和他共同分担房租。却不料当时的这个举动，竟促成了他艺术生涯的重大转折。在邻居华林的引荐下，徐悲鸿有幸结识了时任北大校长的蔡元培。蔡元培是位十分爱惜人才的大教育学家，他看了几幅徐悲鸿的作品，被那一幅幅充满艺术感染力和民族特色的佳作深深打动了，于是诚邀徐悲鸿到北大任教，出任北京大学画法研究会导师。徐悲鸿得到了一份不错的工作，便在方巾巷的宅院里暂时安定下来。

北大画法研究会是蔡元培发起和创建的，是我国近代美术史上第一个研究新式绘画风格的大型艺术机构，研究与教育并举，宗旨研究新型画艺，培育高级美术人才，该会的导师均是美术界鼎鼎大名的领军人物，如陈师曾、贺履之、汤定之、胡佩衡等。徐悲鸿在这里执教时还是位年仅23岁的青年画家，是导师之中最年轻的一位，所教的课程是人物画和水彩画。在北大画法研究会教书的日子，徐悲鸿初步形成了写实主义的画风，为他日后成为一名画坛新秀奠定了基础。

在方巾巷居住的那段时光，徐悲鸿深受北京文化的熏陶。这座魅力古都沉淀着中华文明辉煌绚烂的艺术和文化，强烈地撞击着徐悲鸿那敏感的艺术家的心灵。那阳光下色彩厚重的琉璃瓦，那古老的红色宫墙，那壮观雄伟的宫殿和那绮丽雅致的亭台楼阁，无一不闪烁着人类智慧和才华的结晶，这就是双手构建的艺术瑰宝。徐悲鸿还在故宫博物院接触到了许多优秀的古代绘画和做工精美的陶瓷、剔透的玉器和古老的青铜器等，大大开阔了视野，提升了艺术鉴赏力，并从中汲取了艺术精华和营养。可以说他在北京的游历对其艺术素养的提高是大有裨益的。

北京的文化界思想较为开明和进步，《新青年》和《每周评论》等宣传新思潮的刊物,对封建主义旧思想和落后的封建礼教展开了强有力的批判,并大力宣扬民主主义思想。徐悲鸿深受影响,在对待艺术上,他坚持以科学的眼光和态度衡量绘画的标准,反对抱残守缺和墨守成规,也反对华而不实的历史虚无主义,主张剔除旧式画法的糟粕部分,汲取和沿承中国古代绘画的优良传统,同时借鉴西洋绘画的优秀画艺,开创具有民族特色的全新绘画风格。他认为中国美术之所以颓废不兴,主要原因是画家们过于迂腐守旧,所以他痛下决心,一定要振兴中国的美术艺术,用自己的艺术成就让全世界对中国文化刮目相看。

后来中国教育部发布了到欧洲留学的学生名单,徐悲鸿并不在列。他非常失望地给傅增湘去信询问,言辞尖锐,惹怒了傅增湘。第一次世界大战结束后,教育部再次派遣一些留学生赴欧洲学习,蔡元培亲自写信给傅增湘,希望教育部能完成徐悲鸿赴法留学的夙愿。傅增湘没过多久就写了回信,表示自己定会履行对徐悲鸿的诺言。徐悲鸿辗转求学 10 年,历尽艰辛,终于实现了到法国学习绘画的愿望。他人生中的重大转折与这次北京之行是分不开的,方巾巷更是他人生拐点的关键一环。如果当初徐悲鸿不来到北京,就不会结识傅增湘;如果他没有入住方巾巷,就不会遇见慧眼识英才的蔡元培,也极有可能与法国艺术失之交臂。因此可以说,徐悲鸿的北京之行,使他收获了终身受益的宝贵东西。

当我们走进方巾巷旧址,不禁会想到开创了一代画风的美术大师徐悲鸿在这里度过的岁月。而今这条胡同传达给我们的理念是,把握机遇是改变命运最关键的一步,善于抓住机遇的人更容易踏上成功的阶梯,做出非凡的成就。因此,想要到达梦想的彼岸,必须善于发现和把握机遇。成功青睐有准备的人,机会并不是唾手可得的,一旦有幸找到改变人生的良机,就应该适时掌控好,只有这样人生才不会留下太多遗憾。